経営者の言葉と行動

実践の知恵

金原 達夫 ［著］

JN064253

文眞堂

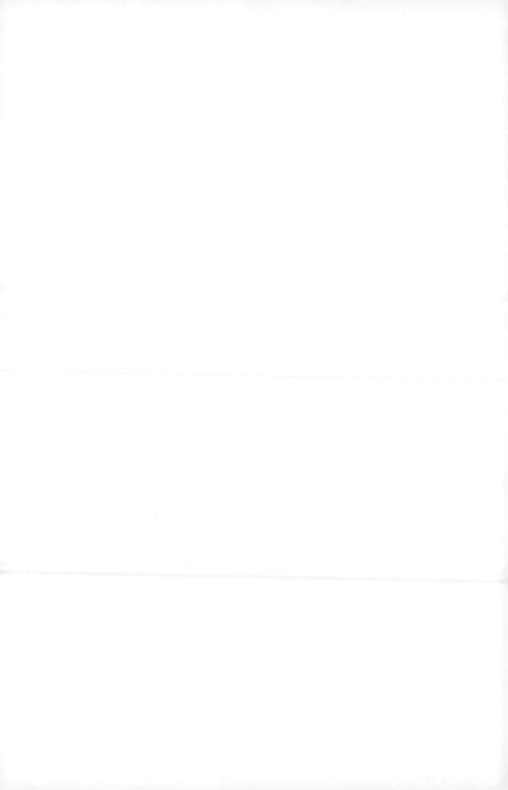

はしがき

　自らの企業経営の体験をまとめ，経営の原理原則としてあるいはエッセンスとして発表している経営者は少なくない。「私の履歴書」風にまとめた書や，ビジネスリーダーの名言を集めた書もよく出版される。それらは，なぜ成功できたのか，成功の秘訣として何が重要であったのか，体験的な原理原則を多様な言葉で語っている。また，研究者によってもビジネス雑誌でも，頻繁に事例研究が行われ成功の要因が分析されている。

　しかし，現実を見れば，企業はしばしば困難に直面し，経営者はその役割を果たすことができずにいる。その結果，巨額の赤字にあえぐ大企業もあれば倒産する大企業もある。ある企業家は，「経営者は経営をしなければならない」と言っている（ハロルド・ジェニーン『プロフェッショナル・マネジャー』プレジデント社）。経営をしているはずの経営者に向かって，経営をしなければならないと言っている。これは，成功体験や成功の秘訣が多く語られているにもかかわらず，経営についての理解が共有されていないことを表している。

　本書では，経営者が経営の課題をどのようにとらえ，それに対してどのような答えを出してきたのか，経営者自身の言葉と行動によりながら実践の知恵を探ってみたい。経営者が自らの経営を語る書物の中には，深い洞察を示すものや，実践ならではの緊迫感のある記述がみられる。また，理論的にも説得力のある記述がみられる。ところが1つはっきりしていることは，多くの体験的経営論を調べても，経営者の考えは必ずしも同じことを述べているわけではないことである。経営者のおかれている立場は1人ひとり違い，見ているものが違うから，それは当然である。その違いは，経営者の世界観や哲学を反映していることもある。

　それゆえ，ある人の言葉は正しいことを述べているように見えるが，別な人はそれとは反対のことを述べている，ということがしばしばある。経験的知識は，格言のように，ときとして矛盾した内容を含んでいる。経営の実践的知識が統一されているとはいえないし，広く共有されているともいえない。どうすれば多様で矛盾して見えるものが一貫性のある生き生きとした知恵になるのか。矛盾したままであれば，貴重な経験も間違って学習され混乱を招きかねない。それぞれの企業がおかれている複雑な状況を考慮すれば，ベストプラクティス（優れた取り組み）の模倣や，経営者の経験から得られた実践原則の学習には慎重さが必要になる。

　しかも経営者の言葉は，しばしば現実というよりは実現しようとする目標であり意図である。意図を読み，現実の行為を慎重に読まなければ，言葉の解釈を間違いかねない。本書はこれらの点に注意して，実践家の言葉と行動を理解しようと努めた。複雑な企業活動を整合的に「実践の理論」として説明することができれば，経営理論と現実とのギャップを少しは埋められるのではないか。近年さまざまな分野で事例や物語を重視する研究が増えているのは，言葉や行動を観察し現実をもう一度とらえなおしてみようという動きである。本書もそうした試みの１つである。

　本書は，方法論的には，経営者の言葉と行動に基づいて経営を記述するアプローチを採用している。その意味で，現象的にはわかりやすい事柄を取り上げている。経験的な事柄を題材とするが，そこから一歩踏み込んで経営を考えていきたい。経営には，組織を作る，人を動かす，コミュニケーションをする，商品を売るなどのように，簡単に言ってしまう現象の中に奥深い意味がある。経営学の歴史は，百年以上もこれらの問題に取り組んできた。その探究に終わりがない。

　実践の理論を分析するに際して本書が課題としたことは，大きく２つある。第１に，多様で矛盾しているかにも見える経営者の言動を基に，そこに含まれる実践の知恵やロジックを確認し，一定の分析枠組みをもって体系的に説明することである。実際のところ，経営者による名言はあふれている。それぞれの言葉を体系的に位置づけることができれば，言葉の重要性も相互

の関係も理解しやすくなるであろう。第2に，将来の企業経営のあり方について考え，その方向性を探ることである。日本企業の経営に求められる核心的なことは何か考えていきたい。

　激しい市場変化の中で，企業は革新的なリーダーをこれまで以上に求めている。成長を実現する経営の要点を知ることができれば，創造的な取り組みも強められる。優れたリーダーシップを発揮してきた経営者の言葉や行動は，貴重な実践知を示している。新しい事業に挑戦し困難を克服した先人たちの生き方は多くの教訓があり魅力にあふれている。先人たちの知恵を取り出し研究者の理論とは異なる経験的な言葉で経営の原理原則を説明することができれば，今後の企業経営の実践に役立てることができるであろう。

　経験は多くのことを教える。表面に現れる原因と結果だけでなく，その背後にある要因や要因間のつながりに気づくことがある。背後にある要因や法則に気づけばよりよい知恵となり，成功に近づくことができる。成功はどのようにもたらされたのか，失敗はなぜ起こったのか，考えるだけでもシミュレーションになり経験の理解は深まる。本書に書かれていることは企業家の実践の中で生まれた知恵である。企業家の言葉と行動に刺激され自ら思考するとき，われわれは生きた知恵を学ぶことができるであろう。

　毎日奮闘している中堅・中小企業の経営者や，これから起業しようと考える人たち，仕事を通して経営の何たるかを体感しながら毎日の仕事に前向きに意欲を持って働く人たちに，本書が少しでも参考になるものがあることを願っている。なお，本書に登場するのは故人もいれば現役の経営者もいる。統一的に表示するために敬称は省略させていただいた。

　きびしい出版事情の中で，本書の出版を引き受けて頂いた文眞堂前野隆氏には大変お世話になった。記して謝意を表したい。

2020 年 4 月

著者

目　　次

第1章

創造する経営者

1. 経営者は何を見ているか

経営の実践知を探る

「成功とはいともたやすいことだと私は思います。本当に大道を歩むがごとく正確なものだと思うのです」と松下幸之助は言っている[1]。彼の生きた時代が平穏であったのではない。むしろ激動の世紀と呼ばれる時代であった。実際，松下幸之助の企業家人生には，丁稚奉公から始まって，独立創業，金融恐慌，第二次世界大戦，GHQ（連合国軍総司令部）による公職追放指定と財閥家族の指定，会社資産を凍結する制限会社の指定，事業解体の危機，貿易・資本の自由化，消費者運動との対立，経営国際化の進展など，大きな困難が次々と襲っている。そのような荒波を経験しながら，彼はどうしてそのような自信を得たのであろうか。

　企業の経営は，われわれが思っている以上に創造的行為の連続である。絶えず変化する環境の中で，事業機会に気づき，事業を構想し，事業に必要な経営資源・能力を獲得する。さらに，資源・活動を結合して製品やサービスを生産し，効果的な販売活動をして厳しい市場競争に対処しながら結果を出していかなければならない。それは，次々と起こる多様な課題を連続して創造的に解決していくプロセスである。課題を解決することができなければ，存続することも持続的な成長もない。それにもかかわらず，「成功はたやすい」と松下幸之助はどうして言えるのだろうか。どうすればそれは可能か。本書は，この疑問に対する答えを，経営者の実践の中に探すことを意図して

いる。それにより，経営とは何か，どのように取り組むことが必要か，実践家が考える経営の理論を探ってみたい。

　そのため，次の点を中心に検討していく。第1に，様々な困難を乗り越えた経営の知恵を，経営者の言葉と行動の中に探すことである。生きた教材を基に，いかなる経営の課題があり，経営者はそれにどのように向き合ってきたのか考察する。しかし，事例から帰納的に導かれた答えには個別事例としての特殊性があり，間違った結論を導く可能性があることには注意していきたい。その可能性を減らすために本書は，複数の文脈の類似事例を参照しどのような論理で経営者は事業運営をしてきたのか，実践行動を分析する方法を採用する。

　第2に，経験的な行動や事例を共通の概念で理解するために，経営の全体的枠組みを示し，その視点から革新や創造的活動の意味と経営の原理原則を検討する。個別の実践を体系的にとらえることである。

　第3に，その上で，これからの日本企業の経営のあり方を考えることである。企業経営にはいかなる特質が求められるのか考察する。

　なお本書では，企業経営の最高責任者であるという意味で経営者という言葉を使っている。これには，自ら資本リスクを負いながら事業経営を行う所有経営者（オーナー経営者）も，出資者としての資本リスクを個人的に負わない雇用経営者（サラリーマン経営者）も含んでいる。経営は，所有者であるか否かにかかわらず行われる活動である。そして経営の核心的機能が，企業家活動と呼ばれるものである。

　革新理論の偉大な先駆者であったシュンペーターは，新結合（革新）を遂行する人を企業家（entrepreneur）と呼び，それは組織のあらゆる人を含み得るとしている。企業家は，革新の遂行を自らの機能とする経済主体のことである。産業の国際競争が激しくなる中で，技術・市場の変化は加速し，企業家活動はこれまで以上に重要になった。雇用経営者であれ所有経営者であれ，企業家活動を担っていくことが強く求められている。本書でいう革新は，新たな視点に立って新しい価値を創造するという意味であり，シュンペーターの概念よりもゆるやかな意味であるが，企業家としての機能を担う

という点で経営者と企業家を同義的に使っていく。

　しかし，本書で取り上げる多くの例は，オーナー経営者としての企業家である。オーナー経営者は創業からの成長プロセスに最初からかかわり，また大きな挑戦を行っているケースが多い。したがって，企業の成長プロセスや経営活動を広い視野でもって考察するには，長期にわたって経営に取り組んできた企業家を取り上げることが参考になる。

創造する眼

　松下幸之助が「経営は創造である」と言うとき，経営創造の目的は，事業の運営に創意工夫をして最終的には社会にとって価値ある製品・サービスを生産し供給することである。製品なりサービスなりに社会的価値がなければ，事業は成り立っていかない。その意味で，企業は価値を創造し社会に提供することを根本的な使命としている。今日の一般論としては常識であるが，社会によって必要とされる製品・サービスを実際に提供し人々の生活に資することこそ，企業に与えられた役割であり使命である。では，その使命をどのようにとらえ，事業として実現することができるのか。

　経営者は変化の時代こそチャンスであると言う[2]。例えば，「変化こそ機会の母である」ととらえたダイエーの中内㓛は，日本経済の成長期に果敢に既存システムを破壊し流通革命に挑んできた。変化をとらえるだけでなく，流通革命の旗手として変革を推進してきた。「世界は歴史的な大転換期を迎えています。新しいビジネスを起こすには大チャンスです」と考えるセコムの飯田亮は，警備保障という新しい事業分野を切り開いてきた。日本電気の小林宏治は，「変化の時代は，また新しい事業機会を拓く好機でもある」と言う。セブン-イレブンの鈴木敏文は，「変化の中にこそ，商売のチャンスがある」と説いている。

　「変化はチャンス」というのは，多くの経営者から聞かれる言葉である。それは，変化の中に新しい機会が潜んでいることを表している。変化があるからこそ新しい使命・役割を果たす機会がある。企業の役割は，生活の豊さ，生活の質，健全な環境など，社会が必要とするものを提供することであ

る。事業の機会は社会の中にあり，社会の変化は機会の源泉である。

　近年，情報技術（IT）が多様な変化を起こしている。それに合わせて実に多くの新規企業が世界中で成長してきた。インターネット関連分野では，情報技術の進歩とともに過去 30 年の間におびただしい数の企業が生まれた。それも，これまでにない新しいサービスを売り物に登場してきた。新しい企業が，新しい事業をおこし成長している。

　既存企業であっても，変化に直面する企業は，「昨日と今日は違う」ことに気づき，「仕事の仕方を変え続けていく以外に方法はない」[3]，「変化を機会にするくらいの気持ちで経営をやっていかない限り，お客様に見放され，会社は消えていく可能性がある」と経営者は考える。変化することへの対応のきわめつきは松下幸之助で，経営はたえず生成発展するものだととらえてきた。彼は，事業は生成発展の中に機会があることを見抜いている。

　今日，グローバルな競争の中で変化はより激しく，そして新たな機会を生む。その機会をとらえるために企業はますます創造的でなければならない時代になった。「変化はチャンス」とは，言い換えれば，変化に対応した経営をして初めて企業は存続するということである。それは，「リスクのあるところにチャンスがある。リスクのないところに利益はない」ということを示唆している[4]。

　ではそのとき，新しい事業を創造する経営者の眼はいったいどこに向けられているのか。「変化はチャンスである」「経営は創造である」といっても，それはまだ一般的である。それをどのように事業として形にしていくのか。具体的な個別解を得るためには，夢や理念（ビジョン）が戦略になり，それが製品やサービスの開発，さらに生産・販売となって市場競争の中で最終的な消費者に届けられるまでの，多段階の実現プロセスと具体的な行程が必要である。抽象度の高いアイデア・構想が消費者に届けられる製品・サービスとなって実現するまでの経営プロセスは，時間的にも行動的にも長く複雑である。選択する方法も多様である。そのとき，経営者の眼がどこに向けられ，何を創造するのか，検討していきたい。

　はじめに本章は，経営者の創造の眼がどこに向けられているのか，本田宗

一郎，松下幸之助，中内㓛という広く知られている３人の経営者を取り上げて，その経営の取り組みを振り返る。なぜこの３人かというと，この３人こそ戦後の日本経済で最も注目された経営者であり，彼らの行動には本書が重要と考える経営の要点が見事に表現されているからである。そこには，事業機会の認識から事業化，事業変革のプロセスにおける経営の核心が，凝縮されて示されている。ビジネスに関心がある人ならばよく知っている３人である。しかし，若い世代になるほど，３人についての知識は少なくなっている。そこで少し長くなるがやや詳しく取り上げていく。

2. 本田宗一郎の夢

夢を力に

　本田技研工業（以下ホンダ）の創設者である本田宗一郎（1906－1991）は，経営者として強い個性の持ち主であった。夢に向かって生き，時代に躍動した彼の姿が，人々に共感を与えた。本田宗一郎は，静岡県の天竜川沿いにある磐田郡光明村（現在は浜松市天竜区）の鍛冶屋の家に生まれた。生来機械いじりが好きであった。浜松飛行場に飛行機が来たときには，まだ小学２年生であったが，約20キロも離れた飛行場までひとり自転車に乗って見学に出かけている。また４年生のときは，村に来た自動車を見て感激しそのあとをついて回った。そして，いつかは自分も自動車を運転してみたいと思ったという。

　1922（大正11）年，15歳で高等小学校を卒業するとアート商会という東京の自動車修理工場に見習奉公に出て，自動車の修理工として働き始める。しかしまだ15歳である。最初に与えられた仕事は経営者の幼い子供の子守りをすることであった。修理工見習いとしての仕事そのものは大いに魅力的であったが，「子守りはいやでいやで仕方なかった」。やがてあるとき，会社が忙しくなり本田宗一郎にも自動車修理を手伝うチャンスがやってきた。そのチャンスに仕事ぶりが認められて，修理の仕事をさせてもらえるように

なった。

　機械いじりが好きで手先が器用であった宗一郎は，すぐに仕事を覚え，一人前の修理工になっていく。しばらくすると，ある地方都市から，購入した消防車が長く放置され使えなくなっているから修理してほしいという依頼が会社に入った。会社は若い宗一郎を派遣して修理にあたらせた。依頼主は，年端もいかぬ若者が1人でやってきたことに驚き，何ができるのかといぶかり冷ややかな対応であった。宗一郎は，車の分解を始め，故障個所を突き止めて修理し，組み立て直して動かなかった消防車を始動させた。見事に修理ができていた。それは周囲を驚かせ，言葉も対応もすっかり変わるほど敬意と信頼を勝ち取ってしまった。

　奉公に出てから6年後の1928（昭和3）年には，修理工として十分な技能を身につけた宗一郎は，のれん分けの形でアート商会の浜松支社を任せられ独立した。しかし，10年もせぬうちに宗一郎は修理工でいることにあきたらす，1936（昭和11）年に東海精機重工業を設立してエンジン部品のピストンリングの製造に乗り出した。それは簡単にはいかず，科学的，理論的な思考の重要性を気づかせるものであった。

　戦後，1946（昭和21）年には自動車研究所を立ち上げた。彼の眼は自動車産業を見ていた。しかし現実に製作したのは，払い下げとなった軍事無線機用小型エンジンを転用した自転車用の補助エンジンであった。そして自転車に補助エンジンを取り付けた原動機付自転車を販売する。それからまもなくして，オートバイ事業に進出する。オートバイの開発には技術的に乗り越えなければならない多くの課題があった。それでも持ち前の探究心でそれらを猛烈なスピードで解決していった。オートバイの生産を始めると，本田は「世界一のオートバイを作りたい」と思うようになった。夢は，技術者としての本田宗一郎を突き動かした。社会にも，行動を駆り立てる時代の息吹があった。

経営の太い糸

　本田宗一郎が並外れていたのは，その視野の広さであり目線の高さであ

る。始めたばかりの事業にもかかわらず，世界を視野に入れていた。彼に
は，技術者としてあくなき探究心と情熱があった。その情熱が，階段を一段
一段上がるごとに夢を大きく育んだ。既成の考え・慣習にとらわれない性格
が，人よりも大きく夢をふくらませた。夢は視野を広げ，広い視野は選択の
幅を広げて，さらなる機会を与えていった。

　本田宗一郎の挑戦の1つに，有名なマン島のT.T（ツーリスト・トロ
フィー）レース参戦がある。このマン島レースには，世界のオートバイメー
カーが参戦し技術とスピードを競っていた。1954（昭和29）年には，会社
にも従業員にも大きな挑戦を鼓舞するように，レースへの参戦を高らかに宣
言している。最初に挑戦したのは5年後の1959（昭和34）年であった。初
参戦は外国製との技術格差を痛感するものであった。そこからホンダは，猛
烈なスピードで開発を加速し，技術力を高めていった。探究心は多くの課題
を解決していった。そして，1961（昭和36）年には念願のマン島レースで
初優勝を手にした。初挑戦から3年目の快挙であった。ホンダは国内トップ
メーカーとして認められるようになった。こうしてホンダは，短期間の成長
と当初の目標を達成した。ホンダがCVCCエンジン，ハイブリッド車，F1
レーシングカー，小型ジェット機ですぐれたエンジンメーカーとしての地位
を築いてきたのは，このときにさかのぼる。

　本田宗一郎にとって，1949（昭和24）年にパートナーとして経営に加わ
り行動を共にした藤沢武夫との出会いが大きかった。会社設立の翌年のこと
であった。藤沢は疎開していた福島県で製材業を営んでいたが，それをたた
んで本田のパートナーになった。2人の性格は対照的であった。本田は油の
においや機械いじりが無性に好きな行動するエンジニアであり，あけっぴろ
げな性格であった。一方の藤沢は文人肌で歴史書や音楽・芸術を好む人で
あった（もっとも本田は，藤沢武夫を天才的なエンジニアだとその眼力を評
価している）。2人は役割を明確に分担して経営にあたったが，理想に向かっ
て走る2人の信念は見事に一体的であった。

　商売人を自認していた藤沢は，ホンダの財務，営業，組織管理を一手に引
き受け本田宗一郎を支えた。本田宗一郎がエンジニアとして開発に没頭し，

経営者として大きく成功できたのは，藤沢に全幅の信頼をおいて会社運営を任せることができたからであった。藤沢は，会社の資本金が6千万円のときに，4億5千万円もの機械を輸入して技術を追究する本田を支えた。経営基盤が不安定な時期であったにもかかわらず，マン島レースへの挑戦を本田に勧めたのも藤沢であった。

　本田宗一郎と藤沢武夫は，会社経営を行うにあたって，会社の目的や理念を考え経営方針を明確にしていった。1951（昭和26）年の社内報（後に創立七周年『社史』に収録）に発表された基本理念は，「我が社のモットーとして，三つの喜び」をかかげた。三つの喜びとは，「作って喜び，売って喜び，買って喜ぶ」である。その精神は，技術者・生産者，販売者，消費者の視点を示している。

　情熱とエネルギーにあふれた技術者であった本田宗一郎は，これを次のように説明する。「技術者がその独自のアイデアによって，文化社会に貢献する製品を作り出すことは何物にも替え難い喜びである。然もその製品が優れたもので社会に歓迎される時，技術者の喜びは，絶対無上である」。また，品質がよくて安い製品は必ず消費者に迎えられる。よく売れるところには利潤もあり，その製品を扱う誇りがあり，喜びがある。そして，買った人の喜びこそ，最も公平な製品の価値を決定するものであると考え，「私は全力を傾けてこの実現に努力している」と述べている。このモットーは，使命や会社のあるべき姿がはっきりと見えたことを示している。このモットーが示す通り宗一郎は，作ること，売ること，買うことが喜びとなる製品の開発に夢中になって取り組んだ。1954年には三つの喜びを基にした会社運営の基本方針を発表している。この基本方針の内容は，現在でも同社の経営理念の中核にある。

自動車生産に乗り出す

　1960年代には自動車の時代が幕開けしつつあった。高度経済成長による所得の向上，日本経済の国際競争力の向上，貿易・投資の自由化が自動車の普及を感じさせた。1960（昭和35）年の日本の自動車生産台数（乗用車・

トラック・バスの合計）は 48 万 1 千台であった。この年のアメリカの自動車生産台数は 790 万 5 千台で，日本の生産規模は 15 分の 1 にもならなかった。しかしわが国の自動車生産は急増し，1967（昭和 42）年には 314 万台にまで増えている。

　自動車修理工として働き始め，オートバイを作ってきた技術者として，またオートバイで経営的に成功した企業家として，本田宗一郎は自動車事業への参入を強く思った。自動車がこれからの社会に不可欠な交通手段であると認識し，自動車事業こそ社会の発展に貢献できると思った。それゆえ，自動車市場への参入を強く決意していた。会社として 2 つ目の大きな挑戦であった。

　2 輪車生産日本一を達成して 1 つの夢を実現したホンダの小型車市場への進出には，思わぬところで大きな壁が立ちはだかった。その壁は，技術力も資本力もある国内・海外の自動車メーカーではなかった。ホンダの自動車市場への参入は，当時，貿易・投資の自由化を慎重に進めてきた通商産業省（現経済産業省）の強い反対にあったのである。自由化に向けて自動車産業の国際競争力の強化を図ろうとした通商産業省は，1961 年に「自動車行政基本方針」（後の特定産業振興臨時措置法）を発表した。国内の弱小メーカーの乱立を避け，既存メーカーの集約を図るものであった。それは新規企業の参入を制限する政策であった。

　ホンダは，1967 年に軽乗用車の N360 を発売した。続いて 1969（昭和 44）年には小型車市場へ進出した。小型車市場への進出を急いだのは，「自動車行政基本方針」が法制化されようとしたからであった。ホンダは大々的な新聞広告を打って通産省の政策に真っ向から異議を申し立て，結局は国の政策を撤回に追い込んでいる。自由な競争こそ産業発展の道であるという信念が，そこまで強く宗一郎を動かした。

　はた目には順調な事業展開の歴史は，本田宗一郎にはその都度大きな夢とそれを実行する強い意志，挑戦心があったことを物語っている。一時は積極主義が運転資金不足を招き，あわや倒産という危機もあった。しかし，その危機を乗り越えた後は，大きな夢が着実に事業を拡大していった。広い視野

を持っていたからさらに大きな夢を描くことができた。それが企業家として
の可能性を広げ，会社を発展させた。

　経営者として本田宗一郎を高く評価できる有名なエピソードがある。その
1つは，CVCC エンジンの開発であった。これは，当時世界でもっとも厳し
いといわれた米国の改正大気浄化法（マスキー法）が定められたことに対し
て，最初にその規制をクリアし世界の自動車業界を驚かせた。1970（昭和
45）年 12 月に制定された米国のマスキー法は，1975 年以降製造の自動車排
気ガス中の一酸化炭素，炭化水素の排出量を 1970−71 年型の 10 分の 1 に，
1976 年以降に製造する自動車の排気ガス中の窒素酸化物を 1970−71 年型の
10 分の 1 にするという厳しいものであった。これに対しビッグスリー（GM，
フォード，クライスラー）と呼ばれた米国大手の自動車会社は，技術開発に
かかる巨額なコスト増加を理由に，規制導入にこぞって反対した。その中
で，自動車市場に参入して日も浅い日本の弱小メーカーであるホンダが，
1972（昭和 47）年に世界で最初にその規制値をクリアする低公害エンジン
CVCC の開発に成功して世界を驚かせた。それは軽自動車 N360 の生産を始

表 1-1　本田技研工業成立の歴史

年月	事項
1906 年 11 月	本田宗一郎，静岡県磐田郡光明村（現浜松市天竜区）に生まれる
1922 年 4 月	アート商会入社
1928 年 4 月	アート商会浜松支社を開業し独立
1936 年 8 月	東海精機重工業株式会社設立
1946 年 10 月	浜松市に本田技術研究所開設，自転車用補助エンジン発売
1948 年 9 月	本田技研工業株式会社設立
1949 年 8 月	二輪車生産開始（ドリーム号 D 型）
1949 年 10 月	藤沢武夫入社
1957 年 12 月	東京証券取引所第一部に上場
1959 年 6 月	米国にアメリカンホンダモーターカンパニー・リミッテッド設立 T.T マン島レースに初出場
1961 年 6 月	T.T マン島レースで優勝
1967 年 2 月	軽自動車 N360 発売
1972 年 12 月	改正大気浄化法規制値をクリアする CVCC エンジン自動車開発
1973 年 10 月	本田宗一郎・藤沢武夫退任，取締役最高顧問となる
1977 年 2 月	ニューヨーク証券取引所に上場

（出所）『有価証券報告書』，野中郁次郎『本田宗一郎』（2017）を基に作成。

めてわずか5年後のことである。この成功によってホンダは，世界的に高い評価を受けるとともに一躍注目されるようになった。

なんでやらないんだ

　これに関連するもう1つのよく知られたエピソードがあった。このエピソードは繰り返し語られて有名になっている。

　自動車エンジンは水冷式と空冷式の技術の選択に決着がついていなかった。オートバイ事業で成功したホンダは自動車市場に進出した。オートバイは空冷式であった。飛行機のジェットエンジンも空冷式である。理論優先を運営の基本方針にかかげ経営の信条ともしてきた本田宗一郎は，技術者として空冷式エンジンにこだわっていた。理論的に優れた選択は，後発メーカーによる革新のチャンスとなる可能性がある。ところが，自動車業界の現実は水冷式エンジンが主流で，社内の技術者も水冷式であるべきだと判断していた。したがって，この選択は，会社を倒産に追いやる可能性のある大きなリスクある選択であった。空冷式エンジンは本田宗一郎のみが引きつけられたのではなかった。1959年にGM（ゼネラル・モーターズ）が生産を開始したコルベアは空冷式エンジンであった。

　技術のことにはめったに口をはさまなかった経営パートナーの藤沢武夫は，技術開発の責任者であった河島喜好や久米是志など研究所の幹部を宿泊していた熱海の旅館に呼んで，意見を聞いた。ホンダはそれまで，空冷四サイクル，高回転馬力をめざして技術開発を進めてきた。ところが，ホンダのエンジニアたちは，マスキー法に対する排気対策として水冷式でないと解決できないという意見であった。それは弱小な後発企業のホンダに不利な選択のように見えた。しかし，技術者たちは，マスキー法への対策は高回転燃焼の極限を見てきた技術者にこそ解決できる課題で，低回転低馬力しか出していない技術でやっているところでは解決できないと確信していた。技術者たちの眼は輝いていた。

　「重要なことがあるんです。社長は空冷でやるといわれているんですが，それでは見込みがない，と私たちは思っているんです。一刻も早く，まっ直

ぐに水冷にしないと時間がないんです。水冷なら，絶対とはいえなくても，かなりの可能性があります」と技術者たちは副社長の藤沢に訴えた[5]。藤沢は，彼らの言葉やまなざしから発せられる熱意と信念を感じとり，内心喜んだ。

　その夜，藤沢は本田宗一郎に連絡を取り次のように進言した。「社長としての道をとるのか，あるいは技術者として本田技研にいるべきだと考えられるのか。どちらかを選ぶべきではないでしょうか」と。常に信頼を寄せてきたパートナーである藤沢の言葉を聞いた本田宗一郎は，しばらく黙した後，藤沢に「わかった」と応えた。本田は社長としての道を選び，会社に必要な経営判断をした。

　一方，藤沢との話し合いで社長（本田宗一郎）にも報告するようにいわれていた久米是志は，その翌日，本田宗一郎に会って自分の考えを伝えた。どんな怒りが爆発するのかと不安に駆られながらも，「きのう，副社長にご報告してきましたけれども，空冷はダメだと思います」と進言した。それを聞いた本田宗一郎は，少し間をおいてから，一言，「そう思うなら水冷をやればいいじゃないか」と応えた。予想すらしなかった言葉に，一瞬言葉を失った久米であった。いっとき経って口を開き，「やっていいんですか」「やればいいじゃないか，何でやらないんだ」という短い会話があった[6]。

　急いで部屋を出て自分の部署に戻った久米は，「おい，水冷だ！」と同僚の技術者たちに叫ぶような気持ちでいった。若い技術者たちの顔がぱっと輝いた。技術者の顔に喜びが広がり歓声が上がった。こうして彼らは，強い使命感を持って新しいエンジンの開発に取り組み，マスキー法対策の技術に一番乗りをした。快適な地球環境を後世に残したいという技術者の情熱と，エンジン技術に対する深い理解が革新を生み，世界を驚かす結果をもたらした。

本田宗一郎の人間性

　ホンダの歴史は，経営者のあるべき姿と決断の重要さを示している。そこには本田宗一郎の経営者として，また人間としての真価を示す行動が見られる。

　第1に，本田宗一郎は，経営者としてもエンジニアとしても会社の目標やめざすべき夢を先頭に立って示してきた。めざした仕事の目的および意義を高くかかげるという役割において，本田宗一郎は極めて明確であった。人一倍仕事への情熱があり，人一倍働いた。彼の周りには，その目標，仕事への情熱に共鳴して働く人たちがたくさん集まった。

　第2に，本田宗一郎は，自分の目的・信念が非常に明確であった。経営の基本方針をかかげるのに時間はかからなかった。ぶれない経営姿勢を部下は信頼し，彼についていった。

　第3に，企業経営の重要な目標や方針の決定に際して，大事なところで本田宗一郎は自分の独断に陥らず，周囲の意見を聞いて情報を冷静に受け止め意思決定をしている。つまり，重要なアイデア・情報がゆがめられることなく組織のトップに伝えられるということ，それを耳の痛い話として遠ざけずに聞く耳を持っていた。その上で重大な意思決定が行われている。常々，「やってみもせんで何がわかるか」とエンジニアに言ってきた本田であったが，CVCCエンジンの開発では，部下の提案に対して日頃の言葉を自らに返したのである。全幅の信頼を寄せるパートナーの藤沢武夫の存在も大きかった。

　権力指向の強い創業者ほど周囲の声を聞かなくなる傾向にあるが，本田宗一郎はオーナー経営者として自己の権力を振り回すことをしなかった。夢に向かって先頭に立ってきたが，専制的ではなかった。それゆえ，大きな権力を持つ創業経営者が，間違った決断によって会社を存続の危険にさらすことを回避することができた。会社は新たな挑戦をし，飛躍することができた。

　第4に，それが可能であったのは，自由な意見をいうことができる風通しのよい組織を作っていたからである。権威主義や形式主義にならず，オープンな組織が作られている。経営的に，企業文化的に，独断にはブレーキが利いていた。本田宗一郎自身が，従業員には人間として対等に，そして公平に接しようとしてきた。

　また，直接進言するパートナーの藤沢や信頼すべき部下を得ていた。本田宗一郎には権威主義的なところがなかった。あけっぴろげな人を喜ばせるこ

とが好きな性格であった。創業者に向かって前述のような進言を部下が行えるところに，ホンダの企業風土があり，経営者と社員の間の信頼関係があった。ホンダのオープンな組織運営は，社員から「オヤジさん」と慕われた本田宗一郎の，創造的で自由なそれでいて真摯な技術者精神と，人として公平で開放的な性格のリーダーシップによるものであった。

運営の基本方針に見る経営哲学

　同社の経営がどのような理念のもとに行われたのか，本田宗一郎の人間性や経営哲学を，同社の運営の基本方針によって確かめてみよう。

　基本方針に先立って，本田宗一郎は1951年の社内報に会社のモットーとして前述の「三つの喜び」を発表している。「作る喜び，売る喜び，買う喜び」である。三つの喜びは，技術者・生産者にとって，販売者にとって，そして消費者にとっての喜びを表している。仕事をする人たちの喜びをまず願い，その成長に期待を寄せている。

　この三つの喜びについて，早くも1955年には大変な誤りがあることに気づいたと藤沢は述懐している。というのは，企業はお客様の喜びを第1にしなければならない，その喜びがあって初めて売る喜びがあるはずである。その2つの喜びの報酬として，作る喜びがある。したがって，当初かかげた順序を変えなければ企業は失敗すると気づいたのである。また，「作る喜び」も新しいものを創造する意味の「創る喜び」に改められた。

　表1-2の「運営の基本方針」は，1954年3月の社内報で発表されている。同社の設立は1948（昭和23）年であったから，技術者であった本田宗一郎が経営についての方針をいかに早く確立してきたか，視野の広さと経営哲学の深さを知ることができる。

　会社設立当初の本田と藤沢は，しばしば夜を徹して語り合い，互いの理念や思考を深め，事業の目的や経営理念を共有していった。こうして会社の基本理念として運営の基本方針が出来上がった。本田宗一郎と藤沢武夫は，基本理念を共有し経営の太い糸を確立すると，互いの役割を分担し，しばらく会わずにいてもぶれることのない経営が行われるようになった。

表1-2　運営の基本方針

```
運営の基本方針
1) 人間完成の場たらしめること
2) 視野を世界に広げること
3) 理論尊重の上に立つこと
4) 完全な調和と律動の中で生産すること
5) 仕事と生産を優先すること
6) 常に正義を味方とすること
```

（出所）本田技研工業株式会社『社史』，1955年。

　運営の基本方針の第1に，「人間完成の場たらしめる」とあるのは，製品はすべて従業員の努力と研究の成果であり，真心のこもったものであることを求めている。

　ホンダは，「モットー」で「作る喜び，売る喜び」を表わしたように，人が仕事に意義を見出し，喜ぶ職場を目指して，働く人を重視する「人間尊重の精神」を経営の根本においてきた。仕事を通して人は成長するべきであり，それが働く人の喜びであると考えた。これは，良い製品をつくるには，開発から生産，販売にたずさわるすべての人の人間的成長に向けて努力することが前提でなければならないことを意味していた。

　第2に，「視野を世界に広げる」とは，技術が世界に普遍のものである限り，視野は常に世界に開かれていなければならないとした。社会に必要とされる普遍性のある製品は，世界中に顧客がいるであろう。また市場では，他社と公平に競い合ってこそ進歩があると考えた。視野を広く持つことは，社会や市場を大局的に見ることを忘れず，会社の使命を認識し事業を行うことにつながっていく。

　同時にそれは，適切な情報と機会を手に入れる可能性を高め，より高次の目標を見すえることになる。適切な情報は選択肢を広げ，より合理的な意思決定に通ずる。「国境を越えて，人類として，人間である限りは，必ず納得できるような，いわゆる，理論の持ち主なってもらいたいということが，私の狙いの世界的視野ということなんです」と説明する[7]。こうした姿勢を強

く持っていたから，オートバイ事業でも自動車事業でも，常に世界を視野に入れて行動してきた。それゆえ，国の自動車行政基本方針に信念を持って異議を申し立ててきた。マン島レースへの挑戦や自動車事業への進出，F1レースへの挑戦も，視野を世界に広げる理念の実践であった。

　第3に，「理論尊重の上に立つ」とは，特に科学技術は万国共通であり，最高の理論の上に立って経営は行われるべきであることを強調している。最高の理論とはすぐれて科学的であり，たしかな論理性と合理性を持つことであるから，理論尊重は世界を視野に入れることでもあった。理論に支えられたアイデア・創意工夫で製品を向上させねば，事業の発展もままならないと思っていた。「物事は真実まで極めた真理じゃないと，世界に通用しない」と考えてきたのである。

　本田宗一郎は，当時のこと，高等小学校しか卒業していない（後に浜松工業専門高校の定時制に聴講生として通う）。15歳で自動車修理のアート商会へ働きに出ている。それでも世界を視野に入れ，科学を信じ，理論尊重をうたっているところが彼の人間的な大きさを表している。本田宗一郎は，科学的，合理的であることを強く求めた経営者であった。

　第4に，「完全な調和と律動の中で生産する」とは，調和のとれた生産をするには，工場のすべての活動が1つのシステムとして流れるように統合されなければならないことを意味している。特に多くの部品からなるオートバイや自動車は，すべての部品の生産が調和し律動しなければならない。組織は専門化し分業することで生産効率を高めるが，分業されたものを統合することが仕事の成果を左右する。生産をシステムとしてとらえ，統合することの重要性に気づき，それが経営の重要な要件であることをよく理解していたことがこの言葉からうかがえる。今日では，多くの産業で効率化のためにサプライチェーン（供給網）全体の活動統合と同期化が追求されているが，調和と律動は経営の根本をとらえた言葉である。この言葉は，自然との調和も意識していたのではないかと思われる。

　第5に，「仕事と生産を優先する」とは，資本が目先の利益に動かされやすいことをいましめている。同社が今日の地位を築きえたのは，人々の生活

に資する仕事を優先し，理論と独創的なアイデアを尊重してきたからである。仕事を優先するとは，つまるところ，消費者に買う喜びを感じてもらうもので，それは社会への貢献を優先することである。資本はその使命に向かって仕事と生産に奉仕するものでなければならない，と経営者が考えてきたことによってホンダの経営は行われた。創業者である本田宗一郎が，資本所有者としての論理を振りかざすことなく，株主利益の追求に走ることなく経営を行ってきたことは明らかであった。

　第6に，「常に正義を味方にする」とは，常に社会の視点に立って，正しいと思われる決定を行い行動することである。社会の支持を得ることこそ，企業を一番強くすると考えていた。

　本田宗一郎は，事業とは社会の正義に沿うものでなければならないと常々考えてきた。敗戦によって既存の価値規範が一夜にして崩壊することを経験する中で，彼を導いてきたのは人びとの生活や社会への思いであった。正義を味方にするとは，社会や人々の側に立って事業をすることである。厳しい局面に向き合っても，正義が味方している限り必ず道は開け，困難は打開されるという信念があった。仕事の意義も，働く喜びも，社会の支持を得ることによって高められるのである。

基本方針を貫く姿勢

　このようにホンダの基本方針には，今日の企業経営に必要とされる重要な要因が簡潔に表現されている。しかし上の基本方針は，その1つひとつの方針を厳密に見れば，いかなる場合に何が優先されるかは示していない。人間完成の場とすることや人間尊重は，仕事の効率追求や市場での競争の中でどのような方法で実現できるのか。ホンダでは，仕事の優先をうたい，理論尊重と現場主義を同時に強調し追求してきたが，組織では下位手段の選択になればなるほど，行動のトレードオフ（二律背反）を生ずるものである。

　それでも，基本方針の中には，広く社会・市場を見すえて，社会の正義にしたがうこと，組織を作ること，人を育てることが簡潔に述べられている。いざ実行するときに，基本方針が骨太な方針として判断基準となった。会社

を設立して数年後に，このような運営方針を明確にした本田宗一郎と藤沢武夫という2人の経営者の，人間としての志の高さと仕事への情熱，視野の広さを見て取ることができる。

ホンダに限らず，経営の基本方針を社是・社訓としてあるいは経営理念としてかかげる企業は少なくない。しかし基本方針や社是・社訓があっても，市場および技術の不確実性を考えれば，10年後，20年後の事業やなすべきことを正確に見通すことは不可能に近い。むしろ，基本方針は，普遍性を持つためには一般原則とならざるを得ない。しかし一般原則は聞き流されやすい。したがって，基本方針や社是・社訓があったとしても，それが実践でどのように活かされるかは，その時々で正しく判断し行動を選択しなければ生きたものにならない。それは，経営者が信念を持って貫かなければ実現しないからである。

ホンダでは，本田宗一郎自身がすぐれて個性的でありながら人間としての公正さと純粋さを持ち，基本方針は実践されてきた。経営理念や基本方針は，経営をリードする創業者や経営者自身が考案し実践することに意味がある。ホンダの場合，2人の経営者は離れた場所にいて役割を分担し，たまにしか顔を合わせなくなってもぶれることがなかった。同社の運営の基本方針は，まぎれもなく本田宗一郎と藤沢武夫の2人が考え作り上げたものであったからである。

受け継がれる DNA

ホンダのその後の成長と経営を考えると，上の方針を実現しようとする努力は，外部からもよく見えるもので高く評価できる。運営の基本方針にかかげた6項目は，現実の判断基準として尊重され実行されてきた。そして本田宗一郎の考えを，後継の経営者たちは時代が移り変わる中で調整をしながら受け継いできた。それは，創業者本田宗一郎の精神を受け継いだ本田技研の企業文化を表して，ホンダウエイ（Honda Way）とかホンダ DNA という言葉で形容されてきた。これらの言葉は，創業者の思想が受け継がれていることを表している。

　現在のホンダの企業理念は，人間尊重と三つの喜びからなる基本理念と，社是，運営方針で構成されている。それは，当初の運営の基本方針と実質的に変わらぬ内容である。1951 年の三つの喜びは，すでに述べたように，顧客を最初にかかげ「買う喜び，売る喜び，創る喜び」に変更されている。同時に，基本理念は働く人に最大限の敬意を払い，人間尊重をまずはじめにうたっている。人間性の尊重は，同社の経営の土台であった。

日本企業の見本となる経営モデル

　本田宗一郎が実践した経営は，わが国の企業経営にとって 1 つの見本となるモデルである。その理由は，第 1 に，経営者としての本田宗一郎は，大きな夢を持って常に新しい製品・技術に挑戦してきたことである。CVCC エンジンのように，独創的な技術開発は経営的に他社とは異なる独自性をもたらし，戦略的ポジションをとることを可能にしてきた。技術の可能性を突きつめ，社会へのかかわりを突きつめて製品を開発することが同社の経営の特徴であった。

　経営とは新たな価値の創造であることを，同社は実証してきた。藤沢は，『松明は自分の手で』という書を著し，未知の世界に挑戦し切り開く姿勢が2 人の経営精神であったことを表題で示している。「"日々新た" というのがホンダのモットー」であったと藤沢は述べている。本田こそ「日々新た」を強烈に追求してきた経営者の 1 人であることは間違いないであろう。

　第 2 に，従業員を重視する企業文化の優れたモデルである。優れた技術者であった本田宗一郎は，常々「技術者は技術の前で平等である」と考え，会社の基本理念を人間尊重においていてきた。慣例に縛られるとか，創業経営者や上位者の権威の前に部下が沈黙するという文化を否定してきた。組織の中で役割の違いはあるものの，1 人ひとりはみな等しく公平に尊重されなければならないというヒューマニズムの精神が本田宗一郎にはあった。同社では，「Honda で働く人は皆平等」という思想を，工場の作業者も社長も同じ白い作業服を着ることで実行している。白い作業服は，組織内部的にも社会的にも，階層による権威づけや役割固定を否定する思想を表している。

　3代目社長の久米是志は，本田宗一郎に怒られてばかりいたという。しかし，それでもなお彼ら若い技術者が本田宗一郎を「オヤジさん」と呼び敬愛してやまなかったのは，本田宗一郎に私心がなく，あくなき技術追究の情熱のゆえに部下の行動を叱ったことを理解していたからであった。常に情熱を持ち，開放的で，真実の前に謙虚さを失わなかったところが，多くの部下に理解されそして魅了してきた。

　「この人の未知への探求心，何日も続ける徹夜の行動，納得できなければ一歩も退かない不退転の意思……その姿を従業員は尊敬の目で見ていたし，喜んで指導に従っていた」のである[8]。

　第3に，経営者としての地位を早く後任にゆずり，新しい人材に経営を任せる伝統をつくってきた。本田宗一郎と藤沢武夫の2人は，創立25周年を区切りに，本田が66歳，藤沢が62歳のときにそろって退任し，経営を2代目社長となる河島喜好にバトンタッチした。意表を突いたいさぎよい出処進退であった。CVCCエンジンを開発した翌年のことである。

　創業当初こそ同族会社であったが，本田宗一郎は自分の子供は会社に入社させず，身内を会社から排除した。それは私心のない経営者としての信念を表している。資本所有についても，製品についても，労働についても，資本の論理を優先せず人間尊重を基本におきながら運営の基本方針に基づいた経営をしてきた。オーナーの権力をふるうことも，株主利益を優先することもなかった。創業経営者でありながら同族支配を求めず，ゴーイング・コンサーン（継続企業）へのレールを敷いてきた。こうして2人の経営精神は企業統治の精神となり，統治の透明性を高くしている。同社は，企業統治の点でも日本企業のよい見本であった。

3. 松下幸之助の経営理念

9歳で奉公に出る

　松下幸之助（1894−1989）は，松下電器（現パナソニック）の創設者であ

る。1894（明治 27）年に和歌山県和佐村（現在の和歌山市）の比較的裕福
な農家に生まれた。4 歳のときに家が破産し，それまでの生活をすべて失っ
ている。幸之助は満 9 歳で丁稚奉公に出て，自転車店（五代自転車店），そ
して大阪街灯（後の関西電力）に勤めた。そして 22 歳になる 1918（大正 7）
年に独立して自分で事業を始めた。しかし結核の初期症状である肺尖カタル
にかかるなど病弱であった。病弱な体質は 50 歳ころまで続いた。それでも
会長に退く 1961（昭和 36）年まで，44 年にわたって松下電器の先頭に立っ
て成長を導き，大企業に発展させた。

　ではなぜこうした苦境の中で，松下幸之助は企業家として成功したのか。
どのようにその経営の才能を身につけることができたのか。彼ほどに多くの
経営に関する著作を残した経営者は，世界中を見渡してもいまだかつていな
い（『松下幸之助発言集』は全 45 巻である）。経営や社会について，指導者
の条件や人情の機微について，広い視野を持ち深く思考して，その考えをわ
かりやすく伝えてきた。経営についてそれほど多くの著作や言葉を残してき
たのは，深く思索しただけでなく，彼の内なる思いが熱かった証拠であろ
う。小学校程度の教育しか受けてこなかったから，体験の中で得た思考を確
認し，言葉に表して固めていったように思われる。そんな彼の，激動の 20
世紀に 94 歳まで生き抜いた企業家人生には，成功物語だけではない多くの
困難や葛藤があったことは想像に難くない。

経営理念を手に入れる

　松下幸之助が残した言葉は，彼自身が人生において，そして企業経営にお
いて経験する中で体得し紡いだものである。そこには，人間と社会について
の考えがよく表れている。彼は次のように言う。

　事業の根底にあって一番大事なものは，「会社は何のために存在している
のか，この経営をどういう目的で，またどのようなやり方で行っていくの
か」についての基本の考えである経営理念である。経営理念とは，会社がど
うありたいのか，そして最終的に何を達成したいのかを描く図である。事業
を拡大しつつあったときに彼はこのことを考え抜き，信念ともなる経営理念

に到達する。その中で次の2点を特に強調する。

第1に,「企業はなぜ必要か」という会社の根幹にかかわる問いに対して,松下幸之助は,「事業活動を通じて,人びとの共同生活の向上に貢献するということはあらゆる事業に通ずるものである。この根本の使命を見忘れた事業経営は真に力強いものとはなりえない」。それゆえ,企業の社会的使命は,「どういう時代にあってもこの本来の事業を通じて共同生活の向上に貢献すること」であるというのである。こうして松下幸之助は,会社の使命を早い段階で自覚する。

そこから,有名な「企業は社会の公器である」という考えが出てくる。企業はその社会的使命を果たすべく,人材や資本,物的資源を社会から預かって仕事をしている。したがって,それに対して経営者は責任を持って仕事をしなければならないと考える。「公器である」については,彼の前にも後にも多くの企業家が類似の表現で語ってきた。しかし,幸之助ほど徹底した思想にした企業家はまれである。

「しかし実を言えば,私自身事業を始めた当初から明確な経営理念を持って仕事をしてきたというわけではない。私の仕事はもともと家内と義弟の3人で,いわば食わんがために,ごくささやかな姿で始めた」ものであった[9]。つまり,確たる経営理念を初めから持っていたわけではない。しかし,経営理念を早い段階で実践のなかから体得し,基本的考えが出来上がっていく。

松下幸之助は,前述したように,事業家として独立する前,自転車店へ奉公に出てしばらくして大阪街灯(現関西電力)に就職する。そして1918年に22歳で独立創業する。独立するに際しては,自転車用ランプを開発し事業の一歩を踏み出した。このとき,学歴はいうに及ばず,技術,資金,頼りにする人脈などは何もなかった。それでも必死に事業に取り組み,伸ばしていった。1929(昭和4)年,33歳の時に組織を「松下電気製作所」と改め,綱領,信条を制定している。松下幸之助が優れた経営者であったのは,早い段階で会社の使命について考え抜いて確固とした理念に到達し,それを基にぶれることなく実践し,経営者として的確な意思決定を行い事業を持続的に成長させてきたことである。

水道哲学

　松下幸之助は，1932（昭和7）年に有名な「水道哲学」と呼ばれる経営哲学を会得した。「水道哲学」とは，ある暑い夏の日に道路わきの水道の蛇口をひねると，おいしくて安い水が豊かに流れ出て人々にうるおいと憩いをもたらしていることにヒントを得たといわれる。水道の水のごとく，人々に生活を潤すような安くてよい商品をふんだんに提供することが企業としての使命であると悟ったのである。企業としての社会的使命をどのように実行するか，その答えが「水道哲学」であった。「水道哲学」は，使命を自覚した最初の大きな契機であった。

　社会的存在として社会を相手に事業を営む企業の役割・使命が「社会のためにある」ことは，一般論としては今日では常識である。けれども，この使命について松下幸之助は次の3点で際立っている。第1に，資金だけでなく，「事業全体が社会からの預かりもの」であると考えている。したがって，「社会からの預かりものである事業を正しく経営し，正しく発展させて，社会の発展と人々の生活の向上に貢献するのは当然の務め」であると考える[10]。そして第2に，事業の利益は，「社会の向上発展に貢献した報酬として与えられる。利益が上がらないのは，社会に対して正しい貢献をしていないからである」と考える。「われわれが社会から資本を預かり，人を集め，多くの資材を使って，何の成果も上がらないということは社会的にも許されないことである」。それゆえ，第3に，使命を果たすために，従業員1人ひとりが全員一体の体制となることを求めたのである。

経営理念は力なり

　松下幸之助は，「一つの経営理念というものを明確に持った結果，私自身，それ以前に比べて非常に信念的に強固なものができた。そして従業員に対しても，また得意先に対しても，言うべきことを言い，なすべきことをなすという力強い経営ができるようになった」。こうして企業家として，真の使命を知ったという意味で「命知」と呼び，1932年を会社の真の創業年であると定めた。

　松下幸之助の膨大な著作は，大部分が戦後発表されている。しかし，彼の経営哲学は，事業の使命を知るという意味の「命知」や，「水道哲学」，事業部制による分権的マネジメント，全員一体の経営論などは，1918 年の創業から 1933 年の間に発表されている。つまり，事業としては零細企業から中小企業になっていく頃に，その経営思想の骨格が作られている。それらは，戦後発表される彼の経営論の土台となっている。

　終戦直後の GHQ（連合国軍総司令部）による財閥家族指定や資産凍結によって資金難の苦しい時期にあった 1948（昭和 23）年には，PHP（Peace and Happiness through Prosperity）研究所を設立し，人としての生き方について，企業としてのあり方について強い信念を持っていたことを示している。こうした信念は，家の破産から奉公に出て，父親・兄姉を次々と失くしていく逆境の中で培われ，自分が生かされているという思いを深めた。生きていくことへの意志の強さ，家族や家を守る責任感などを根底にして，松下幸之助の経営観が築かれるのであった。経営の創造といい，衆知の経営といい，それは彼がめざした経営を表している。後に「経営の神様」と呼ばれるほどに崇められるが，彼が言ってきたことがすべて実践されたというのは過大評価であろう。むしろ言葉にしてきたことを信じたがゆえに，実践しようと努力してきたのであろう。

　松下幸之助の経営理念の第2の要点は，会社が社会における役割を適切に果たすために，何をどのようにすべきかについて，「私の場合，どういう基準があるのかというと，これにはいろいろな面があるから一概には言えない。けれども，一つ言えることは，何が正しいか，ということである。……つねに何が一番正しいか考える。そして，その正しさを基準にするわけである。……一方，私が，物事を判断し，決断する場合には，"生成発展"という点を念頭に置くことも少なくないように思われる。生成発展とは，一口で言うと，"日に新た"ということである。すべてのものは絶えず動き変わりつつある。これはいわゆる自然の理法であり宇宙の姿である。すなわち，万物いっさいは，この生成発展の中にある。……私は，たえずこの生成発展の経営理念にもとづく経営を目ざしてきた。したがって，この生成発展という

図1-1　松下幸之助の経営理念

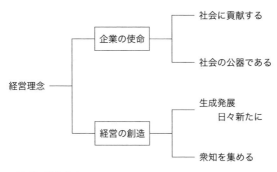

（出所）筆者作成。

ことも物事を決断する際の一つの基準というか，考え方の拠りどころとなるように思われるのである」[11]。

　このように，松下幸之助は会社の使命として，社会に，そして人々の生活に貢献することを重要な判断基準としてきた。社会にとって価値ある必要な物を提供することが会社の使命であり，存在意義であると考えた。それをいかに実行するかについては，生成発展する経営をめざし日々新たに創造することを信条とした。

　したがって，社会における使命を果たすには，経営者は一体何を行うべきか，何が正しい経営かを考える。社会における使命をどのように果たすことができるのか，生成発展の中で何を行っていくべきか考えていく。そのとき大事なことは，「私心をはなれること」，そして「常識にとらわれないこと」であった。何が正しいかという判断基準が明確になれば，様々な意思決定にもすぐれた判断根拠となる。常識にとらわれず，何が正しいか真剣に考えることができれば，自社の存在目的が明確になり，適切な戦略を選択することに近づいていく。存在目的に導かれる行動は，力強いものとなる。

経営者としての責任を自覚する

　松下幸之助の経営には，正しい使命を遂行すること，そして，それに向け

て日々新たに経営に取り組むことが経営者の責任であるという信念が，事業家になった早い段階で確立された。企業は絶えず変化する事業環境の中に存在する。それゆえ経営は，変化する市場・社会に向き合い，生成発展の自然の理法にしたがうべきと考えた。「正しい経営理念というものは，単に経営者個人の主観的なものではなく，その根底に自然の理法，社会の理法といったものがなくてはならない……あえていうならば，私は限りない生成発展ということがその基本になるのではないかと思う」と述べている[12]。

　万物流転の世界観は古典の中にしばしば見られる。そして，事業が社会の発展や人々の生活に貢献するものであるとする思考は，日本の経済思想の基盤に伝統的に存在していた。しかし，それを生成発展の経営論にまで高めたことは彼の独自の経営思想であった。

　こうして，「経営というのは，天地自然の理にしたがい，世間大衆の声を聞き，社内の衆知を集めて，なすべきことを行っていけば，必ず成功するものである」という信念ができあがった。そして，「最高の経営は何かというと，それは，衆知による経営ということであります」と明言する[13]。われわれにとって，自然の摂理にしたがうとはどうすることか，生成発展の経営をどのようにすれば実現できるのか，衆知を集めることはいかなる方法であるのか，まだ論理的に明らかにされたとはいえないが，幸之助の答えは実践で示されてきた。松下幸之助の経営理念の内容を整理すると，図1-1の特徴が浮かび上がってくる。

　松下幸之助の経営は，彼自身による多くの言葉で語られてきた。中でも，基礎となる経営理念の重要性を彼は強調している。「人間の本質なり自然の摂理に照らして何が正しいかということに立脚した経営理念というものは，昔も今も将来も，また日本においても外国においても通じるものがある。わたしは自分の体験からそのように考えている」。そして，「「方針」の底には，いつの時代にも普遍なものがないとダメで，それは大きくいうと，人生観というか，社会観になるわけで，これさえシッカリ立っておればそれを基礎にしてその時代色を取り入れて行けばよい」と考えていた。

成功はたやすい？

　こうして，「私は成功というものは，いともたやすいことだと思う。しかし必ずしも多くの人が成功しないということは，大道があるのに無理に畦道を歩いていくからである」と言う [14]。成功をたやすいと言える経営者はめったにいないが，そこまで確信があった。

　あるとき，松下幸之助は成功の秘訣は何かと尋ねられた。それに対し，しばらく間をおいたのち，「成功するまで諦めないことだ」と応えた。この言葉だけを聞くと，人は禅問答を聞いたような気がする。しかし，「すべて物事は用意周到に計画を立てていったならば，いわゆる失敗というものはほとんど無い，といっていいと思うのです。ところが実際には次ぎつぎと失敗があるというのは，これはやはりすべきことを十分に考えていない，また考えてもなすべきことをしていない，というところに多く原因があるように思うのです。だから，反省すべき点は他に求めずして，自分にあると考えねばならないと思います」と言う [15]。

　つまり，「経営というのは天地自然の理に従い，世間，大衆の声を聞き，社内の衆知を集めて，なすべきことを行っていけば，必ず成功するものである」と考えた。そう考えるがゆえに，常に消費者・社会の声を聞いて，社員の力を引き出すことに努めてきた。天地自然の理にしたがう経営とは，「当然なすべきことをなす」ことである。こうして，「非常に困難な出来事にも数多く出あっている」「経営というものはまことにむつかしい」と言いながら，「成功というものは，いともたやすいことだ」と言い切っている。

　商売や経営は世間の人びとが求めるものを提供する仕事であるから，その基本は，「世間の声，人々の求めに素直に応える」ことだと心底考え，それに徹したのである。「素直な心になれば，物事の実相にしたがって，何が正しいか，何をすべきかということを，正しく把握できるようになる」と考えていた。

　冒頭に述べたように，松下幸之助の人生が平穏であったわけではない。しかも若い時から病弱で，病床のなかから経営の指揮をとることもあった。「50歳くらいまで絶えず病気と戦わなければならなかった」。それでも松下

幸之助が「成功はたやすい」というのは，物事を考え抜いて冷静に経営判断をし，実践してきた確信があったからであった。このように，経営には物事をやり遂げようとする情熱や強い意志が必要であること，そして課題に向かっては，考え抜いて物事の真実を見て必要な意思決定をし，最善を尽くして実行してきたことを幸之助は示している。それは，既存の知識・慣行にとらわれず，生成発展する現実をあくまでも直視し，創造的に取り組む姿勢であった。

　松下幸之助は，経営理念を確立することの重要性を示したが，具体的な経営上の方針や行動については状況に則して常に工夫されるべきものと考えた。生成発展する中で日々新たに創造することこそ経営の生命線であり，現実をとらえる唯一の方法であると理解していた。そのため，会社がおかれている状況を考え，「何が正しいか」冷静な判断力をもって柔軟に対処することを心掛けていた。そうして考え抜いた意思決定をすることによって，解決策を導いてきた。

幸之助の経営原則

　松下幸之助が経営者として実践し示してきた主要な原則を改めて取り出すと，第1に，経営者は，経営に対する熱意と強い意志がなければならない。強い意志を持ってねばり強く事業に取り組むことである。それは，幼少期の厳しい経験が，その精神を形作り粘り強く取り組む行動となった。商売への情熱や没落した家の復興への強い思いがそうした精神を支えてきたと思われる。「商売で身を立てよ」という言葉を残して，父親は幸之助が11歳のときに亡くなっている。「今から考えると，父の面影が私を今日あらしめたといってよいと思う」と語っている。

　第2に，その意志は，社会における企業の使命・役割を自覚し，存在意義を認識した。その役割を果たす使命感に導かれて，経営を行うことであった。使命感は人を動機づける大きな原動力である。彼自身が述べているように，最初は「食わんがため」の生業であり，家族を守ることや没落した家を再興する思いの方が強かったであろう。しかしあるとき，取引先の主人に誘

われてある宗教の見学に行った。そこで目にしたのは，奉仕する人々の生き生きとした表情で作業に取り組む姿勢で，それに心打たれるのである。使命感を持って仕事に取り組む人たちがいかに熱心で感動的なのか，目を開かされる。その想いが，「会社の使命」，「事業活動を通じて，人びとの共同生活の向上に貢献する」考えを強めた。したがって，この経験は，使命を認識するもう1つの大きな契機となった。

第3に，経営の本質を，生成発展する自然の理法にしたがうことであると理解し，そのためには経営は創造され続けるべきであるとして事業に取り組んできた。

第4に，社員の1人ひとりが会社の理念・目的を共有し一体となって取り組んでいくようにすることである。これは「全員一体の体制」による「衆知の経営」によって経営を行うことであった。

松下幸之助の経営が示すのは，こうした根本的な原則である。創業者の慢心や独善に陥ることなく，経営がマンネリ化することもなく，衆知を活かすことに成功してきた。それゆえ，いつの時代にもどこの国へ行ってもその経営原則は通用すると考えた。その原則は，経営者のあるべき姿勢を表わすものであった。

松下電器の成功は，経営理論的には，強い顧客指向，巧みなマーケティング方法（系列販売店ナショナルショップの展開）と組織システム（事業部制組織）の開発などの具体的な経営手法の革新性がしばしば取り上げられる。しかしそれ以上に重視されるべきは，経営の根底にある普遍性の高い経営理念と強い経営意志が浮かんでくる。その行動の背後にあって支えたのは，幼少期からの経験の中で身につけた倫理観と世界観であったであろう。

図1-1が示す松下幸之助の経営理念は，経営の原理原則として正しい指摘であるとしても，これらは相当に抽象的な一般原則であることも確かである。一般原則からは，個別企業に必要な個別解をすぐには導くことができない。経営者の真価は，普遍性のある理念や原理原則を判断基準として，適切な個別解を導くことができるかどうかにかかっている。

松下幸之助自身が言うように，「経営には無数の方法がある」。基本となる

行動原理がありながらも，経営を実践するには無数の方法がある。それゆえ，根本の使命を忘れず，原理原則に沿いながら現実に即した解決策を導く必要がある。いかなる経営課題をどのように解決していくことなのか，われわれは多様な考え方を理解することによって，その基礎にある実践の理論の理解を深めることができるであろう。

4. 中内功の情念

復員して始めた事業

中内功（1922−2005）は，小さなドラックストアからスーパーマーケットに転換を図り，ダイエーを日本一の小売企業とした。中内は 1922 年（大正 11 年）大阪に生まれている。1943（昭和 18）年 20 歳で兵役に入り，満州，フィリピンを転戦する。フィリピン，ルソン島のジャングルでは極限的な食糧不足を経験し，米軍大艦隊と向き合って自軍は壊滅状態になり被弾した。出血によって気が遠くなっていった。そのとき脳裏に浮かんだのが，明るい電球の下で家族みんなですき焼き鍋を囲んで食事をしている光景だった。「ああ，すき焼きを食べたい」と思ったという。これがスーパーマーケットを始める強烈な意識となったと，後に彼はよく語るようになった。

1945（昭和 20）年にフィリピンで捕虜になり，その年の 11 月に復員する。しばらくは，戦後の混乱の中にあった神戸三宮の闇市で商売を始める。1951（昭和 26）年にサカエ薬局を創業して薬の現金問屋を始めた。人々の生活必需品を扱う商売という点から，ドラックストアを思い立ったのである。1957（昭和 32）年にダイエーの前身である株式会社大栄薬品工業を設立し，この年に「主婦の店ダイエー薬局」1 号店を京阪電車千林駅前にオープンしている。同社は，1962（昭和 37）年には株式会社主婦の店ダイエーに社名を変更し，1970（昭和 45）年に株式会社ダイエーに変更した。同社は，日本経済の成長を背景に流通革命の旗手として小売業の変革に大きな影響を与えてきた。

ダイエーがめざしたのは

　設立当時はドラッグストアで，薬品や化粧品，日用品を主に扱った。しかし間もなく，食品の割合を増やし，スーパーマーケットとして成長を始める。毎日必要な物こそよく売れることに気づいた。やがてチェーン展開をはじめ総合スーパーへと成長していく。流通革命の先頭に立ってきた同社の成長はめざましく，1972年には小売業日本一の地位を獲得した。1971年に大阪証券取引所第二部に上場し，1972年には大阪証券取引所，東京証券取引所の第一部に上場している。

　主婦の店ダイエーは，日本が高度経済成長期に入るまさにその頃に，「日本一安い」をキャッチフレーズに消費者に訴えてきた。「家庭の中に生活必需品がいっぱいあり不自由ない生活をしたい」，その思いが戦争体験から得た彼の生きる力となり，人々に商品を届けようとするダイエーの経営理念の根底にあった。

　もっとストレートに彼は言う。「ようし，もういっぺん何が何でも生きて帰って，スキ焼を腹いっぱい食べるぞと。だから，僕は食い物の恨みでフィリピンから帰って来て，食い物の恨みでスーパーマーケットを始めたんだ」

表1-3　ダイエーの歴史

年	事項
1957.4	前身である大栄薬品工業株式会社を設立，この年に「主婦の店ダイエー」1号店を大阪・千林駅前に開店
1959.3	株式会社主婦の店に社名変更
1970.3	株式会社ダイエーに社名変更
1971.3	大阪証券取引所第二部に上場
1972.1	大阪証券取引所第一部に上場
1972.2	小売業日本一を達成
1972.3	東京証券取引所第一部に上場
1980.8	年商1億円達成
1982.3	株式会社十字屋と業務提携
1994.3	株式会社忠実屋，株式会社ユニードダイエー，株式会社ダイナハと合併
2001.1	中内功会長兼社長退任
2002.3	産業再生法適用申請

（出所）『有価証券報告書』を基に作成。

と ¹⁶⁾。この言葉には本音が語られているが，戦争の原体験がいきなりスーパーマーケットになったわけではない。復員して始めたのは闇市の商売であり，続いてドラッグストアである。日本のスーパーは，1953年頃に東京の紀ノ国屋がセルフサービス方式を採用して始まったと考えられている。

ダイエーは，1957年に大栄薬品工業を設立し主婦の店ダイエーを開店する。1958年にはダイエー2号店の神戸三宮店がオープンする。総合量販店としては，1960年の新三宮店がその最初であったが，戦略という意味では，西宮本部が設立される1962年が大きな意味を持っていた。この年に全米スーパーマーケット協会の創立20周年記念式典に招かれて出席し，各都市のスーパーを見学して回り，アメリカのスーパーマーケットに強い印象を受けたことであった。そのとき，「これだ，自分が進むべき道は」という確信を得たのである ¹⁷⁾。スーパーマーケットの将来性を確信したのである。

スーパーマーケット事業を始めてからは，消費者にできるだけ安く，ふんだんに商品を提供することが一層強い信念となった。ダイエーがその基本理念として，「どんどん安く豊かな社会を」をかかげたことに，その信念が現れている。中内は，自分の使命を次のように考えていた。「商人はものを消費者に提供する仕事でありそれを通して，地域社会に貢献する以外に方法はない」と。

流通革命の先頭を走る

ダイエーは，日本経済が強く発展を続けたとき，流通革命の先頭に立って走った。それは，種々の既存慣行と対立し，新しい仕組みを作り上げていくすさまじい挑戦であった。ダイエーが挑んだ流通革命は，第1に，その挑戦は，メーカー主導の流通から流通業者主導の流通をめざして，流通主導権を奪い取ろうとする意図を有していた。価格設定の主導権をメーカーから流通業者に移転する挑戦である。それこそが，中内の考える流通革命であった。

ダイエーは，流通における主導権を消費者の側に立った流通企業が持つべきだと考えた。「商品の価値は最終消費者が財布からお金を出して，その商品を手にしたときに決まる。……われわれ小売商の手によって消費者のもと

へ届けられたとき，商品は本当に生きてくるのだ」[18]。消費者に歓迎される
低価格を実現するには，流通業者が価格を設定する必要があると考えた。

　第2に，消費者に低価格の商品をふんだんに提供することを会社の使命と
した。消費者の側に立って低価格を実現する主要な方法は，流通の合理化で
ある。流通の合理化がめざすところは，流通の短縮化と価格決定権の獲得で
ある。

　それは，流通を通して規制を打破し，経済を変えること，そして人々の生
活を豊かにすることに貢献することであった。その実現は，流通革命という
言葉では片づけられない壮絶な挑戦であった。戦争という大きな歴史的出来
事に翻弄されながらかろうじて生き延びた人間が，向ける矛先のない憤りと
使命感によって行動に駆り立てられる狂おしさがそこにはある。人々の平和
な暮らしを支え，豊かさを届けるのは小売業であるという意識が，強い使命
感となった。その使命を果たすために中内の挑戦はすさまじく，しばしば業
界の取引慣行を否定し，価格破壊に挑んでいった。

メーカーと主導権を争う

　この点で，メーカーの経営者であった松下幸之助とは対立的であった。消
費者の視点で消費者に主権を取り戻したい中内のダイエーは，社会の公器と
してメーカーに正当な評価を与えその製品と労働に対する適正な報酬が必要
であると考え商品を定価販売するメーカーの立場を守ろうとした松下幸之助
の松下電器と，鋭く対立した。松下幸之助は，「生産の使命をはたす」こと
は社会正義であり，社会全体の視点に立って重要であると考えた。一方の中
内は，物があっても人々の暮らしを支えることができるのは流通だと，戦後
の混乱した闇市での体験から感じとっていた。両者が受け入れられる接点
は，最後までなかった（幸之助没後に両社は和解した）。

　しかし，その後の経過を見れば，徐々に流通の支配力は流通業者へと移っ
ていく。商品のオープン価格化は，こうした中で実現してきた。今日では，
家電やカメラ，食品，日用品など多くの商品でこれが定着している。この点
で，中内が挑戦したメーカーからの流通主導権の奪取は，価格決定権につい

ては達成されている。

　第3に，流通の主導権を握るために，1970年代末からダイエーはプライベートブランド（PB）商品の開発を始めた。プライベートブランド商品とは，小売業者が自ら商品企画を行い開発して販売するその企業独自のブランドをつけた商品のことである。PB商品によって既存の流通システムに風穴をあけ，メーカーから価格決定権を奪い取ろうとした。PB商品は，大手メーカーがコントロールする価格やメーカーからの仕入れに基づいた，横並びで展開する販売を打破しようとする意図があった。

　イギリスでは，マークス＆スペンサー（Marks & Spencer）社が早くからPB商品の開発に取り組み，高い利益率を達成していた。PB商品は中間業者への依存度が低下するために，小売業者の利益率を高めることができる。今日では一般的なPB商品は，メーカーの存在が圧倒的な時代に大手スーパーが先陣を切って導入してきた。流通革命の重要な突破口とする思いが，そこにはあった。

　第4に，流通の主導権を手に入れ，低価格化を実現するもう1つの方法は，規模拡大である。中内は，流通における価格決定権をメーカーから奪取し，消費者の側に立って商品を供給することに使命感を持っていた。それには，大規模メーカーに対抗する拮抗力が必要であると考えた。それは，取引における交渉力であり，メーカーに対抗する規模である。したがって，ダイエーは徹底した規模拡大を追求してきた。

　流通革命の先頭に立ち，日本一の小売業の座についたダイエーは，業界の慣行を打ち破る革新的な活動を果敢に展開した。創造的破壊を推し進め，総合スーパーとして小売業界に強力な地位を築いた。

バブル経済崩壊後

　ダイエーは，日本経済のバブルがはじけた1990年代に入っても規模拡大を続けた。中内は，日本の物価は世界で最も高く，2010年には半分になる，いやしなければならぬと考えた。「物価が半分になると，その時には1200店舗ぐらいになっていなければいけません」と言う[19]。1980年代，日米構造

協議による市場開放圧力があり，1985 年に 1 ドル 240 円であった為替レートが 1987 年末には 1 ドル 120 円まで上昇していたから，その信念に根拠がないではなかった。1995 年には，1 ドル 80 円を超える円高が起こり，国民の購買力はさらに高まるはずであった。とはいえ，1990 年当時のダイエーの店舗数はまだ 189 店であった。1200 店というのはあまりにも壮大な計画であった。

　将来の潜在的ニーズを先取りして応えていくことが，流通革命の先頭を走ってきた中内にとっての使命であった。1990 年代に入っても，新規店舗の開店と他社との合併吸収を続けたのは，こうした意識がもたらした行動であった。それは，1990 年前後のバブル経済に踊り土地投機をした企業とは異なる根拠で，規模拡大を指向した中内の流通に対する認識であった。中内自身の言葉を使えば，10 年先，20 年先を念頭においてその先見性に基づいて，「未来から現在を規定する」思考であった。1980 年代前半の業績悪化から立ち直ったダイエーは，規模拡大と低価格化に再び向かっていった。流通革命の旗手として，彼の使命感がそうさせたのであった。1994 年に，忠実屋，ユニードダイエー，ダイナハを合併しさらに規模拡大を続けた。しかしこのとき，連結有利子負債は 2 兆円を超えていた。

　ダイエーの経営の前半期（1957 年の設立から 1980 年頃）は，中内の強い信念によって事業を発展させ，流通革命の先頭に立ってきた。そして短期間で小売業日本一の地位についた。しかし後半期（1980 年頃から 2002 年）は，その信念がやがてダイエーを回復不可能な苦境におとしいれることになった。

5. 経営者にとっての経験

経営者はどのように学ぶのか

　前節まで 3 人の代表的な経営者を取り上げ，事業をおこし経営するとはどういうことか，経営哲学や経営のダイナミズムを事例的に見ることができ

た。この事例から，3人の経営者が何を課題として経営に取り組んできたか，われわれは学ぶことができる。少なくともそこには，経営者の強い意志と，新しい課題への挑戦，さらにはそれをやり抜く大きな行動エネルギーを見て取ることができる。こうした事例の観察から，次章以降では，経営の課題について企業家が示唆する経営の実践理論を吟味しよう。事業発展のプロセスや経営構造を明らかにしながら，経営の知恵を経験的な原則としてとらえていきたい。

　経営者がいかなる経営課題にどのように取り組んできたかは次章以下で詳しく取り上げるとして，本章では最後に，先人の経験的事例や自らの経験から経営者は何をどのように学習するのか，経験からの学習についての考えを確認しておこう。

　しばしば見られることであるが，事業を2代目に継承したいと考える創業者が苦労するのは，伝えたいと思って伝えられない経営能力があることを示唆している。2代目がいかに創業者の身近にいてその行動や意思決定を毎日見ていたとしても，先代が多くの失敗や成功の経験を通して学習した暗黙知は，身近にいたからというだけでは伝えられない。創業者の理念や情熱，経験して身につく経営の判断力などは，教えたいと思っても言葉では十分には伝わらない。創業者とは事業内容も時代背景も違い，求められる意思決定は過去の知識に基づく繰り返しではない。2代目が創業者と同じように強烈に生きることはまれである。

　同様に，他社の経験から学習するときにも大きな制約がある。他社のベストプラクティスを知識として学んでも，それを思ったようには実行できない。経営者の考え方が違っているとか，取り組むときの思いや情熱が違ってくると，ベストプラクティスを表面の部分だけ取り出して理解しても同等の成果を得ることは難しい。複雑な要因がからむ現実の課題は，学習した知識やスキルだけで解決できることはほとんどない。

　イトーヨーカ堂（現セブン＆アイ・ホールディングス）は，1973年にアメリカのサウスランド社からコンビニエンスストアのビジネスモデルをライセンス契約によって導入し，セブン–イレブン・ジャパンを設立した。ライ

センス契約によって分厚いマニュアルを入手した。ところが，このマニュアルはまったく使い物にならなかったとセブン–イレブンの創業経営者である鈴木敏文は述べている。高いライセンス料を払ってマニュアルを入手しても，それによる学習はまったく当てが外れた。

経験しながら学ぶ

　企業家は，直接経験することを通して学んでいる。経験は，厳しい状況をくぐりぬければぬけるほど，また深く思考すればするほど，より本質的な理解に近づき生きた知恵を与える。YKK 創業者の吉田忠雄は，企業家は「実践から理論を導く」と言っている。ヤマト運輸の小倉昌男は，宅配便システムを切り開いてきた経営のプロセスおよび課題への取り組みを詳述し，実践的経営の理論を展開している。

　しかし，単に経験を繰り返しているだけでは深い学習にはならない。企業にはそれぞれがおかれている状況の条件性がある。経験はその条件性を前提に成立している。同様に，学習する個人にもそれぞれの条件性がある。

　高度な創造的能力は，経験し自ら考えて学ぶことによって得られる。創造は誰かに教えられてできるものではない。では，企業家は経験からどのように学んでいるのか。

日々新たに

　理論的知識であれ経験的知識であれ，獲得した知識を型通り実行しようとすると混乱を招き，失敗の原因になりかねない。市場のニーズや事業の成功をとらえたと思った瞬間から，因果関係や決定要因は，簡単に逃げていく。囲碁において，定石は全体の状況の中で意味が変わってくる。知識としての定石は状況に応じて用いなければならない。これは企業経営にとっても同様である。「他人がうまくやっているからといって，自分もその通りのやり方をして，それでうまくいくかというと必ずしもそうではありません」。何よりも企業自身による「価値創造」と，「日々新た」と，「主体性」が不可欠である。

第1に，実践は，常に新しい価値の創造を求めている。社会に存在する役割を持続的に保つためには，新しい状況に対応する工夫を行い，新たな価値を創造していかなければならない。セブンイ－レブンの鈴木敏文は，次のように言う。日本経済の成長期においては，「過去の経験をなぞる。お手本をなぞる。なぞりさえすれば，環境に適応することができたのです」。しかし，「過去の経験をなぞる時代は，いまや完全に終わりました」[20]。「自分の過去の経験はいったん否定しなければなりません」。

鈴木敏文は，過去の成功体験にとらわれない経営姿勢を貫くことを，一貫して強調してきた。仮説を立て検証しながら前進するセブン-イレブンの経営スタイルは，こうして構築された。仮説を立て検証するという原則を守りながら，絶えず工夫を重ねて新しい状況に対応してきた。たとえ成功体験であっても，経験に縛られないために，必要とあれば「朝礼暮改」をむしろ堂々と行って経営する姿勢こそが重要であると考えた。それがセブン-イレブンを動かしてきた学習方法であった。ソニーの盛田昭夫は，「朝令暮改というのは一種の進歩」だと考えた。いつまでも変えなかったら進歩はないし，間違ったと思うことは，たとえ朝令暮改でも直すべきだと考えた。

第2に，動態的な経済活動は，日々新たである。松下幸之助は「日に三転」という表現をよく使った。それは，経営にとって何が正しいか常に追求していけば，日々新たな決断があり，さらに1日のうちにも何度も新たな決断をしなければならないことを理解していた。「日に新たに，日々新たに，また日に新たなり」は，中国の古典『四書五経』に出てくる言葉で人生の重要な教訓とみなされてきた。

日々新たなということは，裏返せば，今日という1日に全力を傾けることである。今日1日に全力を傾けて取り組むがゆえに，「日に新たに，日々新たなり」になる。日に新たであることは，生成発展の経営に通ずる。「日に新たであるためには，いつも"なぜ"と問わねばならぬ。そしてその答えを，自分で考え，また他にも教えを求める。素直で私心なく，熱心で一生懸命ならば，"なぜ"と問うタネは随所にある」[21]。日々新たは，たえざる進歩をめざす「仮説・検証」の姿勢にも通ずる。松下幸之助や鈴木敏文は，素

直な心や，冷静に現実を見ることで己を見る，それが経営者に求められる柔
軟な経営姿勢の土台であると考えてきた。

　本田宗一郎は言う。知識・経験について，「過去の経験にとらわれていた
のでは，よい発明，創意工夫はできるものではありません。もちろん過去を
無視せよというのではありません。過去を過去として正しく見，しかも過去
にとらわれず，過去になじまぬ自由な見方，自由な感じ方をする人にのみす
ぐれた発明工夫が生まれます。過去によって生まれた二次的の知恵を用いた
ものが発明，創意工夫であり，二次元三次元の世界であります」[22]。

　こうして「生成発展が自然の理法であるならば，私たちの日々の生活もま
た，この理法にしたがって日に新たでなければならないのであります。そし
て日に新たなる生活を営んでいくためには，日々新たなる創意と工夫とを生
み出していかなければならないのであります」。松下幸之助が，経営の創造
を経営者としての仕事の根本におき，創意工夫や日々新たであることに真剣
に向き合ってきたのは，生成発展という自然の理法を受け止め，それにした
がって経営を行うことの重要性を深く認識したからであった。

　鈴木敏文は，「みんなが反対することはたいてい成功し，いいということ
は概して失敗する」とまで言う。その理由は，誰もが賛成することは過去の
延長線上で考えられているから，戦略的未来の展望が乏しい。あるいはすで
に既知のことである。それでは独自性も差別化した価値を生み出すこともで
きない。逆にみんなが反対することは，多分に新しさがあり未知の可能性を
秘めていることを示唆している。それゆえ，「人の話を丸のみにすると，ほ
とんど失敗する」と，学生ベンチャーの先駆者であった堀場製作所創業者の
堀場正夫は指摘する。

自主性を持つ

　第3に，過去の経験を知識として学習するだけでは，将来に向かって適切
な意思決定をすることはできない。事をなすには，「自主性がほしい。まね
ることは，その上に立ってのこと」だ[23]。学ぶことも自主性のないまねる
心だけでは道を誤ると幸之助は警告する。

　他社のベストプラクティスや優れた経営者の経験から学ぶことは重要である。「仕組みが9割」と考えて仕組み改革によって業績を回復した良品計画の松井忠三は、「運用しているほとんどの仕組みは，他社の仕組みにヒントを得ています。オリジナルなものは，ほとんどないといってもいいかもしれません」と言う[24]。ただ気をつけなければいけないのは，ベストプラクティスや経験原則を単純に模倣するのではなく，その「知恵を借りる」姿勢である。なにが大事か，どうすれば知恵を自らの状況に活かすことができるのか考える必要がある。その意味で，最後は自分で考え，自社の状況に則して意思決定をしていくことが求められる。

失敗に学ぶ

　仕事では，「日々やることが1つ1つ失敗の体験であり，また成功の体験である……また失敗の体験は成功の過程にもあり，失敗の過程にも成功がある」。経験とは，数多くの成功と失敗が繰り返され，生きた知恵を与える最大の機会である。ある方法がダメだということが明らかになることは，企業にとっては大きなプラスである。その意味で，失敗を許容する企業や社会は，それだけ活力を生む条件を備えていることになる。「人は失敗から学ぶのだ」「失敗は成功の母である」と，多くの経営者が異口同音に指摘する。そのことは十分わかっているが，企業はそれをどのように取り入れるべきなのか。

　未来工業を創設した山田昭男は，「失敗を通して，人は多くのことを学ぶ。だから失敗は大歓迎。どんどんチャレンジして，どんどん失敗し，どんどん学べばいい」という[25]。「試しにやってみることでしか，実践力は磨けない。……「常に考える」と「やってみる」がセットになってはじめて「実践力」になる」。成長するには失敗を経験し，失敗から多くを学ぶことがあることを知らなければならない。それゆえ，「上司が部下の失敗にマイナス評価を与えると挑戦や行動がうまくいかない」。失敗がマイナス評価にならない環境をつくれば，挑戦や行動が生まれるのである。

　ソニーの共同創業者であった盛田昭夫は，「失敗を恐れるな」をモットー

にしていた。失敗を恐れてチャレンジする精神がなかったら，何事も前に進まないと考えていた。H.I.S の澤田秀雄は，「私はつねづね「失敗はしたってかまわない」と繰り返している。新しいものは失敗からしか生まれない。なぜ失敗したか分析して，またやり直せばいいだけの話だ。前向きな挑戦がある限り，失敗そのものを責めることはできない。失敗を恐れて行動しようとしない文化が，成功体験の少なさにつながり，それが自信のなさにつながる。悪循環は断ち切るべきだ。失敗を恐れない雰囲気を作り出すことも経営者の大きな仕事の１つだと思う」という[26]。

　研究開発の分野では，成功確率は「千に３つ」とか，「成功とは 99 パーセントの失敗に支えられた１パーセントである」という。その意味で，あくまでも失敗を避けようとするのは，かえって非合理的な行動である。人は目標に向かって挑み，失敗をし，さらに工夫をし，最後に目標を達成するという経験を多くしてきた。「失敗することは発見すること」と受け止める寛容さと前向きの姿勢が経営には求められる。「勝ちパターンは負けパターンがある程度そろわないと見つけられないものだ」と良品計画の松井は考える[27]。失敗するからこそ，成功のコツがわかるというのである。

　経験し，失敗に学んで成功に近づく，そして失敗を恐れず挑戦するからチャンスがあり成功が生まれる。その意味で，挑戦し失敗をすることが許される文化を持った組織，挑戦しても小さな失敗を受け入れる組織ほど，挑戦を続けるから創造的になるだろう。それには失敗をしても受け入れられる社風が必要になる。ホンダでは，意義のある失敗に対して表彰する制度を設けるほどであった。とはいえ，企業として致命的な失敗は許されないから，失敗を許容する範囲を示さなければならない。「１度の失敗を恐れて何もしない人は進歩しない。しかし，同じ失敗を３度続けてやる人は問題がある。失敗からは学ばなければならない」。任せても，大きな失敗をしては会社にもダメージが大きい。小さな失敗を許容し，挑戦する機会を与えることが大切になる。

　アサヒビールの樋口廣太郎は，住友銀行からアサヒビールに派遣され経営を託されたとき，「より積極的に物事に取り組み，仕事は執念を持って貫徹

してほしい」「失敗を恐れるな。積極的にやって失敗したことついては，私が責任を負い，社員の責任は問わない」と訴えた[28]。つまり，失敗しても最終責任は経営者にあること，利益責任は経営者が負うと明言して社員の挑戦を促した。このように，組織は挑戦と失敗を受け入れ企業文化とするほどに，前向きな行動が根づいていく。

　有名なサントリーの「やってみなはれ」は，組織が挑戦する精神を大事にしてきたことを表している。サントリーは，ビール事業に参入し40年以上も赤字を続けてきた。それでもその後の同社の事業を考えると，この挑戦の効果は大きかった。ビール事業は，組織に挑戦する精神を植え付け，その後，新しい事業が次々と花開いてきたのである。ホンダは20年以上をかけて小型ジェット機事業を育ててきた。そこにも，創業時のマン島レースへの挑戦と同様の，大きな夢と挑戦する精神を見ることができる。

成功の落とし穴

　ところが，大企業が破綻する。そのとき多く見られるのは，製品・サービスの市場，顧客の反応，生産・営業の現場，あるいは組織運営や働く人の職場やモチベーションなどの現実を見ていないことである。場合によっては情報を隠蔽している。その意味で，開放的なコミュニケーションができず，事実を情報として共有できなくなっている。経営者が現実を見ていなければ，現場と本社との間に乖離が生まれる。現場の情報がトップにうまく伝わらなくなる。その結果，トップが現場を理解していないなどの気持ちが現場の人たちに強くなる。社員のやる気は次第に失われ，フラストレーションが高まる。組織の官僚主義が強まり，行動の柔軟性が失われ視野が狭まれば，社員は失敗を回避し挑戦を避けるようになる。新入社員の入社式では，「挑戦しろ」「失敗を恐れるな」と多くの経営者が言うけれども，それができなくなる。

　皮肉なことに，経営の失敗は，成功が遠因となっていることが多い。成功すると成功に連なった多様な要因の微妙な影響を無視し，都合のよい部分を強調するようになる。組織には成功をもたらした複雑な要因や失敗に結びつ

く要因を吟味することを避ける意図せざる結果を生む。成功によって「結果よければすべてよし」ということになれば，成功要因を拡大解釈し潜在的失敗要因を見過ごすことになる。

しかも「成功は常に，その成功をもたらした行動を陳腐化する。新しい現実を作り出す。新しい問題を作り出す」[29)]。それゆえ，成功体験から得られた経験的知識は，失敗を招くことがあるというパラドックスを含んでいる。そんな成功の罠に陥らないために，企業はもちろん努力する。バブル経済崩壊後の1990年代，「成功体験を捨てろ」と多くの人が言ってきた。

こうした落とし穴に陥らないために重要なことは，常に考え，それを習慣にすることである。それを企業風土にすることである。だからトヨタもセコムも「なぜ」を5回繰り返すという。成功であれ失敗であれ，「なぜ」を問い続けることで，その背後の要因や関係が少しずつ見えてくる。そのプロセスこそアイデアを生む契機となる。

一般に，会社の成長を担ってきた主要事業ともなると長期にわたって成功の罠が働く傾向がある。他の関連する要因がどのような作用をしているのか，結果だけ見ていては気づかないからだ。だからビジネスでは，「成功は失敗よりずっと扱いにくいもの」となる。

「その成功を可能にさせた要素が何であったのかという冷静な分析と認識がなおざりにされがちであり，結果がよければすべてをよしとしてしまう傾向が見られます」と，CVCCエンジンの開発に取り組み，後にホンダの社長になった久米是志は述べている[30)]。したがって，ホンダでは「成功しても，ほったらかしておいてはダメだし，なんで成功したか，なんで失敗したか問う本質は絶対に考えます」という。

1990年代前半にIBMの再建を任されたルイス・ガースナーは，IBMが過去の成功体験にしばられていると指摘して，「成功している組織はほぼすべて，その組織の偉大さをもたらす要因を強化する文化を確立している」と言う。そして，「文化が組織の適応能力を制約するきわめて大きな障害になる」。成功は，その中に潜む失敗要因の芽を隠してしまうだけでなく，成功をもたらした行動や価値基準の固定化を生み，戦略の硬直化や行動の硬直化

をもたらす原因となる。組織の官僚主義が進み，経営者の過信を生む例は枚挙にいとまがない。その結果，変化している事業環境への適応能力が弱められて，失敗の素地を作り出す。

「失敗は教訓を与える」が，「成功には落とし穴がある」ことも，ビジネスにとって心にとめておくべき経験則である。

定石を超えて

日本企業は米国企業の経営手法を取り入れて学習することが多い。米国企業が手法開発のパイオニアであることや，新しい事業の成功のモデルを持つことが多いからである。しかし，日本企業が米国企業の経営手法を学習するとき，逆に米国企業が日本企業の経営手法を学習するとき，表面的な模倣が組織に混乱を引き起こしてきたのも事実である。特有の社会文化的，価値的な要因が背後にあることが大きな原因となっている。

したがって，成功体験に基づいて実践の理論が経営手法となり，学習されるとしても，その経験の複雑な物理的・心理的前提条件を理解し行動することが不可欠である。創造を必要とする実践では，特に米国の企業風土で生まれた経営手法や行動原理の模倣には注意が必要である。

「それらの基本と原則は，それぞれの企業，政府機関，NPO の置かれた国，文化，状況に応じて適用していかなければならない」とドラッカーは指摘する[31]。理論や定石は，前提条件が同じ場合にのみそのまま当てはまる。しかし現実の世界でそうしたケースはまずない。これは外国企業や他社から学ぶときに限らず，自社の成功体験から学ぶ場合にも注意しなければならない点である。定石どおりに碁を打っていても，プロの世界では勝てない。成功のベストプラクティスを周回遅れで模倣するのは，成功の落とし穴にわざわざはまるようなものである。大事なことは，単なる模倣や周回遅れの学習ではなく，基本や原理原則を応用する力である。自らの考えを持ち，工夫することで求める答えを手に入れるのである。

経営には無数の方法がある

　成功した事例や確立された知識を学習することは大いに意味がある。「ビジネスにおいて，先行事例に学ぶことも非常に重要」である。まだ日本にはなく，他の先進国で実施されているビジネスとか存在する製品・サービスについては特にそうであろう。

　しかし，富士山に登るにも多くのルートがあるように，経営にも無数の方法がある。「いくらでも考え方があり，いくらでもやり方がある」，「経営のやり方というものは，いわば無限にある」[32]。経営は無数の方法の中から1つの行動を選択していく過程である。経営創造のアプローチは1つではない。様々な手段がありうる。

　松下幸之助は，「どこの会社，商店でも販売に対する基本方針がありましょうが，それはいわば筋書きであって，それを生かした味は百人百様のあらわれ方をします。その味は，販売にあたる人の仕事に対する熱心さ，仕事に対する努力から生まれてきます」と述べて，基本方針にとどまっていては成功しないことを指摘している[33]。

　したがって，理論にしても原則にしても，それを単純に模倣するのでは企業が求める解答にはならない。米国発の先進的な経営手法を，コンサルタント会社はしきりに勧めてきた。しかしその多くは失敗に終わった。個々の企業が個別解を得るためには，先進的手法であっても自らの状況をよく考慮して当てはめることが必要である。望ましいのは，普遍性の高い応用のきく経営の知恵を手に入れること，経験しながら創造的に自らの課題に取り組むことである。

　その意味で，セブン-イレブンの鈴木敏文にとって，「原理・原則にしたがうというのは，仕事の踏み込みを求めているのであって，仕事をらくにするための一律とはまったく違う性格のものです」となる[34]。原理原則から一歩踏み出していかなければならない。原理原則は答ではなく，力強い行動のための指針である。「お手本にならうという言葉があります。それは決してモノマネではなく，基礎を身につけることであり，身につければ各自の創意工夫が出てきます」という。創造的な経営者は，原理原則をそのように考え

る。実際の仕事の進め方や経営方法は，そこから一歩踏み込んだときに得られる。

3人の経営者の経験をヒントに

　本章で取り上げた3人の経営者は，いずれも優れた実績を残してきた。3人の経営者は，大局的な流れを常に見ていた（中内にあっても前半期間はそうであった）。そして，目の前の現実にもよく対処してきた。ホンダの基本方針に見られる，世界を視野に入れること，理論を優先すること，三現主義（現場・現物・現実）は，それを表している。

　3人に共通するのは，第1に，事業の目的や使命を強く認識し，その課題に果敢に向き合ってきたことである。第2に，常に消費者に目線をおき，社会の動きを見て経営をしてきた。そして常に創造的な経営を行ってきた。第3に，企業家としての強い意志が成功への道を切り開いてきた。強い意志は，夢や使命感，野望を反映し，他のものでは替え難い強烈なエネルギーとなる。それが未知の領域に挑戦する行動を可能にした。

注
1）松下幸之助（1990）『わが経営を語る』PHP研究所，71頁。
2）中内功研究会編（1970）『中内功語録』小学館，150頁。小榑雅人（2018）『闘う商人 中内 功』岩波書店，59頁。飯田亮（2007）『経営の王道』中経出版，6頁。小林宏治（1989）『構想と決断』ダイヤモンド社，223頁。緒方知行編（2003）『商売の原点』講談社，175頁。
3）緒方知行編著（2005）『鈴木敏文 考える原則』日経ビジネス文庫，83頁。
4）柳井正（2005）『経営者になるためのノート』PHP研究所，44頁。
5）藤沢武夫（2009）『松明は自分の手で』PHP研究所，126頁。
6）久米是志（2002）『「無分別」のすすめ』岩波書店，70頁。
7）野中郁次郎（2013）「イノベーション理論は『生き方』の実践論である」『一橋ビジネスレビュー』2013年夏，111頁。
8）前掲『松明は自分の手で』64-65頁。
9）松下幸之助（1978）（『実践経営哲学』PHP研究所，8頁。
10）『松下電器五十年の略史』，71頁。
11）松下幸之助（1989）『決断の経営』PHP文庫，13-14頁。
12）前掲『実践経営哲学』15頁。
13）PHP総合研究所編（1992）『松下幸之助発言集』23巻，PHP研究所，171頁。
14）松下幸之助（1986）『物の見方考え方』PHP文庫，66頁。
15）松下幸之助（1975）『道は無限にある』PHP研究所，204頁。
16）前掲『中内功語録』39頁。

17) 中内功 (1969)『わが安売り哲学』日本経済新聞社, 14頁。

18) 同上書, まえがき。

19) 前掲『中内功語録』102頁。

20) 鈴木敏文 (2008)『朝礼暮改の発想』新潮社, 3頁。

21) 松下幸之助 (1968)『道をひらく』PHP研究所, 47頁。

22) 本田宗一郎 (2001)『夢を力に』日経ビジネス文庫, 222頁。

23) 前掲『道をひらく』239頁。

24) 松井忠三 (2009)『良品計画は仕組みが9割』角川書店, 127頁。

25) 山田昭男 (2015)『働き方バイブル』東洋経済新報社, 20頁。

26) 澤田秀雄 (2017)『変な経営論』講談社, 62-63頁。

27) 松井忠三 (2015)『無印良品が, 世界で勝てる理由』KADOKAWA, 18頁。

28) 樋口廣太郎 (1996)『前例がない。だからやる』実業之日本社, 85頁。

29) P. F. ドラッカー (2001)『エッセンシャル版マネジメント』ダイヤモンド社, 25頁。

30) 前掲『「無分別」のすすめ』岩波書店, 145頁。

31) 前掲『エッセンシャル版マネジメント』序文。

32) 前掲『実践経営哲学』58頁。

33) 松下幸之助 (2001)『商売心得帖』PHP研究所, 13頁。

34) 前掲『商売の原点』, 173頁。

第**2**章

事業機会をつかむ事例

　わが国には，過去数十年にわたり 200 万社以上の数の法人企業がある。そのどれ 1 つとしてまったく同じものはない。すべての企業は一定の役割を得て事業活動を行っている。この事実は，社会にはそれだけ多くの仕事があり事業機会があるということである。

　とはいえ，事業機会を見い出し確実にそれを手に入れることは簡単ではない。企業が成長を続け発展していくことは，様々な課題を解決し困難を乗り越える創造のプロセスである。本章では，企業がどのように事業機会をつかんできたのか，事業化の段階に焦点をおいて，事業機会の多様性と経営者のアプローチを事例によって見ていこう。

1. エイチ・アイ・エス（H.I.S.）…海外旅行が好きだから

　株式会社インターナショナルツアーズ（現株式会社エイチ・アイ・エス）は 1980（昭和 65）年に設立され，格安航空券市場を開拓して急成長を遂げた。会社の設立は澤田秀雄が 29 歳のときであった。

　格安航空券販売ビジネスを事業として選んだ背景には，第 1 に，澤田がドイツ留学中に日本人相手に観光ガイドをした経験とか，世界 50 カ国以上を旅してまわった経験から，海外旅行の楽しみを多くの人と共有したいという思いがあった。それが旅行代理店の仕事をする上で大きな土台となった。もっとも，留学から帰った澤田が最初に始めたのは毛皮輸入販売会社であっ

た。しかしこの事業は失敗で，その失敗のあと海外旅行を扱う旅行代理店インターナショナルツアーズを立ち上げた。

　第2に，格安航空券という新しい市場のセグメントの将来性について，自身の利用体験や世界の動向から気づき，その価値を広めたいと考えた。それは，当時主流のパックツアーとは違う，主に個人客相手のビジネスであった。

　第3に，旅行クラブのような集まりが澤田の周りにでき，旅行情報を交換する場ができていった。

　しかし，始めたばかりの事業が，多くの先行企業が競争している市場で簡単にうまくいくことは少ない。そのため，事務所は開いたものの無名会社であったから，「毎日，午後三時をすぎると，やる仕事がなくなる」くらいにお客は少なかった。事業は最初から順調であったわけではなかった。

　それにもかかわらず，澤田は格安航空券の販売は社会に受け入れられると信じた。海外旅行では，団体割引運賃の航空券をばら売りする格安航空券と正規航空券の価格格差は非常に大きく3倍以上の格差があった。どう考えても不自然なビジネスになっている。「サービスの提供は最終的には，顧客の満足度で評価される」，「みんながハッピーになれる事業は必ず成功する。……逆にいえば自分だけが成功し，かかわった誰かが不利益をこうむるような事業は，いつか必ず破綻する」というのが澤田の考えであった[1]。

　同社の事業化のポイントは，既成概念に疑問を抱いて新しい事業に挑戦し，すでに海外では広まりつつあった格安航空券事業を選んだことである。パック旅行全盛の時代に個人相手の格安チケットは旅行業界のすき間（ニッチ）市場である。そこに同社の戦略的新しさがあった。成長する市場を選ぶこと，成長する市場の中で限定されたすき間市場をとらえることであった。これは事業をスタートさせる重要な方法である。

　ところが，すき間にはすき間である理由があった。当時，団体旅行の格安航空券をバラ売りすることは，法的に禁止されていた。また，ルートの選択も自由ではなかった。そこで澤田は，海外に事務所を設け，そこから航空券を販売する手段をとった。法の抜け穴を見つけるその方法に対して批判を浴

びながらも，世界的に普及しつつあるビジネスであったから，その正当性を確信していた。国内業界では常識はずれであったが，海外ではすでに常識となっていたから，社会的正当性を信じ頑張った。事業コンセプトの正当性を信じそれを実現する仕組みを考え出した。

　澤田は，事業が軌道に乗り始めても経営資源を業界の主流の常識から外れたニッチ市場に集中し，その市場地位を確立するまでは経営資源を分散しない方法をとった。規模の小さな新興企業が大手と競争しても勝ち目はないからであった。同時に新しい事業の価値を訴えたかった。人々にもっと気軽に海外旅行を楽しんでほしかった。

　澤田は，特定の市場セグメントに資金・能力を集中する。事業戦略的には，狭い市場セグメントで，「ナンバーワンの地位を築いた時点で，企業は自分自身の有する力の二倍，三倍のパワーを発揮できるようになる」と考えた。業界の周辺領域にいて，既存の業界慣行や常識に染まっていないことが，新しい事業に挑戦する勇気を与えた。事業を発展させるとは，こういう挑戦をすることだろう。

2. モスフードサービス…海外勤務で見つけた外食産業

　モスフードサービスの創業者である桜田慧は，証券会社に勤務していた1960年代初め，ロスアンゼルス支店に派遣されている。そのときファーストフードのハンバーガー店をよく利用した。客として通っただけでなく，米国の新しい外食産業の成長ぶりを証券マンとして観察していた。証券マンにとって，これからの成長産業や有望な投資先企業を見つけることは重要な仕事であった。そうした仕事柄，市場を見る眼を磨いていた。

　帰国後，桜田が証券会社を辞めファーストフード産業に転身し起業したのは，1971（昭和46）年にマクドナルドが日本に進出し1号店を銀座にオープンしたことが刺激となった。モスフードはマクドナルド日本進出の翌年の1972（昭和47）年に設立されている。桜田が事業としてハンバーガーショッ

プに決めたのは，こうした背景があった。

　モスフードの事業機会をとらえる重要な要因は，第1に，桜田が有望な成長市場があることをいち早く目撃する場にいたことにある。モスフードの例のように，将来の成長分野について海外で先進国の様子を知ることによって機会に気づくことは，しばしば見られる。先進地域のビジネスからヒントを得て，模倣することや独自の工夫をした事業をスタートすることは，事業機会をつかむ有力な方法の1つである。桜田の場合は，投資や事業化支援を行う証券会社・ベンチャーキャピタルで働く社員が自ら起業するケースである。日本の第一次ベンチャーブームは1970年代初めにやってくる。そのブームは，時代を先取りするように，桜田の創業を後押しした。

　第2に，桜田は，巨人マクドナルドとの違いを出すために何をすればよいか，いろいろと思案した。マクドナルドと同じことをしていては，圧倒的なブランド力と企業規模格差に到底太刀打ちできない。どのような商品がよいのか。商品の価値をどこに求めればよいのか。新しいフロンティアは，自分で切り開いていかなければならないのがビジネスの世界である。

　その結果到達したのが，和風味付けハンバーガーというアイデアでテリヤキバーガーを販売することであった。照り焼きは日本人にはなじみの食べ方であった。モスフードは照り焼き風の和風ハンバーガーの店として，戦略的にマクドナルドとの違いを打ち出した。商品の独自性だけでなく，店舗も駅からやや離れた投資コストを抑えられる場所を選んだ。こうしてハンバーガー市場の新しいセグメントを開拓し，マクドナルドとの差別化が図られた。日本経済が高度経済成長を遂げ，人々の豊かさが実感できるようになって外食産業が成長を始めていたという経済的背景も，モスフードにとっては追い風であった。まだまだ未知のビジネスではあったが，ファーストフードとしてお手本があり大きな時代の流れに沿っているという確信があった。

　創業した当時のことを桜田は，「資金もない。場所もない。ノウハウもない。——徒手空拳だったから知恵が出せたのだと思う」と言っている[2]。あまりに巨大な競争相手がいるから，違いを出さないことにはどうにもならないと真剣に考え工夫して，独自の道を進んだ。商品の独自性のほかに，価格

設定にしても価格競争はさけるようにし，注文を受けてから作るシステムにしても，後に自社農園で栽培した野菜を使うことも，マクドナルドがあることによって独自の経営スタイルを追求する姿勢となり，自社ならではの顧客サービスの提供方法を生み出してきた。

　桜田は，1972年に会社を立ち上げ1号店をオープンしたが，創業時には毎日朝7時から午後11時まで店を開け必死になって働いた。何とか事業が軌道に乗って73年からフランチャイズ展開を始めた。フランチャイズチェーンは現在ではすでになじみのある言葉で，多くのサービス産業で採用されているが，73年はセブン–イレブン・ジャパンが設立された年である。

　フランチャイズチェーンが統一のとれた高品質のサービスを提供し，消費者に信用されるためには何よりも理念が定着する必要があると桜田は考えた。そこで理念の確立に向けて，桜田は強い意志とリーダーシップを見せた。「モスバーガーチェーンの最大のフィロソフィーは感謝の気持ち」であることを強調してきた[3]。

　モスフードは当時の日本ではまだ新しいビジネスを始めたが，海外企業と提携しそこからノウハウを吸収したわけではなかった。桜田には，売れる商品を自ら開発し，圧倒的に巨大なマクドナルドとの競争にも耐えて，フランチャイズチェーンの管理システムを独自に作りあげていく必要があった。中でも，加盟店に経営理念を植え付け，効率的で顧客満足を高めるサービスのために，辛抱強く加盟店を指導する必要があった。フランチャイズ加盟店や従業員との間に理念の共有をめざした企業文化を構築することに，桜田は最大限のエネルギーを注いだ。

3. セコム…情報のアンテナを張る

　セコム（旧日本警備保障株式会社）の創業者である飯田亮は，大学を卒業後，父親の経営する酒類卸をする会社で働いていた。家業としての仕事を手伝いながら商売の方法について学んでいた。しかし，4人兄弟の末弟という

こともあって独立したいと考えていた。とはいえ，どのような仕事があるのか，どのようにすればよいのか見当がつかなかった。いくつかの事業を考えては検討した。

　これはと思った事業機会を見つけたのは，友人からの情報がきっかけであった。「ヨーロッパでは，企業や個人の安全を守る警備会社というものがある」と聞いたのである。飯田はこの情報に鋭く反応し，事業をやってみようと思った。それまで警備は，企業が自前で守衛や当直をおいてすることが普通であった。資本はほとんどなかったが，友人の戸田寿一と共同で事業を始めることにした。

　いよいよ警備保障会社を始めようとしたとき，父親から，「電話帳にも載っていないような商売はするな」と言われた[4]。しかし飯田は，それまでの人に依存する警備ではなく，機械を使った警備を考え，理解されれば需要が増えるはずだと考えた。こうしてセコムは警備保障サービスを始め，その草分けとなった。

　セコムの事業展開は，第1に，何か事業を始めたいと考えていたときに，自ら事業を始める意志をもって事業機会を探し，1つの情報をつかんだ。そして，それについて可能性があることを直感的に感じ取った。

　第2に，警備保障という事業はすでに海外にあったが，独自の事業モデルを追求した。まだ確立されていない事業であったから，挑戦的な事業であった。このように，新しい事業のアイデアを海外に求めるのは今でもよくある方法である。日本とは違った生活や経済の中に，新しいサービスや商品の機会が潜んでいる。

　歴史的にみれば，新しいサービスとか新しい製品による事業は絶えず生まれてきた。ただ，新しい機会をどのように知覚し取り組んでいくか，そこに差異が生まれる。飯田は，ドイツに警備会社があることを知り問い合わせたところ，出資をするから事業を共同でやらないかと持ち掛けられた。つまりは，日本子会社でどうかということである。飯田は，外国企業の子会社になるつもりも真似をしようとも思わなかった。したがって，出資の申し出を断った。当時は人（ガードマン）に依存する警備であったが，機械式警備と

いう新しい事業のあり方を追求して，独自の方法で展開することを考えそれ
を貫いた。

　このように飯田が新しいサービス業の機会に巡り合ったのは，事業機会を
探す目を持っていたこと，事業への強い意志と意味形成ができたことによ
る。それによって偶然の情報をとらえることができた。その意味で，事業家
がしばしば言う偶然とか運が良かったという言葉の背後には，十分な背景が
ある。偶然は準備していた者に訪れる。機会を強く知覚し，行動をおこす意
志を持つことが明確な意味形成となり，事業目標の設定，顧客の絞り込みと
開拓，事業の仕組みを作ることを可能にする。運を引き寄せるには，これら
の要因がある。

　そんな中で飯田は，自分の選ぶ仕事について次のような基準を設定し，事
業化の指針としてきた。

　第1に，日本で初めての仕事で，自分で思った通りのビジネスデザインが
できることである。前述のようにドイツの警備会社に問い合わせたとき，出
資をする用意があると提案してきた。それを受け入れると，事業は方向性も
技術基盤も比較的簡単に固まりやりやすい。しかし，日本の企業風土に合っ
た独自のものを作るという要求は満たすことはできないかもしれない。その
ため，独自に進むことを飯田は選択した。

　第2に，前金および現金がとれる商売であること。しかしこれは事業を始
める上では大きな壁であった。ビジネスの取引は手形による後払いが一般的
であったから，前金をとって契約をするのは相当に非常識とみなされるもの
であった。しかもそれを起業したばかりの無名企業が取引相手に要求するの
である。営業をしてもほとんど相手にしてもらえなかったというのが創業当
初の実情であった。セコムは，その壁を少しずつ克服していった。

　第3に，人から後ろ指をさされないような胸を張ってできる仕事であるこ
と。つまり，社会に意義を認められるようなビジネスをすることである。

　第4に，努力したら大きくなれる可能性があること，つまり社会に必要性
が認められ，ニーズを掘り起こしていくことができる事業であること，の4
つである。

　飯田は，潜在的な成長力のある市場に気づき，独自の方法によって市場を開拓した。電話帳にものっていないビジネスではあったが，ためらわずに挑戦し成功の機会をつかんだ。

4. ザ・ボディショップ…天然原料の化粧品がほしい

　ザ・ボディショップは，天然原料を使った化粧品（スキンケア，ボディケア，フレグランスなど）の販売によって成長し，2017年現在，世界60カ国以上3000店舗以上を有する世界的企業である。創業者のアニータ・ロディックは次のように言っている。「1976年にブライトンで最初のボディショップを開いたとき，私はビジネスについて何も知りませんでした。ただひとつの目的は何とか生活していく，子供たちを養っていけるだけのお金を稼ぐことでした。うまくいかなかったら，何か他の仕事を見つけるつもりでした」[5]。

　ザ・ボディショップのアニータのように，ビジネスの方法を特に知ることもなく資金もなく事業を始め，世界的な企業にまで成長するケースがある。では，彼女はどうして機会をとらえ成功したのか。その事業化の要点を見てみよう。

　第1に，彼女は，生活していくために何か仕事をしたいと考えていた。どこかの店に勤めるのではなく，自分が独立してできる仕事を探していた。何をするかは決まっていなかったが，事業をする意志があった。何か仕事をしたいという気持ちが，新たな眼で自身の生活を見まわし観察すると，従来とは異なるニーズがあることを発見するのである。

　第2に，彼女自身が機会を認識する場にいたことである。それは，女性が毎日必要とする化粧品に関するものであった。アニータには，多くの女性が化粧品会社の宣伝に影響されて高額な商品を買い求めていることに，そして自分もまたその影響を受けていることに不満があった。アニータは1人の消費者として，既存品に対するものとは違うニーズを潜在的に持っていたこと

に気づいた。そのニーズに，最初は漠然としたものであるが，意味を見出すのである。

　彼女がこのように思ったのは，アフリカへ旅行したときの体験があった。人類は，化粧品の工業生産が行われるはるか以前から，化粧の方法を生み出しその材料を見い出していた。世界各地に住む原住民族は，独自の伝統的な方法で化粧をし，あるいは皮膚を守る方法を編み出している。長い経験の中で身体に適した天然材料を見つけ，使用方法を考えだして代々その知恵を受け継いできたことを，アニータは各地を旅行し実際に見てきた。こうして消費者の立場からニーズに気づき，事業の可能性に意味づけをすることができた。現代人の健康にはそれが必要ではないかとアニータは感じ取った。

　そこでアニータは，天然原料を使って化粧品を作り健康的に利用することで人の役に立てるのではないかと考えた。専門的な知識を持つこととか，長い職業経験とか特別な条件はなかった。「起業家にとっての大事なことのひとつは，単純なニーズに気付くことです」と彼女は言う。

　第3に，アニータは，自らのニーズを持っていたから，自分で始めようと考えた。彼女は，成功するかどうかはわからないが天然原料を使った化粧品を自分で作ることを考えた。こうしてアニータは，自分自身の中にあった小さなニーズに気づき，事業を始めた。ところが，彼女には十分な資本も必要な技術もない，専門知識もない。そこでアニータは，自分でもできる簡単な製品を無理のない方法で製造することで一歩を踏み出した。小さく始めて，もしだめでも負担のかからないようにした。それゆえごく少量の製品を作った。

　彼女の考えた化粧品は，既存の大企業のビジネスを否定するものなので既存企業が見過ごしてきた。というよりは無視してきた。その製品は，業界の慣行から見ると非常識な発想であった。あったとしてもニッチ（すき間）市場であった。とらわれるものが少ない新規企業や起業家だからこそ，大企業が見過ごしてきた未開拓の機会や市場のニッチが見えてくる。周辺領域や既存業界の外にいるからこそ，新しいアイデアや工夫が生まれる，そんなケースである。

　もっとも，事業を軌道に乗せるにはいろいろと克服しなければならないことがある。どんな原料がどのように使えるのか原材料を探すこと（彼女にとって環境保護に配慮する），原材料を生産者と取り引きし入手すること（フェアトレードをする），組織的に管理すること，製造方法を確立すること，販売方法の決定，販売組織の選択，決済の仕方，資金のやりくりなどであった。彼女は，それらの課題の1つひとつに自分で取り組み，ゆっくりと解決していった。幸いなことに，事業がうまくいき始めても既存大企業は彼女の事業を無視してきた。

　アニータの事業には多くのファンが現れた。同じようなニーズを持つ女性が潜在的にかなりいたのである。中には自分もその仕事をしたいと思う人たちが少なくなかった。業界では非常識な発想が，やがて消費者の強い期待に変わっていった。そこで彼女は，事業をフランチャイズ方式で展開することになった。

　アニータは言っている。「私の人生を駆り立ててきた原動力は，何かと問われれば，私はいつでも，情熱だと答えます」。

5. ウェザーニューズ…天気予報で命を救いたい

　ウェザーニューズは，1986（昭和6）年に設立された気象情報サービスの提供会社である。創業者の石橋博良は元安宅産業（現伊藤忠）の商社マンである。商社では，海外で木材を買い付け，日本に運ぶための用船を手配し，国内の港へ荷卸しする業務を担当していた。

　1970（昭和45）年1月，手配した用船が大阪へ向かっていたが，その船の行先を福島県の小名浜港に変更した。港での滞船が長引くと滞船料がかさむ。混んでいる大阪港では荷役作業まで10日前後待たねばならない。しかし小名浜港ならば1日で済むことが分かった。そこで石橋は船の行先を小名浜に変更し，船長に航路変更を指示した。

　ところが，港に着いて港外に停泊していた用船は，台風並みに発達した真

冬の低気圧の中に入ってしまい，沈没してしまった。その事故で乗組員15
名の命が失われた。大阪に向かっていた船の行先を福島県の小名浜港に変更
したのは石橋であり，彼は事故の責任を痛感した。尊い命を失ったこと，商
社マンとして判断を間違ったことが無念であった。石橋は，そのとき，必要
な気象情報を正確に伝えるシステムがあれば何か手が打てたかもしれないと
思った。

　気象情報は，船舶による輸送事業をしている企業のほかにも，航空事業，
イベント関連のサービス業，小売業等多くの企業で必要になるはずだ。事故
のあと，気象情報サービスを通して海の男たちの命を守る仕事がしたいとい
う思いがあって，石橋は事故から2年後に米国系のオーシャンルーツ社とい
う気象情報サービスのベンチャー企業に転職した。専門知識の習得は，関連
するビジネスを行っている既存企業に飛び込むのが手っ取り早い。こうし
て，この分野に必要な基礎知識を身につけることができた。

　オーシャンルーツ社の日本支社では，海洋，航空，陸上の気象情報サービ
スを行っていた。石橋は商社時代の経験から海上輸送についての知識があっ
た上，行動力と開発アイデアで日本支社の支社長になった。その後，オー
シャンルーツ社の赤字部門（メディア部門）を任せてもらう形で同社をスピ
ンオフし，自分の会社を立ち上げた。

　気象情報ビジネスはまだ市場として大きくなかった。NHKは，長年，気
象情報を生活関連情報として日本気象協会の協力を得ながら提供していた。
1995年（平成7）年5月，法改正によって天気予報を一般向けに提供するこ
とができるようになった。

　気象情報のニーズは，航空会社，船舶会社だけでなく，テレビ局，各種イ
ベント会社，プロ野球球団，コンビニなどの小売業，さらには停電が大きな
損失をもたらす半導体製造企業にもあった。海運会社の安全輸送に役立つ海
氷情報もニーズがあった。多くが未開の市場であり，潜在的にかなりの事業
機会があると思われた。

　コンビニチェーンでは，商品の最適発注のために，ウェザーニューズと提
携して気象情報を店舗向けに提供するようになった。セブン-イレブンでは，

1日5回気象情報を販売店に提供し，商品の仕入れ・販売に活用してきた。コンビニにとって，「気温が29度以上になると茶系飲料の売れ行きが伸び，32度を超えるとこんどはミネラルウォーターが売れるという。一方，缶コーヒーは26度を超えるととたんに売れ行きが鈍る。おにぎりも同様だ」[6]。このように，気候によって商品の売れ行きが大きく影響されることが多いため，企業は気象情報を有力な販売情報として活用するようになった。また一般向けにも，桜開花情報，花粉症情報，スキー場情報，花火大会情報などマスコミ用，スマホ用に各種のお天気情報が提供されるようになった。

6. JMS…ユーザーの立場で始めた事業

　JMS（旧日本メディカルサプライ）は，1965（昭和40）年に設立されたディスポーザル（使い捨て）輸液・輸血セットなどを製造する医療機器製造会社である。広島市の土屋病院（現土屋総合病院）の医師であった土屋太郎が設立した。

　戦後，手術などで輸血血液を確保し手術が円滑にできるようにするために，医師会が主体となって設立した「輸血センター」を，父親の土屋剛治が引き継いで「広島血液銀行」に発展した。土屋太郎はその技術部長に就任し，保存血液製造の全般管理に従事することになった。

　当時は，医療機器がガラス製やゴム製で，病院では使うたびに煮沸し消毒して使っていた。外科手術にはたびたび輸血が必要であった。土屋医師は，当時の病院でよく使われていた，再利用可能なガラス製の点滴セットの医学的な安全性や取り扱いの不自由性に疑問を抱いていた。医療器具メーカーはそのニーズをなかなかくみ上げてくれなかった。しかし米国ではすでに使い捨て型の医療機器が普及していた。

　なぜ会社をおこすことを医師が決意したのか。「医師として，患者には常にベストを尽くしたい。そのためにも，もっとよい医療機器がほしい」という願いが，「自分の手で最も有効な医療機器をつくりだすことができないだ

ろうか」という現実的な願望になった。さらに次のような生き方への考えが
あった。日本医科大学を卒業して医師となった土屋太郎は，広島県立医科大
学（現広島大学医学部）の第2外科学教室へ入局した。そこで，「恩師河石
先生に医学，外科学を教えて頂いたと常識的には言えるかもしれない。しか
しそんなものではない。人生とは，人間とは，研究とは，等等すべての面で
教えて頂いた。しかし私が考えてみて一番ありがたいことの一つに何ごとで
も一見不可能にみえることがらを，可能にする方法をみつけ出すことであ
る」[7]。

　こうして明確な目的と意志を持って，土屋医師は自らその器具の開発を決
意し会社を設立した。JMSは，典型的にユーザーニーズから事業が始まっ
た。立ち上げた会社では，ユーザーの視点に立って安全性の高い使いやすい
器具の開発が行われた。開発された点滴セットや輸血セットは，従来のガラ
ス製の器具にとって代わった。

　この例では，第1に，起業家がはっきりしたニーズを持つユーザーの立場
にあった。そして，医療現場で使う器具の安全性，操作性についてはっきり
とした要求水準があった。いずれにせよ，ユーザーとしてニーズがある場に
いてニーズを肌で感じていた。

　第2に，治療のために安全で使いやすい器具をほしいという事業の目的が
明確であった。事業の意味形成ができた。しかも多くの意見を自分の医療現
場で集め本当に求められるものを確認できた。もっともそこまでは明確にで
きても，どうすればそれが開発可能かという点については，専門外であった
からよくはわからなかった。このような技術的な知識不足や不確実性はあっ
たけれども，基本的な目標は明確であった。

　ユーザーとして求める製品がどのような形でどのような方法で具体化でき
るのか求め続けた。しかし，未発達の分野でそれまできちんとした製品がな
かったという意味で，競合するものが少なかった。そのため試行錯誤が許さ
れた。この例のように，ユーザーの立場から具体的な製品特性を求めてユー
ザー自らその開発に乗り出すことがしばしば行われる。ユーザーが一歩踏み
出せば，イノベーションを起こすことがあるのである。

　第3に，医師として病院経営から医療器具の製造というまったく異質の決定をし行動をおこした。メーカーの製造現場とユーザーの医療現場を共に持つことによってニーズの検討や開発プロセスのチェックができた。病院の医師をJMSに派遣し，JMSの技術者を病院で研修させることもできた。開発の場所と使用する場所が同一市内にあり，しかもそれを同一人物がコントロールすることができた。医工連携は，現在では積極的に進められている。交流は互いのアイデアを生かし商品化の可能性を高める。現在の土屋総合病院とJMSは，地理的に実質的に隣り合わせに位置している。

　JMSの事業のように，目的がはっきりしていると技術的な課題は克服しやすくなる。限られた資源，組織能力しか持たない中小企業でも，成長とともに経験知が増え，新たな知識の学習や自らの創意で技術開発力を獲得していく。目標を設定できると技術は手繰り寄せられていく性質がある。JMSは独自の市場セグメントを開発した先行企業として，短期間に成功した企業となった。

7.　TESS…障害者をサポートする

　足こぎ車いすを開発・販売する㈱TESSは2008（平成20）年に設立された。創業者の鈴木堅之は教員志望で大学では児童教育学科で学んでいたが，福祉に関心を持ったのは大学4年生のときであった。テレビで放映された岩手の「いきいき牧場」という福祉施設で障害者が農作業を行っているのを見たことがきっかけだった[8]。

　障害のある人たちの力になりたいと思うようなり，思い切って「いきいき牧場」に電話した。すると，一度施設に来て作業を体験してみてはどうかと言われた。大学卒業と同時にこの施設で働くようになった。しかし人の役に立ちたいという気持ちは，きびしい現実の前に空回りして，思うような仕事ができず自分の無力さを痛感する。そこで鈴木は，福祉施設を辞めてもっと専門知識を身に着けるべく，病院に勤めながら理学療法士をめざした。とこ

ろが，勤務先の病院がほどなくして閉鎖されてしまった。

　やむなく鈴木は，小学校教員の空きを見つけ，約5年間教員として働いた。その後，実家の事情から仙台に戻り，福祉関連のベンチャー企業に就職した。その会社は東北大学で開発された車いすを販売していたが，その事業は続かなかった。鈴木はスタッフ2人とTESSを設立した。東北大学が開発した車いすは理論的には素晴らしいもののように思えたが，ほとんど売れることもなく埋もれていた。東北大学で作った車いすは，1台の重さ80kg，価格300万円という，市場には受け入れられないような代物であった。鈴木は，販路もお金も技術もないが，この車いすの「技術に生命を吹き込みたい」と思った。

　この車いすは，東北大学がニューロモジュレーション（神経調節）の理論に基づいて開発したもので，特許は東北大学が保有していた。勝手に製造するわけにはいかなかった。鈴木は，まず東北大学から特許を譲り受ける交渉をした。東北大学は大学の保有技術の事業化に熱心であった。鈴木は，東北大学と共同で産学連携のベンチャーとして事業を立ち上げることでその技術を利用できるようになった。

　鈴木は，事業化に向けて協力してくれるパートナーを探した。TESSは製造企業ではないので，製造には車いすメーカーの協力を得ることが不可欠だった。しかし，なかなか協力してくれるメーカーを見つけることができなかった。多くの企業に打診した後，長野パラリンピックで使われた車いすを作ったメーカーに打診し協力をあおいだ。メーカーは中小企業であったが，プロフェッショナルとしての経験と知識があった。ようやく軽くて安全な操作しやすい車いすを開発することができた。足こぎ車いすは，脳梗塞で半身まひとなった人たちがリハビリに取り組んだとき，想像以上に身体機能の回復が見られた。まひしていた片足の機能が徐々に回復し自力で立ち上がることもできることが証明された。

　車いすを販売するためには，福祉施設や病院と信頼関係を築き製品を使ってもらうことから始めなければならなかった。当初は，多くの場合，販路開拓は門前払いであった。まだ実績がなく知名度もなかったTESSが簡単に

取引先を獲得することは難しかった。しかし何とか販売先を確保することができた。産学共同のベンチャー企業という立場が，時代に後押しされて徐々に道を開き，顧客となる病院や福祉施設への販売が増えていった。

　同社の事業は，自らは知識も技術も持たず，技術に生命を吹き込みたい，歩けない人達に動くことのできる生活を可能にしたいという創業者の思いから実現した。特許を保有する東北大学との共同事業として立ち上げ，行政や病院・福祉施設，製造企業とも協力関係を築いて事業を軌道に乗せることができた。

8. ガリバー・インターナショナル
…中古車取引の新しい仕組みを考える

　ガリバー・インターナショナル（現IDOM）は，中古車取引で急速に事業を拡大した中古車買い取り販売会社である。創業者の羽鳥兼市は，父親の経営する羽鳥自動車工業に入社したが，会社は大きな借金を背負いこんで倒産してしまった。その借金を返済するべく必死になって働いた。1976年に独立して中古車販売会社を設立し，1994年に中古車買い取りのガリバー・インターナショナルを設立した。現在は持株会社制に移行し，中古車取引だけでなく多角的に事業展開を始めている。中古車取引をする事業会社がガリバー・インターナショナルで，本章では事業の発端となった中古車取引に限定して言及する。それゆえ，ガリバーという会社名を使う。

　自動車産業の発達とともにある中古車市場はすでに成熟産業であり，零細企業まで入れると業者数が多く市場における競争が激しい分野である。それにもかかわらずガリバーが市場参入を果たし，かつ短期間で独立系の中古車販売会社としてトップシェアを持つ企業になるまでに成功したのは注目に値する。

　中古車取引では現車オークションが伝統的であったが，2つのイノベーションが起こった。1つは，通信衛星技術が進んだことによって1980年代

に，通信衛星を使ったオークションが導入されオークション方法に革新が起こっていた。中古車取引のインフラが変わったのである。現物展示に代わるテレビ画像による商品展示は，展示会場への搬送の手間とコストを下げた。しかし，まだ中古車取引の買取販売の方法そのものには大きな変革はなかった。

それに対しガリバーは，事業システムに着目しもう1つの革新を起こした。ガリバーの経営の特徴として，次の点がある。

第1に，中古車販売市場に革新的な事業システムを導入した。一般的な中古車販売会社は，使用者からあるいはオークションで仕入れた車を消費者に販売するビジネスが主である。この場合，仕入れた中古車がいつ売れるかは不確実で3か月も4か月も在庫になることがある。在庫期間が長い分だけコストもかさみ，販売管理経費をカバーするために販売価格を高めに設定する傾向がある。

これに対しガリバーのビジネスは，消費者からの中古車買取を専門とするビジネスである。もちろん，買い取った中古車は販売しなければならない。買い取った中古車はオークションを通して中古車販売業者に売る。オークションは毎週どこかで開かれるから，買い取った商品を1週間のうちに売り切るという方針で取り組んだ。インターネットオークションの普及によって，現物を展示会場に運ぶという手間とコストは必要でなくなり，ネット上に商品情報を掲載することでオークションへの参加が容易になった。しかも販売管理コストが抑えられ，在庫期間も短いのでトータルコストを下げて営業効率を高めている。ガリバーは1週間以内で商品を回転させるから，展示するためのスペースが小さくて済む。そもそも店頭に中古車を展示しないという方針でやってきた。

第2に，中古車の価格付けや査定プロセスの透明性を高めた。インターネットオークションの信頼性は，展示された商品の信頼性に大きく大きく依存する。そのため，買い取った商品については，厳密な品質検査を行い，査定プロセスを透明化した。査定基準および検査プロセスを明瞭にし，情報の透明性を高めて適正な価格を追求した。それによってオークションでの商品

の信頼性を高め，スムーズな取引成立ができるようになった。

　第3に，中古車取引の効率性を高めた。とりわけ消費者からの買取はこの透明性の高い検査プロセスによって円滑に進むようになり，消費者の信頼と満足度を高めることになった。消費者はガリバーの透明性の高い買取システムによって，売却するときの中古車業者とのかけひきの不安や買いたたかれることの不満を回避することができた。こうした仕組みは，自分が所有する車を販売する消費者にとって，買取価格に納得し安心して取引をすることができた。それは消費者からの買取をスムーズにし，消費者の満足度と信頼性を高めた。

　ガリバーの成長は，既存の成熟市場であっても革新の機会は見つけられるということを示している。既存の成熟市場でも革新を起こすことによって，事業の成長機会がある。一般に既存市場は，新しい考えが停滞し，取引慣行が固定的になっている。そのためかえって革新は既存市場の周辺で起こりやすいことがある。そこには，ニーズ未充足の不満やシステムの不効率への不満が蓄積し，新しい機会が開かれるのを待っているからである。

9. パーク 24…空き地の有効利用

　パーク 24 は，都市の中心部でよく見かける駐車場を運営する会社である（2010 年に持株会社制に移行し，駐車場管理の事業会社としてタイムズ 24 がある）。土地の再開発が進み，旧い住宅や店舗が取り壊された狭い跡地が点々と発生する。同社はこの比較的狭い空き地に注目した。

　同社の前身のニシカワ商会は，1971 年に西川清によって大阪に設立され，駐車禁止の看板や車止めの機器など駐車場関連機器を販売していた。1991 年に無人の駐車場ビジネスに事業を拡大していった。

　駐車場ビジネスは，自動車市場のすき間，狭い土地を活用するすき間を効率的に活用したという二重の意味でまさにすき間ビジネスである。同社は，駐車場の未開地を開拓してきた。駐車場周辺機器を販売していた供給業者

（サプライヤー）が新しい事業機会をとらえて，事業の転換に成功したのである。同社が開拓した事業モデルは，土地を売却せず何か活用方法を見つけたい土地所有者と，駐車場探しに悩むドライバーを結び付け，狭いながらもあちこちで利用できるコイン駐車場は便利で喜ばれる。土地所有者，利用者，運営会社の当事者すべてにメリットがあるビジネスである。

　こうして，コイン駐車場ビジネスは都市のあちこちで見かけられるようになった。パーク24はその中で先行者優位を得ていた。事業モデルにも工夫をしてきた。駐車場の稼働状況をリアルタイムで把握する管理システムを導入したのである。これによって稼働状況に合わせた営業活動や料金設定が可能になった。

　しかし，コイン駐車場は参入障壁が低く模倣しやすいビジネスである。空き地があれば始められる駐車場ビジネスは，参入障壁ゼロともいわれる。事業システムを簡単に模倣できるため競争が激しい。先行者優位と規模の経済があるとはいえ，パーク24の駐車場ビジネスの事業環境は次第に厳しくなっている。

　それにどのように対応するか，これからの課題である。それに対し同社は，病院，レストラン，銀行等の駐車場の自動化を進めるとき，コイン駐車場運営会社として一定の有利性をもっている。また，2009年にマツダレンタカーを買収し，レンタカーやカーシェアリング事業に進出している。パーク24が展開する駐車場は，カーシェアリングビジネスに必要な駐車場を確保する上で有利な条件となると考えているようだ。

10.　ZOZO…CDの通販から衣料品通販へ

　ZOZO（前スタートトゥデイ）は，前澤友作が1995（平成7）年にCDやレコードの販売を始めたのが創業である。前澤は高校を卒業後，大学へは進学せずバンド活動をしていた。プロのミュージシャンになろうと高校卒業後に半年ほど米国へ行き，そのとき現地で買い付けたCDなどを日本の知人に

送ったことがあった。

　帰国後も持ち帰った CD やレコードをバンド仲間に売っていたが，人気が出たため自宅をオフィスにしてカタログ通販を始めた。通販は思いもかけず順調で，手ごたえを感じた前澤は 1998 年 5 月に有限会社スタート・トゥデイを設立した。初めのうちは通販の会社経営とバンド活動の両方を追いかけていたが，次第にどちらも忙しくなり，「もう二足のわらじは履けない」と感じ会社経営を選んだ。

　インターネットの普及で，種々の商品について通信販売やネット通販が広がり始めていた。スタートトゥデイは，CD のカタログ通信販売からアパレルのオンラインショップにシフトしていった。アパレルのネット通販はまだ大きな競争相手が存在しなかった。すでに CD の通販の経験から，ネット通販の事業化にもある程度の確信を持って始めた。

　2000 年に会社組織に改組し，アパレルのオンラインショッピングサイトを開設し，ZOZOTOWN は 2004 年に運営を開始した。ZOZOTOWN の由来は，「「想像」と「創造」から「ZO」を 2 つとって作った造語である」[9]。そこには，想像力を持って創造するビジネスへの思いが込められている。ZOZO の現在の主要事業は衣料品通販であり，ZOZOTOWN を運営する会社である。2017 年 12 月の従業員数は 872 人（連結）となるまでに成長した。

　同社の経営で特徴的なことは，第 1 に，カジュアルな自由な組織風土である。バンド活動の傍ら事業化したことから，T シャツにスニーカーという服装が普通である。これは米国のネットベンチャーたちと同じ感覚である。そこには，オープンなコミュニケーションが行われている。

　第 2 に，勤務時間が 9 時から 15 時という 6 時間労働制を採用していることである。自由度の高い働き方が，アイデアをうみ，創造力を高めることを期待している。

　とはいえ，ネットビジネスの世界は日進月歩である。次々と新しいビジネスモデルが生まれ，新しい企業が市場へ参入し競争が行われる。扱う商品が自社のオリジナルでない同社にとって，どうすればビジネスモデルの魅力を維持することができるか，その仕組みの開発が必要になる。ネット通販の覇

者となったアマゾンの成長と競争の歴史は,「ほかの人が作った品物を売っているだけではだめ」だということを多くの既存企業に教えている[10]。ZOZOは,本書の執筆中の2019年9月にヤフーによる買収が発表された。

11.　レアジョブ…オンラインの英会話レッスン

　情報技術が,様々な分野で新しい機会を生み出し事業そのもののあり方を変えている。2007年に設立され2014年に東証マザーズに上場したレアジョブ（RareJob）もそうした企業の1つである。同社は,オンライン英会話事業を手掛けている。

　同社のミッション（使命）は,「日本人1000万人を英語が話せるようにする」というものである。これまでわが国の英語教育は,入試のために読むこと書くことが中心となり,話すという言語の基本的機能がともなわない課題があった。中学高校で6年間の英語教育を受けさらに大学で4年間英語教育を受けながらも,大部分の学生が英語を話せないというのが現実であった。

　創業者の加藤智久は,英会話能力をもっと効率よく身につける方法はないかと疑問を抱いた。その課題を考えるうち,アイデアが浮かんだ。

　第1に,進歩を続けるITの活用である。従来,英会話教室は教室のある場所へ行って,外国人教師を囲んであるいは個別にレッスンを受ける形態が一般的であった。これに対し,同社は,海外に居住する外国人講師からインターネットを通してスカイプ（Skype）を利用することで相手の顔を見ながらマンツーマンの遠隔レッスンを受けることができるシステムを構築した。ITを利用すれば,日本国内にいる顧客と海外にいる英語をネイティブとして話す講師を,結び付け,需要側と供給側の国際的仲立ちをすることができるのではないかと考えた。

　同社は,すでにフィリピン人の講師4000人と契約して教室を運営している。講師は主にフィリピン大学の学生あるいは卒業生で,優秀な人達である。それでも同社は,講師の採用に当たっては英語能力のテストをし,事前

のトレーニングを組み入れている。

　第2に，これによって英語を実際の生活の中で生きた感覚で学ぶことができるようにした。外国で生活しているようなシチュエーションをできるだけつくり，会話能力を身に着ける方法がないかと考えた。1対1で学べること，現実的なシチュエーションでの会話を訓練するので，英語で思考し話す感覚が自然と身についていく。

　第3に，ITの活用によって，英会話教室の利用方法が改善され，利用者にとって利便性も学習効果も上がった。その結果，コストパフォーマンスが企業にも受講者にも向上した。

　同社の事例は，ITの利用が身近な生活の中に広がっていることを示している。その機会をとらえたのは現状への素直な疑問であり，そこに課題を見つけた。その課題の解決を現代の情報技術の中で考え出した。事業は，企業（事業主体），学習者（顧客），海外講師（サプライヤー）の3者のいずれにもメリットがあった。

　しかし，市場競争，顧客ニーズの充足，企業の事業システムのいずれの次元においも，成功したビジネスには市場参入者が増える可能性がある。競合が強まるのは必至である。今後は，事業をさらに魅力的にする，すぐれた教材を開発する，質の良い講師の確保と研修，顧客層の拡大などに取り組んでいくだろう。

12.　まとめ

　本章では，企業家が事業機会をどのようにとらえたか，その事例を検討した。事業機会は，社会および顧客の課題に気づいた企業家が，その課題解決に向けて新しい製品・サービスを創造し提供することで実現する。

　事業機会はこれまでいろいろな方法で説明されてきた。理論的に事業機会を把握する基礎的な方法の1つは，3C分析である。3Cとは，競争（Competition），顧客（Customer），自社（Company）である。同様に，マ

イケル・ポーターは，事業機会を見つけ独自性のある市場地位を手に入れるには，製品市場の種類，顧客ニーズ，顧客へのアクセス，の3つの次元があると説明している。これらは，事業の成立に不可欠な要素である。上の方法は，企業家を動かす原動力が説明されていないという問題点はあるが，事業機会をとらえる要点を示している。

　特に，事業をする市場・市場セグメントはどこか，顧客は誰か，顧客のいかなるニーズに応え顧客の欲求を充足するのか，事業の方法や仕組みをどう作るかは，ビジネスの最も基本となるコンセプトである。この要点をしっかり押さえることで，事業機会をとらえ新しい顧客価値を見つける手がかりが得られる。本章でとりあげた事例は，3Cの新たな結合を創造することによって成長がもたらされたことを確認できる。

　これらが示唆する大事なことは，第1は，事業とは，広い意味で社会や人々の課題を解決する製品・サービスを提供することだということである。したがって，その機会をとらえるためには顧客のニーズに敏感になる，課題に新しい視点でアプローチすることが重要である。

　多くの成熟産業では，供給企業の考えが固定的になり変革の意識が薄れている。他方，顧客も利用しづらいとかこうあって欲しいと思う不満がたまっていても，現状を受け入れている。そんなとき，小さなすき間にある課題，それでいて将来の可能性のある事業コンセプトを手に入れる可能性がある。

　第2は，特に新規企業・中小企業にとって，新たな意味発見・機会に挑戦的に向かっていく姿勢が事業のチャンスを作る。そのためには，問題意識を持って課題を見つけ，それに向かって行動することが大事である。夢や強い思いが行動の原動力となる。

　近年，女性起業家が増えている。女性ならではの気づきから新しい事業機会を見い出している。事業化は，このように新しい意味を見い出し具体化することである。革新を生むのは市場および顧客ニーズについての新しい見方・考え方である。新しい結合方法や要素の組み換えを考えることは，事業のヒントを与える。それゆえ，常識や慣習に違和感を持つことは，新しい意味発見の機会となる。従来の慣習や固定観念にとらわれない，過去の経験も

既存の常識もその前提を見直してみる。そこに機会が潜み，革新の可能性がある。ではどのように事業化は行われるのか，そのプロセスを次章で検討しよう。

注
1）澤田秀雄（1995）『「旅行ビジネス」という名の冒険』ダイヤモンド社，19 頁。
2）日経流通新聞，1988 年 3 月 31 日付。
3）『日経ビジネス』91 年 8 月 26 日号。
4）日経産業新聞，1993 年 3 月 9 日付。
5）アニータ・ロディク（1991）『Body and Soul』杉田敏訳，The Japan Times，7 頁。
6）日経流通新聞，2006 年 9 月 25 日付。
7）JMS 社史編纂室編（1995）『ジエイ・エム・エス 30 年史』5 頁。
8）日本政策金融公庫『調査月報』2010 年 4 月。
9）『繊維トレンド』2007 年 9・10 月号。
10）ブラッド・ストーン（2014）『ジェフ・ベゾス　果てなき野望』日経 BP 社，420 頁。

第3章

夢を形にするプロセス

1. 事業機会は意味形成である

事業化を考える

　経営のあり方について，経営者が体験的エピソードとしてあるいは自らの事業経営の歴史を，「私の履歴書」風に書いたものは多くある。しかし，経営の構造や分析枠組みを示して語られるものは少ない。また，個々の企業には，組織的にも事業的にもそれぞれの固有の条件と歴史があって，その実践は多様である。

　前章では，事業がどのように始められたのか複数の事例を個別に確認したが，本章では前章の事例をふまえ，経営を一定の分析枠組みを使って考えよう。最初のテーマとして，事業は一体いかなるプロセスで始められるのか取り上げる。多くの企業家は事業をゼロからスタートするからである。そこから経営の全体課題を考えていきたい。

　もちろん，事業を始めるといってもいろいろなタイプがある。ハイテク分野のベンチャー企業もあれば，既存市場での新規創業もある。また，既存大企業が新規事業を始めることもあれば，中小企業が後継者に家業を引き継ぎ「第二の創業」をする場合もある。しかし新しく事業を立ち上げるという点については，同じ行為である。本章は，前章で取り上げた事例にも共通する事業化を考察の対象とし，特定のタイプのハイリスク・ハイリターンの企業に焦点を合わせるものではない。

ゼロから始める

　まずほとんどの個人起業家は，2，3人のごく少人数で事業を始めるのが普通である。第1章で取り上げた3人の経営者も創業当初は，零細な個人企業である。独立した時の本田宗一郎は手伝いが1人の2人で始めている。松下電器は松下幸之助と妻と義弟の3人で始められている。中内功の始めたサカエ薬局は家業としての個人商店であった。さらに，YKKの吉田忠雄は従業員3人で始め，セコムは飯田亮が友人の戸田寿一と合わせて4人で始めた。ソフトバンクの創業時は2人であった。

　たとえ1人であっても，会社設立の意味で事業を立ち上げることは難しくはない。事業を立ち上げることは大きなジャンプには違いないが，その後のことを考えればプロセスの第一歩に過ぎない。難しいのは，多くの起業家が望んでいる成功を現実のものとすることであり，2，3人で始められた事業が課題を乗り越え持続的に成長することである。

　前章の事例からもうかがえるように，新規企業の立ち上げは案外大まかな構想で始められている。ヒューレット・パッカード（HP）社が創業されたとき，2人の共同創業者は強い使命感を持っていたが，「何を作るかは，後で決める」といって事業をスタートしている。成長への詳細なプロセスを創業時に明確に設計することは，困難でもあり非現実的でもある。詳細なビジネスプラン（事業計画書）を先に作りそれにしたがって事業が展開されてきたのではない，という点で多くの新規企業は共通している。明確にあったのは事業の意志であり，企業家の夢や目的である。

　京セラの稲盛和夫は，大学卒業後に就職した会社で技術開発にかかわっていたが，提案が受け入れられず，自らの技術を活かすために独立を決意する。幸いにも資本を出資してくれる人がいて，同僚であった7人の仲間と会社を設立した。支援者は，稲盛の仕事に取り組む熱意と，その技術が本物であると感じて支援を決めている。そして京都の西ノ京原町という場所で事業を始めた。そのとき，稲盛は，「今にきっと京都の西ノ京原町で一番になろう。西ノ京原町一の会社になったら，次は中京区一の会社になろう。次は，京都一になろう，日本一になろう，世界一になろう」と目標を立てた。京都

一になるという目標すらも高い目標だった。

　京都には島津製作所やサントリーといった伝統ある優良企業があった。島津製作所は科学技術の発展によって国家社会に貢献することを願って，1875（明治8）年に創業されている。同社は2002年にノーベル賞受賞者を輩出している。サントリー（旧鳥井商店）創業者の鳥井信治郎は1899（明治32）年に葡萄酒の製造販売を始め，ウィスキーのトップメーカーを育てた。それら企業を追い抜いて京都一になるというのは相当に高い目標であった。しかし稲盛は，仲間と夢を語りあい自らを鼓舞してきた。

　日本電産を創業した永守重信は次のように言う。「私が当社を興したとき，まず，最初に行ったことは，会社の基本方針を立てることであった。生産計画も大事，販売計画も必要，資金計画も作成しなければならないが，何よりもまず第1に，どういう会社をめざすのか，私たちの志を具体的な言葉にしておこうと考えた」[1]。計画よりもそれが依拠する基本方針あるいは理念・目的の重要性を指摘している。これは，企業家の事業に対する思いを表している。

　「計画というのは，日常の現実，あるいは競合の状況，会社の状態が違ってきたら，全部修正していかなければならないもの」である[2]。だから，経営者が固執するべきは計画ではなく事業にかける思いであり，組織の存在目的や顧客にとっての価値だと考える。新規企業であれ既存企業であれ，立ち上げる事業が何をめざしていくか目的が大事となる。

　前章の起業事例が示すように，個人による起業は，資金はもちろん，人材も技術も設備もほとんど無い状態で船出する。それでも成長の機会をとらえることができる。そのとき手元にあるのは，起業家のそれまでのキャリアであり夢や目的である。そしてそれを支える強い意志である。新規企業の立ち上げには，それが最大の資産である。

事業化の前提

　新規に事業を始める人は起業家と呼ばれる。企業家と起業家は同じ意味ではないが，事業の立ち上げにおいて両者は一致する。企業家の語源であるア

ントレプレナー（entrepreneur）は，企業家とも起業家とも訳される。

　企業家は，本来リスクを取って新しい事業に挑戦し事業活動をする人である。この機能に注目すると，企業家機能を果たす人を企業家といい，オーナーではない経営者であってもそのような企業家機能を果たす経営者は企業家である。したがって本書で意味する企業家とは，新規企業であれ大規模企業であれ，リスクに挑戦し事業創造機能を担う人のことである。

　では，新しい事業機会はどのようにとらえられ，事業が始まるのか。明らかなことは，事業の機会をつかみ取るのは人によって異なることである。第2章で取り上げた事例企業が気づいた機会は，他の人にも見えていたはずのものであった。行動を起こすか起こさないか，人によって機会認識と意志の差が現れる。夢を形にするのはどのような人だろうか。事業機会をとらえ企業家として行動を始めるには，次の前提条件が存在する。

場にいる

　第1の前提として，潜在的な事業機会の情報をキャッチする「場」にいることである。それは社会・市場の変化の動きを目撃する場であり機会である。すなわち場にいるとは，人びとが交わり情報が交わる空間にいて，新しい意味を示唆する情報を入手することである。場は情報をもたらし，情報は企業家意識を刺激する。

　場は，外部条件の変化がもたらす可能性についての情報と，その事業化に必要となる活動について仕事の知識あるいは経験を与える。この場には，バーチャルな世界の情報空間も含まれる。場で得た知識や経験に刺激されて意味を発見し，事業の機会が認識される。特に経験は，行動に裏づけられた知識を与える。したがって，経験は事業機会をとらえる大きなきっかけとなる。それにはいくつかのケースがある。

　例えば，第1に，営業，技術，生産等の仕事の経験が機会に気づかせる。大企業で技術開発に携わっていた技術者が，それまで勤めていた企業の経験を活かして独立し新しい事業を始めることができるのは，新しい技術の可能性を発見し機会を認識するからである。さらにまた，企業で営業経験のある

人が，独立して自分の事業を立ち上げるのも同じである。彼らは，関連する情報が得られる場にすでにいて，ビジネスの経験と知識を得ている。そして独自の考えをもって自分の力で試してみたいと考える。

　様々な経営サポート事業を展開しているリクルート社の社員が，独立して起業家になるケースが多く見られる。リクルートという会社は，単一の組織としては最も多くの起業家を輩出してきた組織である。リクルートで顧客の事業支援をしている経験が，社員が独立し起業する貴重な予行演習となっている。元々，リクルートは，創業者の江副浩正が学生時代に東京大学新聞の広告募集のアルバイトをしたことことがきっかけで，独立して人材募集広告の事業を展開したのが始まりであった。このように，企業家は自らの経験と想いの中から何かをつかんで事業に結びつけている。

　第2に，家業を継いで発展させることがある。家業があってその事業を見て育った人物が新しい機会を認識し，第二の創業としての事業を始めることがある。しばしば見られるのは，先代から事業をバトンタッチされて経営資源を受け継ぎ，新しい事業に取り組むことである。それは2代目が事業の経験・知識，事業の仕方とか，ビジネスの雰囲気のある場にいて，ビジネスの可能性を感じて育つからである。

　別府の温泉観光地図のパンフレット作りから事業を始めて住宅地図の大手となったゼンリンは，2代目に経営が引き継がれたとき，2代目がデジタル時代の到来を感知し地図のデジタル化を提案したが先代や古参社員の反対にあった。しかし，2代目はその反対を押し切ってデジタル化を実現したことで先行者優位を手に入れ，カーナビソフトのトップ企業になることができた。2代目は，一方で地図作成事業の経験をし，他方でデジタル化という技術環境の変化を強く感じ取ることで，両者を結びつけることになった。2代目で成功する経営者は，経営資源を受け継ぐ有利性を手に入れながら，一方で将来の発展のために既存の思考，行動様式を乗り越えていくのである。

　第3に，地域の地場産業などの産業集積の中で，地域の特性を活かしたビジネスを始めることがある。地域の資源や伝統技術が刺激を与え，新しい挑戦を誘発することがある。わが国には伝統産業をはじめ多くの産業集積があ

る。産業集積は内部的にも外部的にも情報の結合（シナジー）効果を生み，機会を広げる。

　ユニ・チャームは，愛媛県の製紙業が盛んな製紙や木材加工に関する産業集積がある中で，その関連から生理用ナプキン事業を思いつき今日の事業を築いた。青山商事は，広島県の備後織物やジーンズの産地で，伝統的に企業家活動の活発な土地から，「日本一の洋服屋になろう」という目標を持って創業された。各地にある地場産業の集積は，集積の内部・外部の多くの企業家に外部経済効果をもたらすインフラ（基盤）である。

　第4に，個人的な達成目標や夢，欲求が機会をとらえる。事業は個人の目的や夢があるから始められる。貧しさの経験も，そこから脱出し成功を思い描く大きな原動力となる。新しい技術，新しい産業は多くの人を刺激して引き寄せる。H.I.Sの澤田秀雄は，海外旅行の楽しさを多くの人に体験してほしいという気持ちで，旅行代理店を始めた。カンキョーを設立した藤村靖之は，ぜんそくを患う息子の病気を救いたいという思いから，大手企業の小松製作所（現コマツ）を辞めて空気清浄器の会社を立ち上げた。ソフトバンクの孫正義は，逆境を抜け出そうと大きな野望を胸に秘めて事業を始めた。

　1990年代，米国のシリコンバレーで情報技術が発達し，インターネットにかかわる様々なベンチャー企業が生まれたのも，人や情報が集まる大きな産業集積が作られ，さらに先端的な研究をする大学・研究機関が中心となって企業を支援する組織が多く存在し，その場にいる人々を刺激したからであった。情報技術革新の大きなうねりが起こり，その中で，アマゾンは1994年にジェフ・ペゾスによって設立されオンライン書店を始め，マーク・ザッカーバーグは2004年にソーシャル・ネットワーキング・サービス（SNS）のフェイスブックを設立した。わが国では，1997年設立の楽天が仮想商店街（バーチャル・マーケット）を創設した。情報技術革新のうねりは，現在も続いている。

　場にいることの積極的な意味は，人および情報が集まる機会の中にいて意志を持った選択をしていることである。積極的に場を求める人は事業機会につながる情報を手に入れる。情報を探求する人は事業機会につながる情報が

集まる場に近づいていく。したがって，事業をおこしたいと思う人は，情報を求め，情報が集まる場へ接近しなくてはならない。

感じ取る

　次に第2の前提として，外部条件の潜在的な兆候や価値に気づき，それを感じ取る主体の「感性」がなければ，潜在的機会や情報はただ通りすぎていく。感性とは，潜在的機会に気づき受け止め認識する力である。機会を発見することは，それを識別する認識力を持つことである。機会は偶然であっても，機会を感じ取るだけの経験を積み準備することや情報を理解する理解力が，偶然をとらえることを可能にする。

　多様な情報の流れの中で，強い知的欲求や夢を持つとき，それにかかわりのある出来事や情報に対して感性が自然と鋭敏になる。個人的な思い入れや強い野心も，事業機会をとらえる重要な要素である。むしろ個人的な思い入れや野心が強いことが，感性を鋭くし挑戦的な事業意欲に結びつく。事業をする意志がなければ情報が集まる場に加わっても，機会は受け止められない。新しい世界に惹かれて交流の場に加わっても，そこでの交流に満足しているのでは次の一歩が踏み出せない。

　大企業で働く人が機会を知覚し意味に気づいたとしても，組織の中で日常業務に追われる厳しい制約があると，提案しても取り上げてもらえないという気持ちが強く働く。ましてや，安定した生活を捨てリスクのある独立を選択することには不安がある。その場合，個人的にいくら意味に気づいても行動を起こすまでにはいたらない。そのため大事な気づきは眠ってしまうことになりやすい。新しい可能性のある情報に対して，眼前の仕事の処理を優先しなければならないからである。それゆえ，独立し事業を始めるのは例外的である。これは，大学の研究室で先端的な研究をしている場合も同様である。研究者は新しい発見に喜びを感じ，研究職を辞めてその発見を事業化したいとまでは思わないことが多い。企業家を導く感性は，強い意志や意欲を反映する。

　情報技術の発達，インターネットの普及，少子高齢化の進展，あるいは介

護福祉ニーズの増加が認識されたからといって，それにどう反応するかはその意味の受け止め方によって決まる。その意味を発見し事業としての機会をとらえるのは，新しい現象の一歩踏み込んだ解釈，意味形成をはっきりと認識したときである。それは強い思いや夢，さらには意志が可能にする。前章で紹介した TESS の例では，障害者に寄り添いたいとの思いから，埋もれていた車いすに生命を吹き込む事業を始めた。レアジョブは，日本人が英語を話せるようにするという思いから，情報技術を活用したオンライン英会話事業を始めた。

　このように事業化には，感性や意志が不可欠であるが，企業の役割はその時代，その社会の歴史的な条件にしたがう。社会的，歴史的背景の中で機会が知覚され，事業化する企業が生まれる。その意味で，行動主体の感性が鋭敏であるためには，社会の変化や出来事に関心を持ち情報を吸収しようとする姿勢が不可欠である。

意味を発見する

　第3に，「意味を発見する」，「意味を形成する」ことである。これはいまだ顕在化していないあるいは一般化していない意味を発見し，事業化の機会を認識することである。意味を発見することが機会をもたらし，行動を誘発する。先端的な情報の入手は，事業の機会をたぐり寄せるきっかけとなる。デジタル技術やバイオ技術のハイテク分野では，新規開業の一部は最新の技術を手に入れた人々によっておこされている。

　とはいえ，新規企業の圧倒的多数は，ハイテクの革新組織ではなく小規模な再生産組織である。再生産組織とは，既存産業にあって既存の組織とほとんど変わらない方法で製品・サービスを提供する組織である。多くはローカルな日常生活に必要な製品・サービスについて，多様な事業機会が開かれる。例えば，飲食店，各種娯楽・サービス，工事関係，健康管理サービス，託児ビジネスなどである。

　その中で革新性のある意味の発見は，これまでと違う意味づけをし，それを新しい文脈で事業の論理としておきなおすことである。こうした意味形成

が，事業構想を作り上げる。したがって，成熟した市場でも成長は起こっている。理髪店のQBハウス（現QBホールディングス）や，駐車場ビジネスのパーク24，中古車販売のガリバー・インターナショナル（現IDOM），メガネ販売の21，古書販売のブックオフ，古いカーペットを再資源化するリファインバース，人材派遣のパソナ，ホテル業で成長する東横インやスーパーホテルなど，成熟した既存産業でも新しい機会は次々と見い出され，企業の成長がある。百円ショップの大創産業は，日用品雑貨の小売業という既存市場で百円均一商品のニーズに気づき，新しい市場セグメントを開拓して成長した。

　これらの企業はいずれも経済合理性を追求し，かつ新しい顧客満足を追求している。そして新たな事業の仕組みを作ってきた。このように，既存市場にあっても新たな意味を発見することは十分可能である。見方を変え，ポジティブにとらえることができれば，機会は出現する。

　豆腐という伝統的な商品の成熟市場で男前豆腐店を創業した伊藤信吾は，「どんな職業にも，ひと工夫，ふた工夫できることはあると思うんです。……何かを生み出す閃きというのは，どんな職種にもあるんじゃないかと思います」と言う[3]。また，「市場が成熟し安定していると見えるのは，値段とサービスに変化がないからそれだけのマーケットで終わっているということでしかなく，もし全然異なるコンセプトの製品をつくればマーケットも大きく変化する」と，ベンチャー企業家の先輩格である堀場雅夫は指摘する[4]。

　新しい事業機会は，「意味を発見」し，事業化の「アイデアを出す」ことが必要であるが，簡単にはいかない。起業家は誰もがそうしたいと思う。それを可能にするのは何であろうか。第2章では3Cについて言及したが，機会発見には，「熱心であること。熱心な上に熱心であること。その熱心さがチャンスを見わける眼を養っていくのである」と経営者は考える[5]。

　モスフードの桜田は，ハンバーガービジネスに将来性を見い出したものの，どうすれば巨人マクドナルドに対抗できるのかわからなかった。何もない中で「違いを出す」ということに考えを集中して，結局，テリヤキバーガーという和風ハンバーガーのアイデアを手に入れた。さらに本田宗一郎

は，「人並み外れた好奇心と，努力と，反省のサイクルをフル回転させて，へとへとになりながらアイデアを見出しているのが実状」という[6]。その工夫発明は，「夢に見るほどまでに苦しく，考え抜いたあげく，やっと探しだしたアイデアとか，発明であるのが大半」である。このように，「寝てもさめても一事に没頭するほどの熱心さから，思いもかけぬよき知恵が授かる」ことを企業家は実践してきた。ビジネスチャンスをとらえるには感性が前提になるが，その感性は意識を集中することで磨かれる。

　事業機会を手に入れるには，課題に気づかなければならない。その課題は，合理的な計画に基づいた押し込み型ではなく，顧客の立場に立って求められるものでなければならない。それも，自分が当事者として欲するほどに真剣に求められる課題であることが重要である。

意味形成の 3 つのレベル

　事業機会を手に入れるための意味形成には，次の 3 つのレベルがある。

　第 1 のレベルは，社会的文脈での意味づけである。社会や顧客が何を求めているのか，社会はどのような方向に変化していくのか，その可能性について意味形成をすることである。社会にいかなる変化が起こっているのか理解できれば，事業の意味が見えてくる。これには先見性とか見えないものを見る力が大事であるが，他方でより身近な小さなニーズに気づくことが非常に重要である。

　第 2 のレベルに，事業的意味づけがある。それは市場経済においてビジネスとしてどのような価値を持つのか意味づけ評価することである。

　第 3 のレベルは，機会の発見に対して主体の行動的意味づけが行われ，事業機会の具体化はどのような行動を必要とするのか，それによって自らの行動を起こすことの意味を確かめ受け入れることである。外部の機会を認識しても，主体として行動を始めることをデザインし決定しなければ，意味づけは未完に終わる。

　このように，行動を起こそうとする人にとって，自らの行動を正当化し鼓舞する行動の意味づけと，社会的な事業として構想する事業的意味づけが，

事業化への取り組みの前提である。時代の変化をかぎ取り社会的意味づけをするのは，夢であったり，理念であったり，事業が社会に受け入れられることを思い描くことである。そして自分がどのような役割を果たすことができるのか，意味づけを必要とする。その意味づけができなければ，アイデアは新しい事業の構想には届かない。

　新規事業をイメージする上でわかりやすい刺激は，例えば海外の先進的な都市や生活を見て新しい製品やサービスの可能性を感じることである。これは多くの海外旅行者が経験することである。業界団体などが主催する企業経営者による海外視察旅行は同様の機会を与える伝統的な方法の1つである。海外旅行は，未知の世界へ一時的に飛び込むことで製品・サービスを具体的に体験し，事業化のイメージが得られるチャンスとなる。

　技術や製品・サービスの普及には，しばしば先進事例が大きな役割を果たしてきた。古い例では，豊田式自動織機の発明者である豊田佐吉は1910年にアメリカへ旅行したとき，量産を始めたT型フォードが町中を走り回るのを見て，自動車産業の勃興を感じ取った。「これからの時代は自動車だ」という思いを胸に，帰国後に息子の豊田喜一郎に自動車の研究を始めさせている。アメリカのスーパーマーケットを視察したダイエーの中内は，「これだ，自分が進むべき道は」という強い思いを得てスーパーマーケット事業に邁進する。同様に，コンビニエンスストア，ハンバーガー店，コーヒーチェーン店も，あるいは警備保障や格安航空券事業も，もともとは海外で起こったビジネスで，そのコンセプトが日本に導入され普及している。

　現在では，タクシーの代わりに車の配車サービスをするとか，スマホによるキャッシュレスの買い物など，ITを活用したサービスが広まりつつある。レアジョブは，インターネットで無料会話ができるスカイプ（Skype）を利用してオンラインの英会話事業を国際的に展開している。これから普及が予想されるデジタル技術は，多くの企業で仕事の流れを変え，生産性向上に大きく影響することが予測される。

　パイオニアであれ海外からの導入であれ，これまで存在しなかった市場を切り開くには，機会に気づき未知の新しい世界を切り開く挑戦者の勇気と努

力と工夫がいる。変化がもたらす未知の世界には不確実性がありリスクがある。そこには新しい市場を切り開き創造するという側面がある。たとえ外国企業の模倣から事業を始めたとしてもそれは同じである。

　感性が鋭く見える企業家は意味形成を人よりも早く行い，普通の人には見えない見通しを早く持つ。そして勇気をもって事業化に向けた行動を起こす。革新者になるには，強い事業意欲を持つこと，機会を探求し気づくこと，そしてその実現に向けて行動することが必須である。

企業家を動かす原動力

　ドトールコーヒーを創業した鳥羽博道は次のように言う。「なにごとかを成し遂げた人は，論理の前に感性があるものだと思う。そして感性はしばしば夢という形をとって現れる。夢を持つ人は，なんとしてもその夢を実現したいと前向きの方向にものごとを考える。高い志を持てば持つほど，挑戦する気持ちを高められる。論理と計算は，往々にして夢のあとからついてくる。……私の経営のあり方は，まず夢があり，次にそれを論理的に実現してゆくということだ」[7]。

　知覚した機会を事業の形にするためには，シャープの液晶技術を育てた佐々木正は「夢を形にする勇気と努力」が大切と言い，ソニーの創業者である井深大は「夢はイノベーションの母である」といって夢を大切にした。京セラをおこした稲盛和夫は事業への思いを「情熱」（パッション）と表現した。情熱あるいは熱意は事業成功のカギであり，仕事をなすにあたって最初に求められるのはその仕事への熱意である。熱意を行動に移して初めて，事業の機会が形となり事業実現に結びつく。

　革新理論の先駆者であるシュンペーターは，革新を起こす企業家の動機として次の3つを指摘している。第1に成功への意志。第2に私的帝国を築く夢と意志。第3に創造の喜び，である。シュンペーターは企業家の個人目的を説明しているが，そこには西欧社会に生まれた資本主義の精神の特徴がよく現れている。企業家の個人目的が事業の強い動機となっているのである。

　これに加えてわれわれは，第4に，社会的使命感を上げることができるだ

ろう。織機の開発で「国のために尽くした」豊田佐吉や，明治期の産業発展に大きな力を発揮した渋沢栄一，あるいは戦後の経済復興に取り組んだ企業家たちのように，使命感や社会に役立つ事業を考えることが産業を発展させる大きな動機となる。そうした事業は，社会が求める産業に発展する可能性があり，使命感は企業家の行動を支える強い要因となる。

2.　事業発展のプロセス

機会に気づく段階

　次に，事業はどのように成立し発展するのか，そのプロセスと課題を見てみよう。事業の発展は，ライフサイクル的に創業期，成長期，成熟期，衰退期ととらえる見方がある。ライフサイクル的な説明は，マーケティング論の手法として，製品市場成長の各段階にともなう活動の特徴を明らかにしている。しかし，本章は，事業化に焦点をおきながら事業の発展を考えたい。そのため，広義の事業発展のプロセスを，機会に気づく段階，事業化段階，成長を持続する段階の3段階でとらえることにする（図3-1）。

図3-1　事業発展のプロセス

気づく段階	事業化段階		成長持続の段階
機会探求	構想・戦略	事業計画	事業の深耕・見直し
社会，技術	目的	売上	戦略再定義
ニーズ	課題	費用	事業再構成
事業アイデア	製品コンセプト	仕組みづくり・実行	機会探求と事業化
	対象顧客	資本	多角化
	顧客価値	人材	買収
	製品サービス	構造・システム	
		スケールアップ	

（出所）筆者作成。

　機会に気づく段階は助走期間であり，事業化段階は構想を事業として実現していく期間である。起業は，この2段階にかかわっている。次に，成長を持続する段階は，継続企業として変革と成長発展を繰り返す時期である。成長持続段階では，成長を実現した事業を前提におきながら，新たに事業をおこすことが繰り返される。企業家が夢を実現していくには，始める意志と経営を継続的に発展させていく意志が不可欠である。

　まず第1の段階は，事業機会に気づく段階である。事業は意味に気づくこと，機会の認識から始まる。この段階の気づくとは，一般的な情報として知ることではなく，意識的な行動を通して機会を探求し意味を発見することである。言い換えれば，気づくとは，事業のアイデアを手に入れることである。それが事業化の第一歩である。

　事業であれ製品・技術であれ，「我われが行動する場合には，気づくことが先決条件である。技術があれば何でも解決できるわけではない。技術以前に気づくということが必要になる。日本にはいくらでも技術屋はいるが，なかなか解決できない。気づかないからだ」[8]。気づくためには事業機会を探求する強い関心と挑戦する気持ちが必要である。とりわけ強い思いを持つことは事業のひらめきを得る土台となる。その関心は，既存の製品やサービスに問題はないのか，顧客は十分満足しているのか，顧客の立場で考え疑問を持つことである。第2章の事例が示すのは，広く世界を見る，夢を持つ，経験することが新しい機会に気づく可能性を広げていることである。

　課題に気づき機会を認識すると，行動が生まれる。しかし気づくことはまだ戦略でも計画でもない。むしろ，アイデアを練り上げていかなければならない段階のものである。アイデアを仮説にし，事業計画にするためには，何度もその仮説を検証し精緻化する作業が必要である。

　このとき，皆が賛成するアイデアよりは，意外性のある可能性を秘めたアイデアがよく，最後は「なるほど」と思わせる可能性があるものである。ザ・ボディショップのように，皆が気づかない課題とか既存企業が無視している課題をとらえた機会は，既存企業との間に競争がないという利点がある。そうしたアイデアを手に入れるには，夢を持ちビジョンを持って新しい

ビジネスを考えることが大切である。

事業化段階

　続いて第2段階は，事業を実際に実現していく事業化段階である。事業の
アイデアを事業コンセプトに具体化し，計画し，生産・販売の仕組みを作っ
て実行していく実現プロセスである。この段階では，事業のコンセプトを明
確にし，顧客価値のある製品・サービスとして実現することが何よりも重要
である。

　事業化とは，本書では，社会や市場，技術の変化の中で事業を構想企画
し，事業を実現するために資源を獲得し，製品・サービスを生産し，顧客に
届けることを成し遂げて社会的価値のある事業を実現するプロセスである。
事業化は商品の市場投入の点ではなく，諸力が作用して価値が創造されてい
くプロセスである。この段階では，事業の立ち上げから，事業を拡大するス
ケールアップ（規模拡大）までを視野に入れる。

　事業化をプロセスとしてとらえることは，経営の取り組みの具体的課題
を，時間的経過として考えることである。新規事業をめざす人にとって，こ
のプロセスは長く不確実である。事業化プロセスには，理念あるいは構想と
それを実現することの間に大きな隔たりがある。そこには時間的距離があ
り，組織的，論理的距離がある。夢の実現に向けて取るべき方法を論理的に
詰めていくことや，アイデアを製品・サービスに変換し組織的な活動として展
開しなければならない。それゆえ，アイデアを形にしていくプロセスでは，
試行錯誤が繰り返される。

　事業を立ち上げていく事業化段階について，企業家による体系だった言葉
は少なく，断片的なエピソードがある。しかし，ベンチャー企業研究が進
み，行政による創業支援も中小企業庁をはじめ全国都道府県で行われてい
る。基幹産業の成熟化が進んだ1990年代は，新規企業の育成の必要性が政
策的にも強まった。創業支援をするベンチャーキャピタルも新しい企業の発
掘育成に力を入れている。

　事業化プロセスがどのように進むのか，どのような要素が必要であるか

は，概略的には図 3-1 で示される。

事業化段階のフェーズ展開

　事業を実現する段階は，その中味を見ていくと，いくつかのフェーズとそれに固有な課題がある。第 1 に，事業の内容について具体的に構想することである。構想とは不確実性の高い経済環境の中にいて先が見えないときに，前方を見通す力である。構想は，見えないものを見通して事業的意味づけを行って行為につなげる思いである。事業のアイデアを練り上げて，事業の意味づけから行動に結びつける見通しを持つことである。

　井深大や佐々木正にとって，構想の「原点は夢」であった。夢は見えないものを見る力である。見えないものを見るのは，経験や夢が力を与える。セコムの飯田亮は人づてに警備保障というビジネスが外国にあることを知ってそこに将来の可能性を感じた。「電話帳にも載っていない」潜在的なビジネスではあったが，それを構想し実現性を手繰り寄せた。鳥羽博道は，コーヒー豆の卸会社に勤めた経験を生かして，コーヒー豆の卸会社，さらにコーヒー豆の販売とコーヒーショップを合わせたドトールコーヒーを実現した。

　事業化は，具体的な製品（サービスを含む）をイメージし形にする。何のためにこの事業をするのか，事業がどのような形で人々の生活に役立つのか，事業の意味づけをして事業コンセプトをつくりあげることである。この段階では，アイデアを練り上げて，アイデアやコンセプトの質を高めることが優先される。顧客の課題は何か，提案する製品によっていかなる課題（不満，不自由）をどのような方法で解決するのか，顧客へいかなる価値を提案するのか，仮説を立てその検証を重視する。事業化プロセスでは，顧客の課題，提案する製品の質を繰り返しチェックし学習していく必要がある。

　第 2 に，製品コンセプトができたならば，事業を進めるための基本方針あるいは戦略を策定し，基本的な実行のアウトラインを構想する。どのような事業ならば独自性があるのか，競合を考え，既存製品との違いを出すようにする。

　続いて第 3 に，事業のアイデアや基本方針に基づいて，生産計画，売上計

画，資本計画などの事業計画にまとめていく。事業計画では数値による見える化を行い計画の細部を作り上げていく。どの種類の製品あるいはサービスを月にいくら生産し，販売するのか，費用はいくらかかるのか売上高はいくらになるか，年間，月次，週次の計画の数字を詰めることで実現性をチェックする。必要資金はいくらか，どのように調達するか，販売計画に無理はないか，費用の見積もりは十分かなど詰めていく。そして利益計画を立て，収支はいつ均衡可能か，点検し見通しを立てる。

　しかし，求められる事業計画の質的内容は，非常に不確実性の高い新規事業と，既存製品・サービスがあってその代替品を提供する事業では，計画に違いがある。大企業と新規企業の間にも，計画のあり方には違いがある。

　新規企業の事業は，すべてにおいて実績がなく不確実性が高い状況で進まなくてはならない。したがって，アイデアも戦略も実行計画も柔軟性を持ち，フィードバックを繰り返しながら前進する必要がある。これに対し既存大企業であれば，事業化プロセスはアイデア・企画開発から始まり，市場および技術の実現可能性調査を行い，構想は戦略計画や年度基本計画に，さらに各職能部門の年次計画，月次計画へと順次具体的な目標と取り組み課題が盛り込まれ，各セクションの職務活動に落とし込まれる。大規模企業になるほど詳細な計画が作られる。

　第4に，戦略に基づいた事業計画に沿って，事業を立ち上げ実行する組織を作る。いかなる事業システムによって顧客に製品・サービスを届けるのか，顧客へのアクセス方法を工夫する。組織の設立，材料の仕入れ先の確保，販売方法と販売先の確保などが必要になる。実行する手段を明確に構築しなければ行動に移れない。企業は，製品・サービスを顧客に提供する方法としての事業システムを具体化する。

　第5に，実行段階の生産・販売である。事業化プロセスを遂行する段階である。こうして事業の立ち上げに成功したならば，さらに市場地位を安定させるべく成長投資を拡大することになる。投資資金を増大させ，スケールアップ（規模拡大）が行われる。

　以上のように，事業の創造は，事業機会を知覚し，事業の構想を練り，そ

れを実現する事業の仕組みや方法を具体化し，商品化するプロセスである。何のためにこの事業をするのか，どんな会社にしたいのか，強く思うことが事業のビジョンを支え，ビジネスモデルを支えていく。この事業化段階では，何度もフィードバックが行われ，アイデアや仮説の検証と修正が行われる。

　一般に，独自性のある事業をめざすためには，アイデアや構想は，型にはまらない自由な発想とチャレンジ精神が独創性を高める。ユニークな革新には，大胆な発想ができ挑戦的な意欲の強い個人起業家や中小企業にチャンスがある。革新は，業界の慣行に染まった主流にいる人よりも，周辺企業によって起こされることが多いのもそれが理由である。1994 年に設立され書籍のネット販売を始めたアマゾンのベゾスは，もともとウォール街の金融業の分野で働いていた。アマゾン設立時には書籍販売の経験はなかった。

　図 3-1 のモデルからさらに踏み込んで事業化を考えるために，何をどうとらえいかなる行動をしていくべきか，起業の要点を説明するモデルとして，例えばリーンキャンバスという手法が利用されている 9)。リーンキャンバスとは，ビジネスモデルのブレインストーミング・優先順位の決定・継続的学習の管理に使われるフォーマットで，起業のための手法である。これは，起業意欲のある人に，アイデアを構築し具体化する要点を要領よく示している。この手法は，ビジネスプランを 1 枚のフォーマットに簡潔に描いて，ビジネスモデルの検討を素早く簡潔に行う。そのとき検討すべき課題と順序が示されている。図 3-2 には，検討課題が示され，検討する順位が番号で示されている。

　このモデルは，起業に際して，課題（顧客の不満や不自由）は何か，ターゲットである顧客のセグメントとは何でその顧客が重視するのは何か，そして企業が提案しようとする価値は何かを優先的に取り上げ，その検証をしっかりとすることを重視している。その上で，顧客価値を提案するための機能・方法（ソリューション）やチャンネルを選択し，コスト・収益を把握することを求めている。この手法が教えているのは，論理的な計画そのものの重要性ではなく，課題に気づき，その解決を提案していく方法を試行錯誤す

図 3-2　リーンキャンバス

課題 上位 3 つの課題	ソリューション 上位 3 つの機能	独自の価値提案 あなたの差別化要 因と注目に値する 価値を説明した単 一で明確な説得力 のあるメッセージ	圧倒的な優位性 簡単にコピーや購 入ができないもの	顧客セグメント ターゲットにする 顧客
	④		⑨	
	主要指標 計測する主要活動		**チャネル** 顧客への経路	
		③		
①	⑧		⑤	②
コスト構造 顧客獲得コスト 流通コスト ホスティングコスト 人件費など		**収益の流れ** 収益モデル 顧客生涯価格 収益 粗利益		
⑦		⑥		

製品　　　　　　　　　　　　　　　　市場

（出所）アッシュ・マウリヤ『Running LEAN　実践リーンスタートアップ』。

るときの思考方法である。米国における情報技術分野でのベンチャー企業の
輩出は，旺盛な企業家精神と，起業に関するこうしたマネジメント手法と制
度的インフラによって支えられている。

　日米ベンチャー企業の立ち上げを見たとき，事業化のスピード，人材の集
め方，資金提供者の存在などの基盤の違いが顕著である。米国では，資金は
ベンチャーキャピタル，エンジェル（個人投資家）などがいて資金が比較的
容易に集まる。また必要な人材も，労働市場から比較的容易に集まる。実績
に裏づけられた実力を重視する社会で，技術，財務，マーケティング，組織
管理などの各機能について必要な人材を確保することができるのである。

　アマゾンは1994年の創業以来，猛烈なスピードで成長し，1997年には
NASDAQへ上場している。財務的にアマゾンが四半期決算で初めて黒字化
したのは2002年であった。その状況でも株式公開を果たし事業は成長を続

けた。必要な資金が確保できたから，成長に必要なプロフェッショナル人材を盛んに他社からスカウトし重要なポストにつけていった。さらに，成長に必要と思われるアイデアや技術を持つ企業を次々と買収した。

　これに対し日本企業は，まず立ち上げ時点から資金確保が簡単ではない。株式上場基準が緩んで公開までの時間は比較的短縮されたが，公開にいたるまでの資金集めは容易ではない。実績のないアーリーステージの企業にとって，銀行融資の壁は相当に高い。個人企業家や中小企業経営者には，経営介入や資本出資を受け入れたくないという心理的傾向もある。また，取引先の開拓が容易でない。取引関係は長期的関係，人間関係によって作られているからである。そして専門家の確保も難しい。この違いが新企業の創業から株式公開までの期間の日米格差となって現れている。それは資本調達スピードの差，組織としての能力構築の差となり，成長の差となっている。事業化には，構想し計画を立て，資金を集め，事業の仕組みを作り，専門的な人材を確保する必要があるが，日米企業には，初期の事業スピードや経営資源の獲得，組織能力の構築に相当の違いが見られる。

　日本電産の永守重隆は，創業時には，人，モノ，カネのいずれをとっても既存大企業に勝てるものはなかったという。特に最初の5年間は，「人，もの，金だけでなく，仕事がない」。そして，それを乗り越えたとしても，「なんとか仕事が入るようになっても今度は金がない，人材がいない」。そこで必要なのは，「情熱，熱意，執念」であると強調する。そこで自らも社員にもモーレツなハードワークを課していった。知名度もない，信用もない，実績もない新規企業が最初の壁を突破し，どのように顧客を獲得し売り上げを増やしていくか。事業化のプロセスは強い意志を持って運営されなければならないのである。それが事業経営の初期段階で最も決定的な要因であるといっても言い過ぎではないだろう。

　従業員が20人，30人の段階から，300人，500人の規模へと拡大するにつれて，コミュニケーションや意思決定に壁が生じ，組織の管理システムが柔軟性を失うようになる。これを乗り越えて事業規模を拡大するスケールアップでは，資金調達，設備投資，人材確保，顧客獲得のいずれにも新しい

段階に踏み込んでいくことになる。

成長を持続する段階

　続いて事業発展の第3段階として，事業が成立し一定の成長を達成した後でさらに成長を持続する段階がある。この段階では，社会および市場の条件変化などに対応して，競争方法の変更や事業方法の変更など事業の再構成をして新しい条件に適合する行動が必要になる。特に市場の成長鈍化が見えたとき，新たな対応が必要になる。

　これは，少なくとも2つのケースを分けて考える必要がある。それは，1つは，現在の事業の深耕，強化のケースである。新規企業が成長過程で直面する課題には成長の踊り場を乗り越えて，持続的に成長することである。

　一般に，新規企業が成長すると，市場での位置が変化し競争の条件が変わる。有望な分野であるほど，小さな市場にとどまることや大手企業が無視する存在であり続けるわけにいかなくなる。潜在的な市場から顕在化した市場になり，かなりの規模の市場に成長すると，大手企業の参入がある。また，成長分野であればあるほど新規参入組も増える。その中で事業を強化し，市場地位を確保することが課題である。このとき，選択される事業戦略は，製品機能の向上や効率化の追求である。「ロングセラー商品ほど絶え間なく変化する」というのはまさに経営責任者の実感であろう [10]。そのために，次々と製品に改良を加え，規模拡大によって単位当たりの生産コストを低減させ，工程革新を行っていく。市場地位を確保するための大規模化や差別化が大きなテーマとなる。

　もう1つは，すでに最初の成長段階を終えた中堅企業や大企業が，継続企業であり続けるために，製品機能を革新する，新しい事業を開拓することなどにより有効性を追求するケースである。既存事業の成熟は必ず来る。すると企業は，新たな事業を始めることで一層の成長を図る。既存企業にとって新しい機会の探求は，多くの場合は多角化によって行われる。多角化は製品・事業の多様性を増すことである。

　しかし，この種の多角化は先行する企業がいる既存市場であることが多

い。真に新しい機会とは，これまで存在しなかった新しい市場や市場セグメントを切り開き創造することである。いずれにしても企業は，戦略転換や資源配分の見直し，マネジメントシステムの改革を求められ，新しい事業機会と既存事業の間のジレンマが生ずる。その壁を乗り越えて企業は新たな機会を実現する事業化を繰り返す。

　これらの選択をして新たな創造をしていく点で，成長を持続する段階は，企業の立ち上げよりもかえって難しさがある。大きな雇用をかかえ社会的使命を果たし続けるためには，持続することが経営にとっては重要であり意味がある。大企業にとって持続的成長こそ課題である。場合によっては，デジタル化に直面した富士フィルムのように，本業消失という危機感を持って取り組む必要がある。そこでは既存事業の否定や大きな飛躍が必要になる。

3. 経営する意志

やり抜く力

　経営には多様な要因が複雑にからみあっている。その中で行動主体の意志が必須条件の1つである。企業経営は，行動主体である経営者が起点である。経営者の意志が日常の個々の意思決定や活動に一貫性を与え，戦略を実現可能にする。それゆえ経営者は，「経営はリーダーの意志で決まる」と考える。

　経営する意志とは何かについて，経営者はいろいろな表現を用いて説明してきた。わかりやすい言葉では，それは「成功するまであきらめない」意志である。あるいは「経営とはやりとげる意志である」。東芝の経営者であった土光敏夫は次のように言う。「物事を成就させ成功させる力は何か。その中にはむろん能力があるであろう。だが能力は，必要な条件であってもじゅうぶんな条件ではない。じゅうぶんな条件とは，その能力に起動力・粘着力・浸透力・持続力などを与える力である。そのような諸力を私は執念とよびたい」。それゆえ，「やるべきことが決まったならば執念をもってとことん

まで押し詰めよ。問題は能力ではなく執念の欠如である」[11]。

　日本電産の永守重隆は,「事に当たっては,「必ずやるという信念」「出来るまでやるという信念」「必ずよい結果をもたらすという自信」が大事だ」と言う[12]。情熱をもってやり抜くことが,経営の成功には極めて重要であり,多くの経営者が強調する。成功するためには,最後までやり抜く強い心を持たなければならない。「決断したらやり遂げる。実行が伴わなければ「読み」も「構想」も意味がない」と経営者は考える。

　「私は,成功者というのは,「成功するまで諦めなかった人」のことだと思っている。もちろん,そのチャレンジが実現可能なものかどうかの見極めは不可欠だが,一度,可能だと信じたら,あとは成功するまで辛抱強く続ける」とH.I.Sの澤田秀雄は言う[13]。同様に,ユニクロの柳井正も,「やると宣言したことを実現することに固執し,それをなんとしてでもやり遂げるようにする。それが経営者の役割です」[14]。何のためにこの事業をするのか,十分考えた上で始めたならば,その信念が伝わるまであきらめず,やり抜くことが重要であることを経営者は強調する。

稲盛和夫の成功の方程式

　では経営をやり抜くとは,何に向かってどのように取り組むことであろうか。直面するのはこれまで経験したことのない問題であり,一本道ではない。長期的には不況もあれば合理化を迫られるときもある。大幅な円高や第四次産業革命のような産業構造の大変化が起こる。

　稲盛和夫は,「私はかねてから,経営というのは哲学を持つべきだと言っています」。「ただし哲学といっても難しいことを言っているわけではありません。人間として正しいことを基準にして,物事の判断をすべきであるということです。それは損得勘定でもなければ,戦略戦術論でもありません。それは人間として正しい道を歩くということです」という。「何が正しいか」しっかりした考えを持つことが,強い意志を生む。

　稲盛和夫の考える成功の公式は,その要点をとらえている。稲盛は,経営者として個人として優れた結果を出すための必要な要素を,次の方程式で表

している[15]。

$$\text{人生・仕事の結果}\ =\ \text{考え方}\ \times\ \text{熱意}\ \times\ \text{能力}$$

　ここで能力は，知能や運動神経など天賦のものである。能力は，思考し，工夫し，続けることで高められる。次に熱意は仕事や人生に対していだく情熱で努力を表わす。この熱意が強ければ強いほどよい結果をもたらす。そして，考え方である。考え方が悪ければ，いくら能力やアイデアがあっても社会には貢献できない。これは，良い目標を持つこと，高い目標を持つことを示している。方程式右辺の3つの要因は，掛け算になっている。1つでもゼロであるか極端に小さい場合，それが全体を左右する。この方程式に同意する経営者は少なくない。

　この方程式では，重要なのは能力よりも熱意であり考え方である。いくら能力があっても，考え方が間違っていたり，熱意が無かったりすれば良い結果は起こらない。考え方には，広く理念・視野もあれば方法論も含まれる。わかりやすく言えば，「経営に筋を通す」ことである。それには，社会的に正しいと思われることをする，使命感を持つ，部下が納得する意思決定をする，部下を信頼し仕事を任せてそのパワーを引き出すことなど多くの経験則が指摘されてきた。

企業家が担う機能

　これまでの議論から，企業家として事業をおこし成長発展を実現するために求められる役割をまとめれば，少なくとも次の3つがある。

　第1に，めざす理念・目的の達成に向けた強い意欲であり，リスクに挑戦する企業家精神である。めざすものについて，経営者は様々な言葉で言い表わしてきた。それは，夢であり，情熱・思い入れであり，目標や使命感である。あるいは野心を持つこと，金銭的成功への意欲もその1つである。これらの言葉で意味するものが，企業家を動かしていく。堀場雅夫は，「自己実現はベンチャーと同義語である」ととらえ，ベンチャーの動機づけは自己実現の欲求であると考える。そうした「夢がなければ，大きなことはおこらな

い。そして，すばらしいことを起こすには，大きな夢がなければならない」。
企業家・経営者を動かす原動力は，こうした理念・目的や夢である。理念・
目的が強い意志を生み，使命感を高める。

　第2に，理念・目的の実現に向けて，独自性がある商品・技術を開発し，
事業の仕組みや方法を考え出すことである。いかなる製品・サービスをどの
ように消費者に届けるのか，販売の仕組みを具体化する，また構成員が効果
的に協働する仕組みを構築することなどで，成功への道が開かれる。

　第3に，実行して目的を達成するまでやりぬくことである。経営する意志
が，組織を動かす力となる。自分自身を，そして組織メンバーを支援し動機
づけ，行動に結びつけることである。

　事業化について企業家は実行を強調するが，同時にその根底にあるビジョ
ン（理念）や経営哲学も重視する。ビジョンや経営哲学が企業家を動かして
いく。ビジョンを基に，顧客がかかえる課題に気づき顧客が求める価値を事
業のアイデアとして具体化することが企業家としての役割である。

　これらを着実に遂行することが経営には重要であることを，経験は教えて
いる。それが実際にどのように展開されるかは，次章で経営の座標軸を用い
て検討しよう。

注
1) 田村賢司（2017）『日本電産永守重信が社員に言い続けた仕事の勝ち方』日経 BP 社，40 頁。
2) 柳井正（2015）『経営者になるためのノート』PHP 研究所，99 頁。
3) 村上龍（2007）『カンブリア宮殿村上龍×経済人』（対談），日本経済新聞出版社，165-166 頁。
4) 堀場雅夫（1998）『堀場雅夫の経営心得帖』東洋経済新報社，30 頁。
5) 松下幸之助（1978）『続道をひらく』PHP 研究所，118 頁。
6) 本田宗一郎（1992）『得手に帆を上げて』三笠書房，64 頁。
7) 鳥羽博道（1988）『ドトールニューマーケット創造の原点』日本実業出版社，166-167 頁。
8) 本田宗一郎（2001）『夢を力に』日経ビジネス文庫，236 頁。
9) アッシュ・マウリヤ（2012）『Running LEAN　実践リーンスタートアップ』角征典訳，オラ
　　イリー・ジャパン，5 頁。
10) 高原慶一郎（1997）『やる気やるチャンスやる力』日経 BP 社，48 頁。
11) 土光敏夫（1970）『経営の行動指針』産業能率短期大学出版部，68 頁。
12) 前掲『日本電産』，15 頁。
13) 澤田秀雄（2017）『変な経営論』講談社，30-31 頁。
14) 前掲『経営者になるためのノート』，10 頁。
15) 稲盛和夫（2017）『稲盛和夫の実践アメーバ経営』日本経済新聞出版社，17 頁。

第**4**章

経営の座標軸を考える

1. 経営の構造

経営のタテ糸とヨコ糸

　本田宗一郎のパートナーであった藤沢武夫は，次のように言う。「布を織るとき，タテ糸は動かずに，ずっと通っている。……タテ糸がまっ直ぐに通っていて，初めてヨコ糸は自由自在に動くわけですね。1本の太い筋は通っていて，しかも状況に応じて自在に動ける。これが経営であると思うんですよ」[1]。こうして藤沢は，経営者の仕事は，日々変わる事業環境にあって基本方針が1本の太い筋となって正しく実行されるように，業務活動が適切な方法と手順でもって遂行されるようにすることであると考えた。

　では一般に，1本の太い筋とはどのようなものであるのか。社是や基本方針は企業によって異なる。経営者は，1本の太い筋によって経営の課題にどのように取り組もうとしているのか。太い筋の共通点は何であろうか。

　そこでまず図4-1を使って考えよう。この図は企業がおかれている基本的構造を示し，企業活動が資本，人的資源，情報，原材料などのインプットを用いて有用な製品・サービスをアウトプットしていく変換プロセスであることを表している。この図から言えることは，企業経営は，インプット・アウトプットの関係を築きながら社会に求められる役割を組織として遂行することだということである。

　本章では，この経営の構造をタテ糸とヨコ糸の概念を用いて検討していきたい。本書でいうタテ糸とは事業の遂行に必要な経営職能であり，ヨコ糸は

図 4-1　経営のプロセス

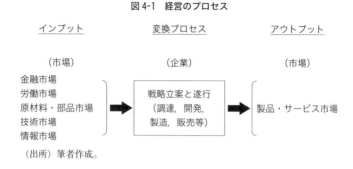

(出所)　筆者作成。

企業がステークホルダーとの間に築く関係性であると定義する。藤沢は，経営者が守るべき経営の太い筋をタテ糸と呼んだが，そのタテ糸は経営職能も関係性も含んだ基本方針をさしている。その 1 本の太い筋とは，経営全体を貫く基本となる考え方であった。それは本書でいうタテ糸とは意味が異なる。本書は，経営の基本となる考え方や経営方針がどのように決定されるか明らかにするために，経営を規定する要因を経営職能と関係性に分けて考える。経営職能を縦軸，関係性を横軸とみなして，それを経営のタテ糸，ヨコ糸と呼ぶことにする。

　すでに前章で，起業時の事業化プロセスでは，構想・戦略，事業コンセプト，事業計画，組織・仕組みづくり，実行が重要な構成要素であることを説明した。事業化は，事業の構想立ち上げから組織システムの構築，さらには市場地位を獲得して事業を確立するプロセスである。前章では事業化のプロセスとその構成要素を説明したが，本章では，タテ糸・ヨコ糸を使って経営の課題を構造的に検討しよう。

　この点に関して企業家は，例えば，HP 社の共同創業者である D.パッカードは，優れた人材を集め，チームワークを重視し，勝負に勝つという意志を喚起することが経営には必要だと考えた[2]。ここには，人材マネジメントがあり，協働するチームとしての組織運営があり，目的を持った強い意志が，経営の課題として示されている。

　また，富士フィルムホールディングスの最高経営責任者である古森重隆

は，経営者のするべき仕事として，「読む」「構想する」「伝える」「実行する」の4つに要約している³⁾。「読む」とは，企業がおかれている状況を読み，事業がどう進んでいけばよいか，環境条件の変化を予測することである。それは，短期の市場変化であり長期の社会などの変化である。特に，政治や経済，社会，技術のマクロの環境変化を読むことは，事業の将来を見通す上で重要である。次の「構想する」は，事業の目的を定め，会社はどの方向に進むべきか，そのために何をするべきか，理念・目的を明確にして事業の方向づけを行い，具体的な方針や行動計画に落とし込むことである。続いて「伝える」は，経営者の考えや事業の目的・計画を社員1人ひとりに伝え，理解してもらうことである。組織として仕事をするためには，メンバーが同じ目的に向かっていけるように，目的が伝えられ協働する意志が確保されなくてはならない。協働は，コミュニケーションを必要とする。最後に「実行する」は，決断したことを最後まで確実にやり遂げることである。それは，従業員に仕事への取り組みを促し成果をあげることである。

　上に引用したパッカードや古森の言葉は，企業経営には欠かすことのできない基本機能があることを示している。経済活動としての経営は，職能の遂行によって行われる。経営の基本機能は，伝統的には職能を中心に考えられてきた。古典的経営理論では，経営職能とは予測，組織，命令（実行），調整，統制であった。また，ドラッカーは，経営者の仕事として次の5つをあげている⁴⁾。第1は，目標を設定する。第2は，組織する。第3は，動機づけを行い，意思疎通を図る。第4に，業績を測定する。第5に，経営者自身を含めて人材を開発することである。このように，経営職能についておおむね共通した側面がとらえられている。

　経営職能をどのように遂行するかは，一方で行動主体である経営者や企業に依存するが，他方で経営職能に意味を与えるのは市場や社会との関係である。タテ糸の有効性はヨコ糸によって規定されている。企業にとって，ヨコ糸は事業に変化をもたらす源泉である。

　タテ糸・ヨコ糸で経営をとらえる考えが重要な意味を持つことは，企業組織の設計に現れている。製品市場別の事業次元と製造・販売・技術などの機

能次元を，格子状に組んで組織を管理運営するマトリックス組織である。

　企業経営には，目的とする事業（市場）次元と，製造，販売，技術，財務などの機能次元が基本的に重要である。そのため，職能（機能）別組織にしても製品別事業部制組織にしても，1つ基準のみで組織を部門化して市場へ対応するには限界があり，2つの次元を格子構造に管理する考えからマトリックス組織が生まれた。マトリックス組織は，企業経営が職能（機能）と事業（市場）の2つの次元への対応を課題としていることを表している。たとえ正式にマトリックス組織を作らなくとも，職能と市場への取り組みは，企業活動の基本的課題である。それゆえ企業規模が大きくなると，職能別組織は営業所が市場別地域別に組織されるように，生産・販売の職能内部を市場別に分化する。これに対し，事業部制組織は各事業部の内部を職能別に分化する。組織の発展は，市場と職能への活動分化をともなうのである。タテ糸・ヨコ糸は，2つの異なる次元を表すという点でマトリックス組織と同じであるが，本書では経営の職能と関係性を表している。

　なお外部条件が相対的に安定していた時代には，クローズド（閉鎖的）システムとして企業をとらえ，経営を機能別に説明する見方が理論的にも実践的にも支配的であった。組織は機能別に設計され運営された。ところが市場変化が大きくなると，組織をオープンシステムとして製品市場への動態的な対応を考えることが重要になった。そして戦略概念が経営理論に登場すると，戦略の下で各機能の遂行が説明されるようになった。特に事業部制組織はその特徴を明確にした。個々の事業部は，市場目的別に独自の事業戦略の下で運営される必要があった。こうして，経営職能は，第1に戦略・計画，第2に組織，第3に実行が重要な次元となった。

　他方，ヨコ糸は製品市場に限らずステークホルダー（利害関係者）との間に構築する関係である。このヨコ糸は，主として第1に社会との関係，第2に従業員との関係，第3に市場との関係，である。資本市場から調達される資本，労働市場から調達される労働力，原材料市場から購入する原材料は，企業活動に必須のインプット資源である。これらインプット資源と，アウトプットである製品・サービスの市場との関係性がヨコ糸の中心をなして

いる。

経営者の考えるタテ糸・ヨコ糸

　しかし，何が経営のタテ糸でありヨコ糸であるのか，実践的に必ずしも定まった考えがあるわけではない。この点について経営者の体験論は多くを語らない。経営の基本となる考えを太い筋とし，タテ糸とヨコ糸を明確には分けないことが多い。第1章で言及したホンダの「運営の基本方針」も松下幸之助の経営理念もそうである。多くの企業は理念や社是・社訓（商家の家訓を含む）として経営の基本となる考えを箇条書きにして表している。企業が基本方針や社是・社訓をタテ糸，ヨコ糸に別々に表示することはないが，本書は経営の課題を明らかにするためにタテ糸とヨコ糸の概念を使っている。それによって経営者が対応するべき要因が経営職能と関係性に分解され，経営の論理や原則が分かりやすくなる。一本の太い筋をどのような理念や基本方針として定めるかは，タテ糸・ヨコ糸が考えるヒントを与えるだろう。

　織物の場合，タテ糸は骨格となるピンと張った糸である。これに対しヨコ糸は，美しい文様を描き出し製品の独自性を表現する糸である。タテ糸がなければヨコ糸は模様を描けない。タテ糸が常にぴんと張っていなければ美しい織物は織れない。経営におけるタテ糸は，経営の骨格をなす機能である。これに対し，ヨコ糸は織物に模様を描く糸のように経営の個性をつくる。タテ糸だけでもヨコ糸だけでも織物が織れないと同様に，経営も一方だけで他方を欠くことはできない。インプットをアウトプットに変換するプロセスである経営は，タテ糸の経営職能とヨコ糸の関係性が織りなす総合されたものである。

　この点に関連して，松下幸之助は経営理念として「会社の使命」と「経営の創造」を強調してきた。「会社の使命」とは，社会に貢献する役割を明らかにするものである。簡単に言えば，社会が求める製品・サービスを生産し，人々の生活に資するものを供給することである。それは，企業としてその存在意義を具体化する機能の遂行である。続いて「経営の創造」とは，変化する社会・市場に対して企業は市場対応的に事業を創造することである。

たとえ毎日の業務活動であっても，厳密には日々新たである。したがって，そこには常に変化があり，適応が求められる。そう思うがゆえに，幸之助は毎日の仕事の遂行さえ単なる繰り返しとなることを嫌った。常に考え，気づき，成長していくことを求めた。社会および市場の変化に対応し社会に意義ある存在であり続けるためには，企業は常に日々新たに生成発展しなければならないのである。

イトーヨーカドー（旧ヨーカ堂）の創業者である伊藤雅俊は，松下幸之助の「使命」と「創造」を別な表現でとらえている。伊藤は，幸之助の考えを自社の事業に当てはめて，「基本の徹底」と「変化への対応」であると考えた。基本は職務をきちんと遂行することである。基本ができるから新たな状況にも対処できる。伊藤の考える「基本の徹底」は必ずしも職務活動だけでなく，消費者，従業員，取引先との関係をきちんとすることや，発注・仕入れをきちんと行うことをさしている。「基本の徹底」と「変化への対応」は，経営の基本思想として，セブン＆アイ・グループのコーポレート・スローガンになっている。

表4-1は，タテ糸・ヨコ糸を3つの職能と3つの関係性を2次元で表している。タテ糸とヨコ糸が交わる点に，経営が取り組むべき課題が見えてくる。この表に沿いながら，経営の課題について経営者がどのように取り組んできたのか具体的に見ていくことにしよう。

表4-1　経営の職能と関係性

関係性＼経営職能	社会との関係	従業員との関係	市場との関係
構想・戦略	正当性・使命 社会への貢献	理念・目的の共有	有効性の追求 顧客価値の創造 競争への対応
組織	価値創造の仕組み	協働システムの構築 効率性・生産性	市場との適合性の確保
実行	行動規範・倫理	動機づけ 組織能力の向上	顧客満足の実現

（出所）筆者作成。

2. 経営のタテ糸：基本職能

ファヨールの発見

　経営職能は，企業家によっても研究者によってもたびたび取り上げられて
きた。約100年前に，フランスの鉱山技師であり後に鉱山・製鋼会社の経営
者となったアンリ・ファヨール（1841-1925）は，経営とは，予測し，組織
化し，命令（実行）し，調整し，統制することであると説明している。ファ
ヨールは，経営者として，事業を再建し発展させるために合併買収を積極的
に進め先進的研究開発を推進した。彼は，経営における予測，組織編成，研
究開発の重要性を実践によって示してきた。
　実践でおなじみのプラン・ドゥー・シー（Plan-Do-See）やプラン・
ドゥー・チェック・アクション（PDCA）は，元をただせばファヨールの考
えに由来している。PDCAは，事業計画立案や目標管理を実施しているほ
とんどの組織で，程度の差はあっても明示的あるいは暗黙的に実践されてい
る。経営者が語る経営の原理原則も，多くはこの職能のあり方について述べ
ている。
　そこで本章では，タテ糸は経営課題を遂行する「構想・戦略」，「組織」，
「実行」の3つの職能次元から構成されるとみなし，それについて企業家が
どのように考え行動したか，その知恵を見ていこう。

構想・戦略

　職能の第1は「構想・戦略」で，構想は社会での役割や市場での事業活動
を思い描くデザインであり，広義には理念や戦略，計画が含まれる。加護野
忠男は，「構想としての戦略は，様々なレベルで示される。最も抽象的な構
想は「夢」である。……夢に近い抽象性を持つが，もう少し具体化された構
想が「ビジョン」と呼ばれる。さらに具体的なものは「目標」，さらに具体
的なものは「計画」と呼ばれる」と言う[5]。経営学者のミンツバーグは，戦

略には5つの意味があり，計画（plan），策略（ploy），パターン（pattern），市場地位（position），経営視野（perspective）を挙げている。そしてこれを戦略の5Pと呼んできた。われわれも戦略を広義にとらえておきたい。

　しかし狭義には，理念（ビジョン）は戦略に先行し，理念と戦略は概念的には異なる。理念は，どうありたいかの夢，願望であり，企業家の思いである。この思いは，構想の基礎である。そして構想は，行為に結びつける思いである。こうありたいと思う「ありたい姿」の実現に向けて，構想をさらに練り上げるのが戦略である。戦略は，市場との関係の中で事業の未来を描く基本設計図とも呼ばれる。基本設計図には夢や思い，構想，目的が深くかかわっている。デービッド・パッカードは，価値観，企業目標，計画，実行の要素の組み合わせがHP社の「HPウェイ」を形作っていると考えた。戦略や計画には，その前提に価値観や目的があるのである。

　第2章の事例では，新しい事業機会に気づき行動を起こす個人の思いが，目的となり構想となって，事業化の初期段階で決定的な役割を果たしていることが示された。第3章では，事業機会に気づくこと，そのアイデアを製品・サービスとして具体化し，顧客価値を提案することの重要性に言及した。

　エイチ・アイ・エスを設立した澤田秀雄は，自らの起業体験から，事業をおこすことについて「思う，動く，叶う」という言葉で簡潔に表現した。事業は思うことから始まる。思わなければ何事も叶わない。思うとは，ありたい事業の姿を考え，事業の目的，さらには事業を構想することである。それは企業家が何をめざしているか表している。本田宗一郎が世界一のオートバイメーカーになることをめざし，松下幸之助は自らの果たすべき使命を「水道哲学」として自覚し，事業に取り組んできた。そうした強い思いと目標が，企業家を動かしていく。

　さらに思うことについて，稲盛和夫は，「実現の射程内に呼び寄せられるのは自分の心が求めたものだけであり，まず思わなければ，かなうはずのこともかなわない」。つまり，求めたものだけが手に入るという人生の法則の下では，「心が呼ばないものが自分に近づいてくるはずはない」[6]。したがっ

て，「ことをなそうと思ったら，まずこうありたい，こうあるべきだと思う
こと。それも誰よりも強く，身が焦げるほどの熱意をもって，そうありたい
と願望することが何より大切になってきます」という。「ありたい姿」を思
い浮かべ，強い思いを持つことが企業家には必要で，それが行動に駆り立て
る原動力である。

　思うことは，強く思うことに加えて，行動し最後までやりとげる意志を必
要とする。起業には，アイデアに気づき課題を認識すること，顧客への価値
提案の重要性を指摘できるが，他方で事業成功の重要なカギは，その思いを
貫いてやり抜く力である。多くの企業家が，成功するまであきらめないこと
を指摘する。あきらめないということは，強い意志と信念があることを示し
ている。

　しかし，成功するまであきらめないとしても，タテ糸の経営職能を所与と
して静態的にとらえるだけでは，顧客に価値ある事業は生まれない。織物の
美しさが，ヨコ糸の描く文様によって決まるように，企業の価値はヨコ糸で
ある社会や従業員，市場への対応の仕方によって決まってくる。新しい戦略
は，社会はいかなる方向に進んでいるのか，顧客が求めるニーズは何か，と
いったヨコ糸との関係の中で生まれる。

2つのアプローチ

　では，企業家は戦略をどのように手に入れるのか。方法論的には，企業家
が事業を構想し戦略を決定するアプローチは大きく分けて2つある。1つに
は，目的にしたがって合理的，分析的な思考によって戦略を決定し行動を導
くことである。この方法のすぐれている点は，「ゴールを設定すれば，成功
するためにするべきことが明らかになる」からである。目的意識は，強けれ
ば強いほどモチベーションを高め，集中する力を生み出す。ゴールから発想
するアプローチで行動を合理的に導き出していく。

　技術者はこの分析的方法で技術的課題にアプローチすることが多い。解決
すべき技術的課題あるいは開発目標をまず設定するのである。この方法は，
目的と手段の関係が相対的に明確で構造がはっきりしているときに有効性が

高い。このアプローチでは，戦略や目的を明確にすることができれば，それに必要な方法や手段は後からでも具体化できると考える。目的・計画を所与としてプッシュ型の行動が強く見られる。

しかし合理的アプローチにはリスクもある。「スタートアップが直面する問題に答えが明らかなものなどほとんどない」と言われている。よくできたものでも，「戦略は仮説に基づいている」ということが忘れられてしまうのである。実際，研究開発では，成功確率は1％とも千に3つとも言う。人間の能力は完全ではない。そのため，現実の市場ニーズや市場競争へ対応する際に，主観的に決めた目標や計画に無理やり現実を押し込めることがある。

この方法は1つのミスも致命的となる汎用コンピュータや人工衛星などの開発課題を論理的に追究しすべてのステップの完全性を求める大型プロジェクトにおいて使われてきたが，多くの時間がかかり今日の消費財やネットサービスなどの事業スピードには不向きとなっている。

目的の妥当性だけでなく，不確実性の中で目的に到達する手段・方法を完全に論理的に演繹的に導くことも不可能である。事業の細部を具体化することは，複雑なツリー状の目的—手段の連鎖の下位手段を次々と選択していくことである。むしろ，顧客との迅速なやりとりや，問題をフィードバックして開発プランを精緻化していくことが重要である。

それゆえ不確実性の高い市場の未来について，決定した戦略にしたがって合理主義的思考によって行動することは，有効でもあり有効でもない。素材メーカーと消費財メーカーでも，大企業と中小企業でも，戦略や開発目標のあり方は相当の違いがあるだろう。そのため，型にはまった戦略であれば不確実性を切り開く力にはなりにくい。事業化の初期段階では，所与の条件の下で戦略およびその実行計画を正確に描くことよりも，事業として何をどのように実行していくか，方法の柔軟性が重要になる。

もう1つのアプローチは，一連の行為の過程で戦略が選択される場合である。このアプローチは，戦略は一連の行為の過程で次第に形が見えてくる創発的なものであると考える。目的にはあいまい性があり，目的から手段や方法を完全に論理的に導くことはできない。試行錯誤の中で方法が発見され形

成・選択される。この方法でアイデアや戦略を手に入れるには，まず問題意識をもって行動を起こすことである。課題を解決する方法は，挑戦と思考を繰り返すことで発見される。行動が気づきを生み，新しいアイデアや戦略を生む。このアプローチは，合理的手法と違って，行動が先にある帰納的なプロセスである。

　第3章で説明したリーンスタートアップの手法も，事業化初期における試行錯誤的な行動を重視している。もっとも，やってみることが重要だからといって，ただ行動すればよいアイデアが生まれ解決策が見つかるというものではない。顧客がかかえる課題は何か，仮説を立て，検証し，フィードバックされる情報を取り込んで次第に精緻な仮説にしていくことが求められる。セブン-イレブンの経営は仮説・検証型であるといわれているが，それはプッシュ型の演繹的な手法ではなく，仮説発見的な論理的な行動である。

　例えば，セブン-イレブンのマーケティング戦略として集中出店政策が注目されてきた。集中出店政策は，小売業が多店舗展開するときに特定の地域に集中して出店し，店舗運営の効率化を図る戦略のことである。セブン-イレブンにとってこの集中出店政策は，創業時に理論的思考から演繹的に考え出された戦略ではなかった。セブン-イレブンの親会社であったイトーヨーカ堂は，米国のサウスランド社からコンビニエンス・ストア・システムをライセンス導入するが，そのビジネスモデルやそれを説明するマニュアルは日本の実情には全くあっていなかったという。新しいビジネスモデルを輸入しても，当時の大手スーパーにも商店街や公設市場にある小売店にも，対抗することは容易でなかった。しかも当初は，小規模なコンビニ店舗が必要とする小ロット取引も小分け配送も取引先にしてもらうことができなかった。

　標準的なコンビニ店舗は，広さ300m^2，扱う商品数3000品目である。在庫スペースが極めて小さく，仕入れロットサイズが小さい。大手スーパーに比べると取引コストも品揃えも圧倒的に不利である。こうした状況で，仕入れ量を大きくして仕入れコストを下げ，商品の回転率を上げる，配送効率を高めるために，セブン-イレブンは集中出店することを考えた。特定の地域に店舗が集中すると，ドライバーが1日に配送に回る店舗数が多くなり，配

送経路，配送時間が短くなる。すると，配送トラックの稼働率が上がり輸送効率が良くなる。そして何よりも，特定地域に密着することで消費者の認知度が上がり信頼度が向上する。この取り組みは，現場に通いつめ現場に密着して観察する中でアイデアが生まれ，実現した戦略であった。

　第2章で取り上げた多くの起業事例は，創業者個人の気づきや思いから事業が始まっている。ほとんどの創業者が，わずかな経営資源しか持たない場合，そのスタートアップ行動は綿密に戦略計画的であるよりはむしろ創発的である。一般に，企業は社会や市場の変化に対応しなければならないことが強調されるが，不確実な時代に市場ニーズを予測し計画的に経営する合理的手法に頼るだけでは限界がある。むしろ，行動すること，夢や目標に導かれて行動することが，新しい戦略に気づかせることが多い。その際，アイデアや戦略がいかに顧客の課題に応え，顧客にとっての価値を提案できているかを追求することがポイントである。

　演繹的な方法に頼り過ぎず，かといって「とにかくやってみる」だけで終わらないようにする。そのためには，アイデア，製品モデルを仮説として，テスト，フィートバック，学習・修正をスピーディにくりかえすことが，特に事業化初期においては重要であることが強調されるのである。

仕組みづくり

　続いて，第2の経営職能は，構想・戦略によって企画されたものを実行する組織体制，仕組みづくりである。それは目的とする事業価値を実現する仕組みを作ることである。この次元をここでは組織と呼ぶことにする。

　まず関連する概念を次のように定義しておこう。組織とは，人々が特定の目的に向かって協働する組織体のことである。それは仕事や構成員，様々な経営資源から構成され活動する実体的存在である。それには組織の部門構造，システムや制度，人間関係および組織文化が含まれる。次に，仕組みは事業を行っていく上での制度的枠組みである。雇用制度，会計制度，人材育成制度などがある。これに対し事業システムとは，「顧客を終着点としてそこに実際に製品あるいはサービスを届けるまでに企業が行う仕事の仕組み」

のことである。生産管理，物流，販売，情報処理，調達などが含まれる。仕組みと事業システムは同義的である。

　回転寿司，コインパーキング，千円カット，古書販売，百円ショップなど生活に身近なビジネスにおいて，仕組み革新が新たな価値創造を行い企業成長があった。大企業ともなると，経営管理機構，生産，販売，技術開発，情報，会計，物流などの各システムがそれぞれ特有の機能を果たすために整備される。その中で例えば，ユニクロやセブン-イレブン，ヤマト運輸は事業システムの革新によって成長してきた。ヤクルトは他社にはない販売システムを海外でも構築し，経営国際化を進めている。

　トヨタ自動車は，ムリ，ムダ，ムラをなくす取り組みとして独自の生産システムを構築することによって，他社にはない高い生産性をあげている。コマツは，世界中に建設機械を販売し，その製品に GPS（全地球測位システム）機能のほかにも，稼働時間，稼働状況，部品の摩耗度，メンテナンス必要性などのデータを収集する装置を装備し，需要予測や顧客へのきめ細かなアフターサービスと販売促進に結びつけてきた。

　京セラのアメーバ経営は，常にキャッシュベースで活動状況を把握することによって，財務的観点から経営の実態の見える化が行われ，健全な経営判断が行われるように会計システムを工夫してきた。仕組みの中でも，正確な会計情報の把握とコントロールは経営にとって一般に意識される以上に大事なことである。京セラでは，「売上最大，経費最小」の原則に基づいて，売上を増やすために優れた品質・機能の製品開発を絶えず行い，顧客価値の増大を図ってきた。また，生産性を上げるために常に効率化を追求し工程改善を進めてきた。

　仕組みは戦略を実現するために，開発・生産・販売機能を効率的に各部門が連携して行うことを必要とする。仕組み革新は，ビジネスプロセスを革新するものとなり多くの企業に優れた競争力をもたらしてきた。仕組み革新のパワーは，アマゾンの圧倒的存在感が示している。同社は，オンライン書店からスタートしたが，今やネット通販で小売業に君臨しつつある。

仕組みとしてのマニュアル

　仕組みに関して，良品計画の松井は「仕組みが9割」といってその重要性を強調している。良品計画にとって，「決まったことを，決まったとおり，キチンとやる」，それが仕組みである。その仕組みが重要であるのは，同社ではその具体的内容を社員自らが考え出し機能するマニュアルに作り上げていったことである。マニュアルは，それまでの個人の勘や経験に基づく知恵をデータとして蓄積し，情報を共有するようにしたものである。こうして，店舗での様々な経験的知恵をマニュアルにまとめ仕組みとすることで，生産性を上げることができた。これに類似する知恵は，製造業では作業効率，生産性，品質改善，在庫管理，不良品率低下などの取り組みにおいて数多く報告されている。それらは，改善改良の方法を仕組み化することによって効率化を達成している。

　良品計画の仕組みは広く解釈されている。「仕組みが9割」というのは，組織の制度・システムの上で展開されるルーティン化された活動の割合をさしている。ルーティン化された活動を支える仕組みに基づいて「きまったとおりに」基本をきちんとやることが9割，残りの1割がルーティン化されない活動である。それは，基本を効率よく実行する仕組みづくりの大切さを示している。仕組みを変えれば，仕事の仕方が変わり，それにつれて行動が変わる。新しい行動が習慣となれば，それは意識も変えていくだろう。

　しかし，マニュアルの評価については別な見方もある。多くのアルバイト・パート社員に店舗運営を依存するコンビニでは，パート・アルバイトや従業員の教育のための教育マニュアル・ビデオが欲しいという声が店舗オーナーから出る。それに対しセブン-イレブンの鈴木敏文は，「そのようなものはまったく不要，私はむしろ有害とすら考えています」という[7]。マネジメントは一律ではなく，各店舗によって内容が違うからだと考える。従業員には，一歩踏み込んで，マニュアルにしたがうよりも主体的な取り組みを求めているのである。

　小売業の重要なシステムとしてPOS（販売時点情報管理）による単品管理の情報システムがある。単品管理は，個々の商品の販売情報を集中管理

し，販売に役立てるシステムである。オンラインの販売・仕入れ情報システムがあれば，オンラインで売れ筋商品を見分けることができるようになり仕入れや在庫管理を効率的にすることができる。単品管理はそうした情報システムの典型であった。

　しかし，そのシステムをどのように運用するか。基準在庫を下回ったら自動的に発注するシステムを取り入れた良品計画と違って，セブン−イレブンは自動発注システムは現場の判断力を失うと考えてきた。弁当や飲み物，食品などを扱うコンビニの各店舗は，立地条件やその日の条件によって発注を柔軟にすることが売り上げに大きく影響する。地方のロードサイドの店舗と，駅前のにぎやかな通りの店舗が，同じ顧客層で同じニーズに向き合っているわけはなく，発注すべき量を一律機械任せにはできないと考えた。したがって，現場が基本的な方針を理解した上で，個別に仮説を立てて判断することを強く求めた。

　この点は，相対的に耐久性のある家具，衣類，雑貨を販売する良品計画と，弁当・飲み物などの毎日補充される数量がそれぞれの地域の天候やイベントなどに左右される食品を多く扱うコンビニとの違いがある。たしかに仕組みは行動のベースとなる。しかし，ビジネス最前線の現場の運用には，現場の臨機応変な判断が有効性を高めるのである。

　ここにはマニュアルについての本質的な議論がある。しかし今後は，情報技術の発達も大いに考慮していく必要があるであろう。車の自動運転ができる時代である。人口知能（AI）を活用した商品発注システムが，2020 年からセブン−イレブンの店舗運営にも導入される計画がある。

仕組みが行動を支える

　仕組みが必要であるのは，システムやマニュアルによる個別課題へのルーティン化された対応だけではない。藤沢武夫は，本田宗一郎がいなくなったとき，ホンダという会社がこれまで以上に発展するためには，未来の本田宗一郎を次々と生み出していける組織の仕組みが大事だと考えた。それゆえ藤沢は，仕組みづくりに特別意を注いできた。「現在，企業に利益があるとか

ないとかよりも，その仕組みができたこと，そして全体のレベルを上げるべきだという社長の考え方がその中に織り込まれてあること，これが何よりも大切だ」と言う[8]。その仕組みができてこそ，企業の持続的発展が確かなものになると考えたのである。

　したがって広義には，仕組みとして考えられるものは，第1に，組織機構・システムとして仕組みを構造的に制度化すること，第2に，マニュアルやプロセス，規則・手続きとして行動を制度化すること，第3に，企業の組織文化として制度化することがある。組織文化は，見えない仕組みであり行動の取り決めである。「自主的に行動する」「挑戦する気持ちを育てる」のような理念は，目的と手段の関係がよく見えないから，取り組みを仕組みによって明確にし行動を具体化しなければ，組織文化として共有し継続することが難しくなる。

　本田宗一郎が去った後，ホンダ精神が発揮され続けるためには，挑戦する文化や強烈な探求心を持つ新たな本田宗一郎が必要である。そうした人材を育てるために藤沢は，技術研究所の分離独立や専門職制度を作り，挑戦する組織文化を支える制度を整備した。企業家精神にあふれた夢や革新的行動を生み続ける文化を，恒常的な仕組みとすることが藤沢の狙いであった。

　仕組みは，行動を誘導する枠組みである。仕組みには理念・目的と実行を結びつける機能がある。そして課題にどのように取り組むか行動を規定する。また，仕組みにはやる気や能力を引き出す機能があり，コミュニケーションの機能がある。

　アメーバ経営を考えた稲盛にとって，「組織づくりが経営の根幹をなす」ほどに重要なことであった。アメーバ組織を作ることによって，第1に，各々の組織単位がいかなる役割・機能を果たすのか明確になる。その結果，1人ひとりが仕事への責任感と使命感を強く持つことにつながる。第2に，活動の収支が見えるようになる。第3に，問題点がどこにあるかがわかり，対策を打つことができる。第4に，各人，各組織単位が努力すれば事業を伸ばすことにつながる。第5に，リーダーにアメーバを任せることによって，人材育成につながる。第6に，アメーバのメンバーの参加意識を高め，動機

づけにつながる。第7に，市場への対応が早くなり，柔軟になる。第8に，トップが会社全体の動きをはっきりととらえることができるようになる。こうして，「組織とは，企業の中の採算を見るためのもの」でもあり，分業体制や権限関係を超える性質を持つとみなされている。

　しかし一般に，組織の仕組みは，形式化が強まり，時間の経過とともに不具合が生ずることがある。仕組みが意図せざる結果を生むからである。規模が大きくなれば，それまでの管理機構，コミュニケーション，意思決定手続きがうまく機能しなくなる。仕組みは固定化され，行動が形式化される。大規模な組織では，マニュアルや規則・手続きの過度な重視による意思決定の形式化が進み，コミュニケーションの停滞が起こる。停滞した組織文化は，現場のやる気を妨げる。不適切な問題ある行動の多くは，仕組みが形式化を強めることによって，本来の意図する方向に作用しなくなることによって起こっている。

理念・戦略を実行に結びつける

　第3の経営職能は実行である。実行は，理念や戦略を実現するための組織機構・仕組みに基づいて，生産加工を行い，製品・サービスを顧客に届け，事業としての結果を出すことである。ところが往々にして，戦略と実行，理念と実行はうまく統合されない。理念と実行の間の空間的・時間的距離，指示する者と実行する者の組織階層の距離があるからである。

　そのため，経営者の言葉には，いかに実行が大事であるかを強調するものが多い。次のような言葉が見られる。「私は，思考のたいせつさを否定するものではない。しかし行動となって現れないような思考は，ビジネスにとって無用であり，時には有害でさえあると思う。……思考と行動は，むしろ，両者が相互作用を積み重ねながら成熟してゆくとみるべきではないか」[9]。その結びつきを考えれば，「いったん計画したものは万難を排して完成させよ」ということになる。こうして，思考と一体となった行動を土光敏夫は強調する。

　ファーストリテイリング（ユニクロ）の柳井正も「経営は実行である」と

考える。「考えているだけ，思っているだけ，あるいは知識として知っているだけでは成果はあがりません。考えていること，思っていること，あるいは知識として学んだことがあるならば，それを実行してはじめて，成果はあがるのです」[10]。「意思決定は行動に移さなければ，成果になりようがない」のである。したがって，計画したこと，約束したことをやり遂げて成果を出すこと，その成果をあげるために最後までやり抜く姿勢を持つことが，経営者の責任として強調されてきた。

　業績悪化に直面した良品計画の改革をリードした松井忠三は，PDCA（計画・実行・評価・改善行動）をしっかり回すことを重視した。理念が現場でうまく実行されないことに気づき，実行の重要性を理解した。「無印」の反体制的思想をかかげた会社で，理念や感性が優先され過ぎて，頭でっかちになっているのではないかと考えた。そのため，組織改革をするにあたっては，実行に力点をおいてきた。

　実行は様々な外部条件とともに，目的にかなった実行手段の選択，働く人の仕事への動機づけ，人間関係，経営者のリーダーシップなどに影響される。実行は，多くの要因の有機的なつながりの中の総合的行為である。では，実行の動機づけはどのように行われているのか。

行動の動機づけには制約がある

　実行のための動機づけは，従業員に事業の目的や意義を伝え，共有して，その目的達成に向けて働いてもらうことである。それは人々のやる気を引き出し組織活動に一体化させるリーダーシップである。動機づけが求める一体化は，個人の目的と組織の目的の融合を図り，さらに個々の活動の統合を図ることである。

　しかし，やる気を出せ，目的を持って行動しろと言うだけでは自発的な行動は引き出せない。従業員に一方的に指示をしてハードワークを求めるだけでは動機づけにはならず，リーダーシップは機能しない。リーダーがメッセージを発することと従業員の実行の間には，コミュニケーション的にも組織階層的にも溝がある。

　日本電産の永守重隆は，組織には3種類の人がいるという。自ら問題を考え取り組んでいける「自燃力のある人」，人が行動するのを見て動き出す「他燃力の人」，まったく燃えない「不燃力の人」である。そうした中で，組織はいかに社員に仕事をしてもらうか工夫をする。「企業の力の差は，社員の意識の差」「意識の差は100倍まで広がる」と永守は考える[11]。そこには企業規模では表せない差が生ずる。したがって社員の大半がベクトルを合わせ，行動・意識をまとめることができなければ，組織として大きな力にはならない。

　個人と組織の関係の中で，どのように動機づけを図るにしても，コミュニケーションの観点からは，次のような制約がある。

　第1に，仕事は経営者が誰か他の人にしてもらうことである。人にしてもらうためには，言葉の内容が十分正確に伝わりその意義や目的に賛同して受け入れてくれなければならない。コミュニケーションには，相手がメッセージを受け取り，内容を受け入れることが不可欠である。コミュニケーションの基盤は信頼関係である。

　第2に，人は言葉として聞いた内容を発信者の意図に沿って100％理解し実行することはない。言葉は多義的であいまい性がある。人は個々に違った文脈で言葉を受け止める可能性が高い。情報の受け手にはそれぞれの思考のフィルターがあり，そのフィルターを通して内容を理解する。伝言ゲームのように，情報は無意識のうちに加工され，別物になることがある。抽象的な内容の情報伝達になるほどに，異なる解釈が入り込む余地が大きい。その意味で，一般的すぎる情報はあいまいさを招き，具体的な動機づけの力にはなりにくい。高度な目標には，具体的な中間目標が必要とされるのはそのためである。

　第3に，いざ行動を起こそうにも，そのための条件が整備されていなければ行動は実を結ばない。多くのビジネスマンが感ずるように，挑戦する気持ちを持ちながら，毎日の業務活動に追われて時間がない，予算がない，権限がないなどがたちまちに制約となる。同じ組織で長く働くと，そうした経験が積みあがって人は次第に現実的になっていく。

　そのため，経営者は「目標共有は，本当にメンバーが分かるまでしつこく繰り返し伝えないと成り立ちません」と考える。理念や熱い思いを経営者は繰り返し伝え，そのメッセージの内容ができるだけ意図したとおりに組織の末端のメンバーにまで行き届き実行されるように努力する。セコムの創業者の飯田亮は，次のように言う。「毎日何十回と言い続けないと，ビジョンは浸透しない。……経営者は大変だよ。書いたもので浸透させようとか，そんな不精なことでは絶対無理。目と目を合わせて言うしかない。俺はこれまで百万回しゃべってきた。誇張じゃない。本当に百万回だ」[12]。

　このように，理念を共有することの難しさ，人を説得しコミュニケーションすることの難しさを経営者は語っている。何回繰り返してもコミュニケーションが十分ではないとは，言い換えれば，経営者が熱く誠意をもって絶えず語り続けることが必要であることを示している。

　そして何よりも，企業家自身の行動の原動力が強い目的や使命感にあったように，従業員にとってもそうした動機づけが行動の原動力となるであろう。そのためには，「何のためにこの仕事をするのか」という仕事の意義を理解し共感できるようにすることが不可欠である。それは，社会への貢献であれ従業員の幸せであれ，コミット（関与）するにふさわしいと受け止められるものでなければならない。目的がメンバーに納得のいくものでなければ，目的の共有にもコミュニケーションにも齟齬をきたすようになる。それは信頼関係があることによって説得できるものである。そのときはじめて，「小さな仕事もそれがひとつの経営なり」と考えて行動することを期待できるようになる。説得は，本田宗一郎の背中を見て，「その姿を従業員は尊敬の眼で見ていたし，喜んで指導に従った」ように，ときには，言葉による説得だけでなく姿勢で示す無言のメッセージによることもある。

　われわれは，言葉では理念・目的の共有と簡単に言ってしまうが，共有は，経営者自身が信ずる理念・目的と，それを伝えるコミュニケーションの努力があってようやく実現する。コミュニケーションは，その土台となる信頼関係の重要性と，仕事の意義を伝えることの必要性を示している。有効な動機づけをするためには，この点の努力を欠かすことができない。

事例が語る動機づけの方法

　では，従業員が仕事をやり抜くようになるには，どのような方法で動機づけを行い，仕事環境や仕組みを作っているのか。この点について，実践は何を教えているだろうか。なお，動機づけという言葉は，motivation（モチベーション）の訳語として使われるが，本書では，仕事のやる気を引き出すように他者が働きかけることを動機づけとし，本人自身がやる気や仕事意欲を持つことをモチベーションと表現することにする。

　中小企業でありながら，百万分の一グラムという世界一小さな超精密プラスチック歯車を作る樹研工業の松浦元男は，次のように言う。「私が一番大事だと思うのは，チャンスをつくってあげるということなんです。……チャンスが来て，そのチャンスにはまった人間には，その仕事をやることが，世の中のどんなにためになるのか，あるいは自分の周囲の人たちの幸せにどれだけ役に立つのかということを，時間をかけて話します。そうすると彼らの心の中に動機付けができるわけです。そして同じ思いを膨らますようなコミュニケーションをする」[13]。樹研工業は，従業員約百人の中小企業である。百万分の一グラムの歯車を創る金型を開発したのは，見かけはツッパリ風だったという30代の社員である。こうして松浦は，仕事の意義を説き，チャンスを与えて「社員の自主性に任せることがモチベーションを高め，仕事に成果をもたらす」と考える。

　これに対し良品計画の松井忠三は，動機づけの工夫として，次の2点を重視する。1つはやりがいを与えることである。もう1つはコミュニケーションを挙げている。やりがいを与えることは簡単にはいかないが，チャレンジすることによって仕事の意義や仕事の達成感，価値を感じてもらうことである。そしてコミュニケーションは，情報伝達経路をシンプルにし，フィードバックすることによって強化される。信頼関係に基づいたコミュニケーションが行われ，チャンスが与えられることで動機づけが強められる。

　松下幸之助は，人材の育て方と実行に関して，実に多くの言葉を残してきた。その心は信頼し任せることであった。任せられれば人はモチベーションを高め，わがこととして取り組む姿勢を強める。人を信頼し任せることが衆

知の経営の核心をなしている。

　これらの例が示すのは，やる気を引き出す目的があり，チャンスを与えられると，人はモチベーションを高めるということである。チャンスを与えるとは，信頼し任せることである。任せることで自発的な行動を促し，達成欲求を刺激する。また，仕事の楽しさや面白さは，モチベーションを高める。目的を共有してわがこととして取り組むためには，従業員と経営者・会社との間の信頼関係が構築されることが前提となる。信頼関係は，従業員が大切にされているという意識を持つことによって強められる。

　反対に，前提となる組織目的の共有や考え方の共有が不十分なために信頼関係が弱まれば，モチベーションは低下しやすい。実行段階の失敗には，信頼関係の不足に基づいた個人の責任意識の不足，あるいはやる気の低下があることは，多くの組織に共通して見られる現象である。

理念　意義を浸透させる

　以上のように，タテ糸の実行には，動機づけやリーダーシップ，コミュニケーションが深くかかわっている。それには，やりがいのある目的や信頼関係の構築が欠かせない。リーダーシップや動機づけについては，様々な理論研究が行われ多くの知見が得られている。それらは特定の条件下でどのような関係が成立するのか相当細かく実証している。しかし，どんな状況においても妥当する動機づけやリーダーシップ行動を説明するのは容易ではない。

　土光敏夫は，「リーダーシップは上に向かって発揮せよ」と言ってきたが，アート引越センター創業者の寺田千代乃は，「上（経営者・上司）は見ないで，下（部下）をしっかり見なさい」と言って，部下をケアする，支援をすることが人を育てるリーダーシップのポイントであると考えた。これらの言葉は，リーダーシップの目的や対象によって，あるいは文脈によって意味合いが決まることを示している。

　理念を現場の人たちに浸透させるために何が求められてきたか，これまでの議論から明らかになる点は，第1に，働くことの意義や目的をメッセージとして訴え共感を得ることである。リーダーの理念や熱い思いが従業員に伝

えられ，行動を促す。伝えることはコミュニケーションをすることであり，コミュニケーションは信頼関係を築くことである。信頼関係はコミュニケーションの最も基本的な条件である。第2に，信頼関係をベースに，チャンスを与え仕事を任せることである。やりがいのある仕事への挑戦する機会を与え，モチベーションを高めるようにする。そのために第3に，仕事の物的環境である実行の仕組みを作り，実行を支援することである。仕組みは，理念と実行を結合するものである。第4に，仕組みはメンバーが前向きに継続的に仕事に取り組むように支援し，行動を習慣化することである。仕組みが行動を支えている。

　理念の浸透について，スーパーホテル創業者の山本梁介は，「聴く，考える，実行する」ことが不可欠だとして，それを組織行動として習慣化することをめざしてきた[14]。サービス業としてのホテル運営には，トラブルが起こるたびに本社に指示を求める時間的余裕はない。現場で社員が自ら判断し行動していくことが接客上欠かせない。それには，行動の価値基準となる経営理念が現場の人たちに浸透していなければならないと考えた山本は，経営理念が社員に浸透する工夫をしその仕組みを作った。

　その仕組みとは，スーパーホテルでは毎朝朝礼を行い，店舗では「Faith」（同社の経営理念）を唱和する。「Faith」を1日1頁読み，当番はそれに関連した発表をする。それに対し支配人・副支配人が意見を述べ対話を行う。その結果，第1に，社員が話を聞くようになる，第2に，社員がよく考えるようになる，第3に，社員が考えたことを実行するようになる効果があるという。こうして同社は，理念を浸透させ共有するための仕組みを作り，実行することによって，仕事の意義を実感し仕事から達成感を得ることができるようにした。

戦略と実行の関係

　これまでタテ糸の経営職能について検討してきた。では次に，3つの経営職能の相互の関係はどのように理解されてきたであろうか。まず理念・戦略と，実行のどちらが企業経営にとって大事であるかについて，経営者の間に

は異なる考えがある。

　事業の根底にある理念や，それに沿った目的及び戦略がなければ事業は方向性を失う。すぐれた理念は信仰にも似て，人を動かす大きな力となる。松下幸之助は理念の重要性を強調し，経営理念を得ることは「百人力」であるという。したがって，理念は経営の基礎であり人を動かす原動力であると考える。

　他方で，こうした理念よりも実行が重要であるという意見もある。たとえば，IBMは1990年代前半に業績が悪化し，1993年は81億ドルの赤字となった。また全世界で約20万人の人員削減を余儀なくされた。こうした苦境におかれたIBMの再建に貢献したルイス・ガースナーは，次のように言う。どの業界も経済モデル，顧客が表明する期待，競争構造によって枠組みが決まっており，これらの要因は周知のことだし，短期間に変えることはできない。したがって独自の戦略を開発することは極めて難しい。「実行こそが，成功に導く戦略のなかで決定的な部分なのだ。やりとげること，正しくやりとげること，競争相手よりもうまくやりとげることが，将来の新しいビジョンを夢想するよりも，はるかに重要である」[15]。こうして，ガースナーはビジョンを封印し，実行を強調する。

　ガースナーの言葉は，理念の重要性を指摘した松下幸之助の見方と正反対のように見える。しかし実のところ両者の意見は対立しているのではなく，互いに補完している。ガースナーは，実行をともなわないビジョンは要らないというのであって，ビジョンや戦略に価値がないと言っているのではない。実行がともなわないビジョンや戦略だけ考えても，組織や事業は変えられず，業績には結びつかないことを言おうとしている。

　ガースナーはしっかりした経営方針を所与として実行が重要であると考え，松下幸之助は事業を発展させるには実行の基礎となる理念が重要であると指摘している。前述の良品計画では，無印の思想をかかげ理念優先できた会社の業績立て直しのために，実行に力を入れてきた。これらの例は考えているポイントの違いはあるが，矛盾しているのではない。経営の異なる側面をとらえているのである。幸之助は長期的な視野の中で基本理念の重要性を

考え，ガースナーは眼前の経営再建において実行の重要性を強調したのである。

　このように経験的な経営原則について経営者の言葉がしばしば異なって見えるのは，その多くは，1つの環になっている経営プロセスのどこか特定の側面について言及しているからである。そして当然ではあるが，タテ糸の構想・理念と組織あるいは実行を互いに切り離し，その1つにとどまるのであれば事業のプロセスは完結しない。それは，組織階層的にみれば，トップの考えが実行の現場に届かないことである。あるいは，現場の実情にあわない戦略をトップが決めてしまうことを示している。経営者が，戦略と実行がつながっていると思い込むのはいくらでもできるが，実質的に首尾一貫していることが現実には問われる。

　表4-1は，個々の職能の遂行を考える以上に，全体の統合と一貫性を確保することが重要であることを示唆している。一貫性は，組織の活動が市場との関係において動態的適合性を保ちながら，理念，構想・戦略，計画，組織・仕組み，実行行動の間にシステムとして整合性があることである。経営は，全体的視点を持ちながら個々の業務を遂行するプロセスにほかならない。

　その意味で，実行を強調して「いったん計画したものは万難を排して完成せよ」といった土光敏夫の言葉を，実行優先といってしまえば誤解になるだろう。土光敏夫はその前に次のように言っている。「経営に活気をみなぎらせるために幹部がなさなければならないことは，ビジョンを明示し，目標を高く掲げることである」。実行が重要であるには違いないが，ビジョン・目標をかかげることと実行は不可分で，結合されてこそ意味がある。そして適切な仕組みと社員のやる気が理念の実現を可能にする。

　多くの企業で実践されているPDCAは，最後まで一貫して遂行されて有効な経営手法となる。しかしPDCAのサイクルは，形式的には実行されても，多様な要因が複雑に絡む実践では，そのプロセスに多くのすき間が生まれやすい。階層により部門により職場集団によって，独特の見方，組織文化があり実行に影響する。生産・販売機能にも，構想・戦略，組織，実行との

間にも同じことが当てはまる。

現場主義でいくべきか

　一連のプロセスである経営の重点のおきどころについて，経営者には2つの典型的な姿勢を見ることができる。1つは現場主義で，「現場こそ真実である」「現場こそ主たる情報源である」と考える姿勢である。もう1つは，現場から離れたところで全体の戦略を描きトップダウンの戦略優先の経営を行う姿勢である。戦略を欠いた経営は現状の目先主義に走り，定型的な活動に制約されやすい。反対に，実行をともなわない戦略は，適切な実行の仕組みを欠くか，現場の現実を軽視している。

　経営を適切に行うためには，「現場，現物，現実」の重視が多くの日本企業で強調されてきた。ホンダではこれを三現主義と言い，経営の基本方針とした。現実は，営業，生産，開発，購買，物流などの機能を遂行する現場に姿を現す。さらに現場は，製品・サービスの現物の動きとなって現れる。現場・現実と徹底的に向き合うと，「対象が話しかけてくる」ことによってヒントを手にすることがある。

　とりわけ現場には，大きく2つの重要な現場がある。1つは販売活動の現場，販売された製品がユーザーに届けられ使用される現場がある。製造企業にあってはもう1つ生産の現場がある。販売と生産の2つの現場認識にズレが生ずることも，市場と企業との間にズレが起こることもある。同じ現場重視の姿勢ではあっても，いやそれゆえにであるが，1つの現実が，異なる現場の視点に立つ個人の間であるいは部門組織の間で，違ったものと認識されるのはよくあることである。

　さらに経験・認識の違いが経営判断に持ち込まれ，トップ自身が経験してきた狭い範囲の職能に関心を持ちすぎることがある。現場主義は往々にして自身の経験や目の前の現象にとらわれやすい。現場主義であっても目先の常識にとらわれないで広い視野で現場を見る，柔軟に現実を見ることが経営者には必要になる。そのため，三現主義を唱えながらも，役員大部屋制を導入した意図について，ホンダの藤沢武夫は次のように言う。

「重役は何もしなくていい。……何もないゼロのなかからどうあるべきか
という問題を探すのが重役の役目で，日常業務を片付けるのは部長以下の仕
事だ。……だから役員は全部こっちへ来て，何もないところからどうあるべ
きかを探してほしい」[16]。こうして，現場主義を唱えながらも，自らの実務
経験にこだわらず現場を離れた広い視野，全体的な視野を持った経営判断の
重要性を強調した。

　現場指向と戦略指向は，相反するものと見られがちである。しかし優れた
経営者は，現場に精通しながらも大きな構想を描く能力をもっている。現場
に深くコミットするからこそ新しいアイデアが生まれ大きな夢が描ける。優
れた経営者にとって，経営の基本となる理念は，それを実現する仕組みと整
合するものであるし，戦略は現場の業務遂行とも整合する。経営者の考える
戦略と組織の現場での実行が整合し，一貫性がある。優れた経営者は，戦略
家であり現場をよく知る人である。個々の木を見ると同時に，全体の森を見
る人である。現場主義の本質は，現実世界から離れないことであるが，現場
に目線をおきながらその背後にある社会の大きな動向や物事の法則性を見通
す姿勢を保持することである。

　第1章で見てきたように，大きな夢を描いてきた本田宗一郎は，常に製品
開発の現場に立ち現場を忘れない人であった。現場の細部に徹底してこだわ
ることで，その奥にある普遍的なものをつかむことに努めていた。松下幸之
助の生成発展の経営も，常に商人として消費者に目線をおき，現実・現場を
とらえる姿勢が強く現れている。「日に三転」は，現場重視の姿勢を表わし
ている。経営者には，現場にこそ真実があること，そして同時に大局的に全
体を把握し組織をリードする姿勢を持つことが求められている。

　これまで検討したタテ糸の職能は，伝統的に組織階層間，部門間に大きく
割り当てられ担われてきた。そのことが職能階層間であるいは部門間で思考
と行動の固定化を生み，ズレが生まれる原因を半ば必然的に作ってきた。階
層組織は複雑な仕事を効率的に遂行するために作られてきたが，一方で大き
な制約となる。効率化のために安定化，標準化を求めるタテ糸の活動は，次
第に固定的な考えとなっていくからである。

　しかしタテ糸は，決められた仕事の機械的な遂行ではない。藤沢武夫は，「（ホンダの）タテ糸を性格付けたのは本田のヒューマニズムであり，私のロマンチシズムだった」と語っている。タテ糸は，変化するヨコ糸によって規定されるばかりでなく，広く構想を含み経営者の思いや経営哲学が表出するものなのである。

3. 経営のヨコ糸：関係性

3つの関係性

　事業活動を遂行する基本職能が経営のタテ糸だとすると，経営のヨコ糸とは，企業がその役割を果たすために，インプット・アウトプットにかかわるステークホルダー（利害関係者）との間に築かなければならない関係性である。ステークホルダーとは，企業の活動に影響し，企業がその存続を依存している個人あるいは組織や社会のことである。企業は，ステークホルダーとの間に良好な支持的な関係を築くことが求められる。ヨコ糸は，社会との関係，従業員との関係，市場（特に消費者，取引先，競合企業）との関係の3次元に集約される。

社会との関係

　第1の次元は，企業の存在理由としての社会との関係である。企業の存在理由は，一般的には，社会に貢献することである。事業そのものに社会に貢献できる価値がなければはならない。社会で果たそうとするこの役割が使命（ミッション）である。レアジョブは，「日本人1000万人を英語が話せるようにする」ことをミッションにかかげた。松下幸之助は，企業を「社会の公器」としてとらえ，社会に貢献することをその存在理由として示した。経営資源である人，資本，原材料・設備を「公からの預かりもの」としてとらえ，経営者は責任をもって事業経営にあたらなければならないと考えてきた。

　企業の存在理由にかかわる正当性は，少なくとも３つの側面がある。

　第１に，事業の目的・価値の正当性である。「どんな仕事でも，それが世の中に必要なればこそ成り立つので，世の中の人びとが求めているのでなければ，その仕事は成り立つものではない。……だから，自分の仕事は，自分のやっている自分の仕事だと思うのはとんでもないことで，ほんとうは世の中にやらせてもらっている世の中の仕事なのである。ここに仕事の意義がある」[17]。このように言い切れる経営者は，存在意義を自覚しているから芯の強い経営を行うようになる。

　第２に，統治の正当性である。今日の企業は様々な法的規制の下におかれている。それ以上に現在では，法的規制を超えた統治の正当性が強く求められる。その統治の正当性がなければ，企業はステークホルダーからの信頼を得ることができない。情報の透明性や適切性，諸ステークホルダーの要請への配慮などは，社会の発展につれて強まっている。しかも，企業統治の正当性に対する要求は社会の条件に規定されていることが，各国の企業統治の多様性に現れている。

　第３に，行為の正当性である。社会的活動として，実行には行動の倫理規範が求められる。社会に対する影響が大きくなれば規範も一層重要になる。ところが，社会的規範はしばしば機能しないことがある。社会的規範よりも，社内事情や個人的な判断が優先することがある。個人の判断・行動が所属する集団の規範や組織の慣行に強く影響されることは，わが国に限らず多くの証拠がある。

　例えば，競争上の地位をよく見せようと製品や技術のデータを不正に操作することがしばしば行われてきた。会計上の不正も後を絶たない。創業経営者やすぐれた業績を残したと思われる経営者の下で，組織にはリーダーに逆らえない雰囲気が生まれる。権力集中や権威主義は異論をはさみにくくする。権力の誘惑によって経営者自身が知らず知らずに独断的になり，会社の私物化が進む。あらゆる手続き，規則，仕組みは，形式化，形骸化を招く可能性がある。その結果，企業の行動と社会・市場との間にズレを生み出していく。

近年，企業の存在の正当性に関しては，社会的規範に沿いながら広く社会の要請に応え責任を果たすことを次第に強く求めている。社会的責任についての指針の例として，持続可能な社会のために，環境（Environment），社会（Social），企業統治（Corporate Governance）に対する企業の貢献を重視する ESG 投資が強まっている。ESG 投資は，投資家および資本市場が ESG に対する取り組みの積極的な企業への投資方針をかかげることで，企業に社会的要請に対応するようプレッシャーをかけている。資本市場の評価は資本調達コストや業績に大きく影響するので，ESG への対応が経営には必要になっている。社会的責任は，古くて新しい課題である。

事例が教える社会との関係

本田宗一郎は，「買う喜び，売る喜び，創る喜び」を経営のモットーとしてかかげ，消費者の喜びを意識した。ホンダの基本方針の1つは，「正義を味方にする」であった。松下幸之助は，「企業は社会の公器である」ことを強調し会社の存在意義を追求しながら，常に商人として消費者を見失わないようにした。江戸時代の近江商人の精神は，「売り手よし，買い手よし，世間よし」であった。商家は家業永続のためには取引先や世間からの信頼を得ること，そして社会への貢献が大事であることを理解し，実践もしてきた。生活困窮者の救済，神社仏閣への寄進など，徳を積むのは，士農工商の階級制度の中で信頼を得て事業を成功させるために必要であることを，一部の有力商人は理解していた。

今日のように経営のグローバル化が進むと，事業が展開される国・社会の数が増加し，社会の正義も1つではなくなる。そのため企業は，その存在の正当性について十分注意して対応することが求められる。キヤノンや YKK は，経営国際化の早期段階から共存共栄の思想を提示しこれに取り組んできた。多くの慈善事業を行った鉄鋼王アンドリュー・カーネギーに感銘を受けた吉田忠雄は，1950 年代後半から YKK の経営理念として，「善の循環」を説き始めた[18]。彼は，「他人の利益を図らずして，自らの繁栄はない」と考えた。それは，国際化にあっても海外工場の，「可能な限りの独立自営の精

神で運営し，現地社会の一員として役立つものでなければならない」を経営
方針としてきた。また，キヤノンが1980年代から「共生」の理念をかかげ
てきたのは，米国との間で貿易摩擦が激しくなる中で，進出先の国や社会と
の調和の必要性を強く意識したからであった。進出先社会のステークホル
ダーの要請に応えることが事業を続ける重要な条件であると理解してきた。

　しかしなお，経営はそこで終わらない。「会社の使命と成果が結びついて
いること。それが経営の原則です」と，柳井正は成果の重要性を強調する。
貢献は会社が存続してこそ可能である。成果は事業の目的ではないが，結果
として後からついてくるという言い方がしばしば見られる。しかしそれは，
必ず達成しなければならない成果である。

　「社会からの預かりものである事業を正しく経営し，正しく発展させて，
社会の発展と人々の生活の向上に貢献するのは当然の務めであり，これが事
業の正しいあり方でなければならない。……利益は，利益そのものの追求に
よってではなく，社会に対する貢献の程度によって与えられる。利益があが
らないのは，社会に対して正しい貢献をしていないからであると考えなけれ
ばならない」[19]。したがって，赤字経営について松下幸之助は，断固たる姿
勢を示す。「皆さんが，朝から晩まで働いた成果がゼロではいかんと言うこ
とである。働いた成果として，必ず利益が出なければならない。これをなし
得ないような経営では，絶対に意義がない。……何ら利潤も出ないというこ
とは，国家を貧困にし，会社を衰微させ，従業員が貧困になることでしかな
い」。そのような経営にしてはならない。「そうでなければ，あって甲斐のな
い存在であると考える」のである。

　社会的正当性は，事業を存続させその役割をはたし続けることで保たれ
る。それゆえ，良い意味で優れた経営者は，利益を目的としないが利益を軽
視することも決してない。「サービスが先，利益が後」といっても，そのこ
とは変わらない。

従業員との関係

　次に，関係性の第2の次元は，人の集まりとしての組織が持つ従業員との

関係である。企業は労働市場から人材を確保し，組織活動を遂行している。人が基本である企業は，採用した人材を組織に一体化させ，組織目的の達成に向けて仕事をしてもらうことを経営の課題とする。

　その際，合理主義的な経営を指向する米国企業は，社員に組織への人格的一体化を求めるのではなく，実力・能力をベースにシステムの一部として雇用契約で決められた役割を遂行することを求めている。会社は，目に見える仕事の成果を要求し，労働の貢献度はそれによって評価される。

　「米国の社会においては，ある人間のもつ能力が問題とされるとき，人びとは，その人間のもつ“潜在的な可能性としての能力”すなわち“能力”に対してではなく，むしろ訓練と経験によって彼が到達しえた能力のレベルすなわち“実力”に対して強い関心を示す。この社会では“アビリティ”（ability）は，現在ただちに発揮できる類のものであり，したがってまた，それは，ある特定の活動領域との関連においてはじめて認識されうるものである」[20]。

　その考えは，成果主義に強く現れている。成果主義は，何らかの方法で測定された成果を基準に報酬を決定する評価方式である。成果主義の下におかれるとき，働く人もまた，自分のために仕事へコミットする傾向を強め，市場原理の下で組織間を移動する自由を保持している。

　対照的に，「わが国においては，米国の場合とは異なり，人が訓練と経験によって到達した能力の水準，すなわち，“実力”に対してよりも，人の持つ“潜在的能力”に対して，より大きな関心を示す傾向が認められる」。そこには，個々の従業員の成長を期待している人間観がある。

　本田宗一郎は，仕事を通して人は成長すべきであり，その意味で，「仕事が喜び」となるように人間尊重の経営をかかげた。また稲盛和夫は，「能力を未来進行形で考える」と表現してきた。それは，1人ひとりが，「現在の自分の能力を，その目標に見合うまで高める努力を，日に間断なく続けていく」ことを意味していた。現実に，製造業に広く浸透している改善活動は，日々新たであることを基本として改善に取り組み，目標を絶えず上げていく。従業員は常に能力を高めていくことを期待されている。従業員の成長重

視は，組織目的への長期的な貢献を期待している。

　貢献を引き出すために，企業は，従業員に対して組織への一体化と高い仕事意欲を求める。松下幸之助は，人材の活かし方や人材育成，仕事への取り組み方，そしてそれに対する経営者の心構えについて，人情の機微を理解した細かな言葉を数多く語っている。一方で理念・使命を強調し，他方で人情の機微を理解して能力を引き出す経営をしてきた。その経営方法は，① 分権制を採用して仕事を部下に任せるようにした。② 分権化することによって，経験する機会を与えた。③ 信頼して任せること。④ 信頼するとは，理念・目的や意義を訴え共有することである。それは人材を活かす工夫となった。このように，モチベーション理論が取り上げる以前に，幸之助は動機づけの核心を実践してきた。

　また小倉昌男は，ヤマト運輸の宅配便システムの確立にとって全員経営が重要であると考えた。全員経営は「経営の目的や目標を明確にした上で，仕事のやり方を細かく規定せずに社員に任せ，自分の仕事を責任を持って遂行してもらうことである」とした。そのために，顧客に接する現場のドライバーが，「ヤマトは我なり」の精神を持って中心的な存在でなければならないと考え，彼らをセールスドライバー（SD）と呼ぶようにした。同社では，同じ目的に向かって全員参加の仕組みを作り，その仕組みの下で社員が自律的に行動することを期待している。社員が「仕事の自律性を重んじ，かつ成果に対して責任を持つのが全員経営である」としている。同様に，社員が自発的に責任ある行動をとることを強調するのは，米国企業のスターバックスやサウスウエスト航空でも共通して見られる現象である。

　稲盛和夫は，「技術者としての夢を実現するために会社を起こしたのだが，いざ会社を創業してみると，社員は自分の一生を託して入社してくる。だから，会社には私の夢の実現以上に大切な目的がある。その目的とは，従業員やその家族の生活を守り，その幸せを目指すことなのだ」と考えた[21]。そこで彼は，京セラフィロソフィーと呼ばれることになる経営理念を，「全従業員の物心両面の幸福を追求すると同時に，人類，社会の進歩発展に貢献すること」と定めた。納得のいく理念あるいは目的は共有され，社員を動機づ

ける大きな力となるのであった。

　働く個人と企業の関係は変わりつつある。現代は，食べるために働き経済的欲求を満たすために働いた時代に比べ，より豊かな時代に生き，高い教育を受けている。少子化の中で労働力不足が進み，労働の流動性も高まっている。外資系企業は高い賃金とやりがいのある仕事を提供し，グローバルに人材を獲得しようとしている。現代では，人は，企業目的に受動的にしたがう機械的な労働から，人間的な納得のできる労働，欲求階層説がいうところの尊厳・承認の欲求や自己実現の欲求を満足することのできる労働を選択しようとしている。個人と組織の関係は新しい時代に入っていると考えなければならない。

市場との関係

　関係性の第 3 の次元は，市場との関係である。消費者や社会と良好な関係を築けば，市場　消費者の支持を得られ，企業はよい成果を期待することができる。

　経営者の最終的な責任は，経営成果である。経営成果に直接大きく影響するのは，1 つは市場ニーズに対応し顧客（消費者を含む）を獲得すること，もう 1 つは競争に対処することである。この点については，経営戦略論やマーケティング論がその主要テーマとして多様な理論を展開している。

　それに対し企業家は，例えば，顧客への対応についてドトールコーヒーの鳥羽博道は次のように言う。「私は「お客様を大切にする」ことはもとよりとしても，まず「喜んでいただくこと」がサービスの基本だと考えている。お客様に喜んでいただくことが，すなわち自分の喜びである。経営者が心底そう思って実践すると，その気持ちはおのずとお客様にも伝わってゆく」[22]。ホンダの「買って喜ぶ」は，消費者に向かって貢献する姿勢を示す好例であった。

　一般に，厳しい要求を出す取引先の要請に応えることは，供給企業の開発力を高めていく。特に先端的なニーズを持つリードユーザー企業の厳しい要求が，良いものを作るきっかけとなる。それまでとは 1 桁高い精度の品質・

材料の注文に応えようと必死になることで，技術力を高めるまたとない機会
となる。そのため，顧客との関係について，厳しい要求さえも前向きにとら
えられる。

　「きびしい得意先ほどありがたい」，「きびしいお客がいてよい商品が開発
される」という経営者がいる。現実に松下幸之助は，販売会社および代理店
に次のように訴えてきた。「松下電器を，もっと立派な会社にしてやろうと
思われ，また，そうすることによって，みなさんの商売が，さらに発展する
ことになると思われるなら，もっといろいろと松下電器に強く要求して下さ
い。よりよい製品をメーカーに作らせ，需要者に満足を与えるのは，みなさ
んの使命ではありませんか」と[23]。

　市場ニーズを完全に正確に予測することは，もちろん不可能である。それ
ゆえ，リードユーザーの持つ最先端のニーズや市場情報の入手は，単独で市
場情報を集め，将来ニーズを予測するよりは効率的である。サービス業で
は，現場が多様な先端的ニーズに触れる機会を持っている。そこでセブン−
イレブンは，消費者の潜在的なニーズをとらえるために独自の仕組みを編み
出し，それに基づいた経営方法を構築してきた。

　「消費が飽和した現代では，どんな商品がほしいか聞いても顧客自身もほ
しい商品が分からない」。したがって，それに立ち向かうには，単品管理
データを中心に，さまざまな情報から顧客が何を求めているのか，仮説を立
て実行してみる。そして，その結果を検証する「仮説と検証」のアプローチ
を取り入れてきた。その意味で，「仮説と検証」は，第1に，ニーズをとら
える方法を具体化した仕組みである。第2に，社員1人ひとりが当事者意識
を持って行動することを促してきた。第3に，これを通して，仕事の基本を
徹底させることに役立っている。

　顧客あっての事業であるから，顧客ニーズを重視する経営方針が多くの企
業に見られるのは当然である。第3章で起業に関して強調したように，顧客
の課題，対象とする市場セグメントや顧客の決定，顧客価値の提案は，事業
の成否を決める主たる決定要因である。

　小倉昌男は，宅配便ビジネスを展開するにあたって，顧客への「サービス

が先で利益は後」といって従業員に顧客へのサービスの徹底を図ってきた。未来工業の山田昭男は，「ビジネスの本質は「先憂後楽」。まず相手を喜ばせ，結果として自分も成果を手にする」ことだと考えてきた。引っ張り方式といわれるトヨタ生産方式においても，生産は需要によって動き出す。いずれも，顧客ニーズを充足することが企業の役割であることを経営者が強く意識し，仕組みを作ることによって徹底し実践している。

顧客重視か従業員重視か

　顧客第一主義や顧客満足を重視するといくら声高にいっても，それはまだ顧客優先の実質ではない。問題は，事業としてそれを製品やサービスに具体化する方法や事業の仕組みを作り，実行できるかどうかである。あるいは具体的には，小売業・サービス業ならば，店頭で消費者に笑顔で対応したり，好印象を与えることができているかどうかである。セブン‐イレブンやヤマト運輸は，このための仕組みを構築し実行してきたから，その競争力は簡単には揺るがないものとなっている。このように，顧客の課題を解決し顧客満足を高める取り組みが，競争力を大きく左右するようになった。

　ところが，顧客重視とはいえ，対応すべき顧客が誰かは自明ではない。目の前の顧客が，常に対応すべきニーズを代表しているとは限らない。顧客の声に対応することは，正しいこともあり正しくないことも経営者は知っている。イトーヨーカドーの伊藤雅俊は，「お客さまの声は正しい」と同時に，「お客さまの声は正しくない」といい，「見えているお客さま」と「見えていないお客さま」がいる。したがって，現場の声は「見えているお客さま」だけの声だと指摘する[24]。また「「顧客のため」と考えれば考えるほど，逆に顧客の真実から離れてしまう」ことがある[25]。それゆえ重要なのは，「顧客のために」ではなく「顧客の立場」に立って考えることだと，鈴木敏文は指摘する。

　また顧客第一と対極的な見方もしばしば聞かれる。それは従業員ファーストの考えである。この考えでは，従業員の満足がよりよい顧客サービスを生み，その結果として顧客満足を高めると考える。これは，京セラの経営フィ

ロソフィーに典型的に見られる。米国では，サウスウエスト航空が従業員の
幸福をうたって組織のマネジメントを行ってきた代表例であろう。

　従業員ファーストの内容をよく見ると，すぐれた顧客重視になっている。
結果として，従業員ファーストと顧客重視は必ずしも対立せず，両者は両立
することができる。顧客の心に届く顧客対応は顧客を引き付け，顧客の信頼
度を高める，リピーターを増やす，売上を伸ばすなどの結果をともなってく
る。従業員ファーストをかかげる会社は，それが顧客満足を高める結果を出
すまで従業員のやる気を引き出すことを考えている。つまり，従業員満足と
顧客満足を同等に，どちらも原因となり結果となるように努力している。従
業員が自分は大切にされていると感じたとき，会社を信頼し仕事へのモチ
ベーションを高めるようになる。そして自分がしてほしいと思うことを，顧
客に対して，他の人に対して進んで実践するようになる。

　ホンダの三つの喜びは，顧客重視と従業員重視を示している。それが人間
性を尊重する理念となっている。寒天メーカーの伊那食品工業は，会社の利
益よりも会社の存続による社員の幸福に価値をおいた経営を追求し，社員の
幸せのための経営を追求している。同社は，「会社は社員の幸せを通して社
会に貢献すること」を理念にかかげている。またメガネ販売の21は，「社員
の幸福を大切にします」と経営方針にかかげ実践している。

　同様に，スターバックスのハワード・シュルツは「スターバックスにとっ
ての最優先事項は社員を大切にすることである。なぜなら，社員はわれわれ
の情熱を顧客に伝える責任を担っているからだ」[26]。シュルツは，社員を大
切にすれば，顧客を大切にするという目標が達成されると考える。このよう
に，従業員ファーストを実践する経営は，従業員からの信頼を獲得し，それ
が従業員をよい方向に動かし，顧客からの信頼を獲得することにつながると
考える。

　生産物を市場で販売する企業が，顧客を重視することは経営的に当然であ
るが，顧客重視をうたっていても，実践する具体的な仕組みを構造的にも組
織文化的にも作らなければ実行には結びつかない。当然ながら，顧客重視の
声が本物でなければ顧客にはその言葉は届かない。これを自然になし得るの

は,「買う喜び,売る喜び,創る喜び」を実行するとか,「従業員の幸せ」の追求や「仕事が喜びとなる」仕事環境があるときであろう。顧客重視の本質は,顧客重視と従業員重視の両立である。それは,「共生」や「利他の心」に事業の基盤を求めることにあり,そこにより確かな存在意義があることを経営者は見い出してきた。

4. タテ糸とヨコ糸を編む

タテ糸・ヨコ糸を統合する

　最後に,タテ糸を構成する職能と,ステークホルダー関係を表すヨコ糸との相互作用について,表4-1にもどってこれまでの議論を確認しよう。その上で,経験的な原理原則の一部を整理しよう。

　タテ糸の第1の次元である構想・戦略と,ヨコ糸である社会との関係とは,企業の存在理由にかかわっている。それは,社会の中で企業が使命を果たし正当性を得ることである。その正当性は,① 価値・目的の正当性,② 統治の正当性,③ 行為の正当性を含む。企業が社会の中でその存在理由を獲得するには,事業の価値・目的が正当性を得なければならない。事業の目的や内容,目指している価値が社会および消費者によって受け入れられるためには,企業の理念や目的が社会にふさわしい役割を果たすことである。その点で,経営者の使命感や倫理観が深まるほど社会的には支持を得られるであろう。

　次に重要なヨコ糸は,組織の最も基本的な構成単位である従業員との関係である。その関係を良好にするとは,従業員が組織の目的・意義を受け入れ,わがことのように仕事に取り組むことを促すことである。組織目的を受け入れることは協働の前提である。目的を共有しメンバー間のコミュニケーションが十分とれることで,協働が促進される。そのためには,共有化の努力,コミュニケーションの工夫が不可欠である。

　続いて市場との関係については,市場競争に適合した戦略や競争方法,製

品・サービスを持つことが良好な市場との関係の構築につながる。市場が流動的になればなるほど，市場への対応には良好な顧客関係が重要になる。ヨコ糸である市場対応としての顧客優先と行動主体である従業員ファーストは，異なる経営姿勢を示しているが，事業目的の効果的な達成には両者は本来結合されるものである。そうでなければ，有機的な統合された活動を欠く経営となる。こうしてヨコ糸は，従業員，市場，社会と3つの波状の広がりを持つ。構想・戦略は，それらを一貫して貫いて発揮される必要がある。

　構想・戦略の実現は，第2の次元である組織・システムの構築によって支えられる。人々が協働し価値創造の仕組みである組織は，仕事の効率性および市場適合を必要としている。しかしヨコ糸は固定したものではなく，社会の価値，市場ニーズ，働く人の欲求はいずれも時間とともに変化する。その意味で，ヨコ糸は時間を表わす次元である。したがって，価値創造の仕組みとしての組織にも柔軟性が求められる。

　続いて，タテ糸の第3の次元である実行機能は，従業員を動機づけ，個々の能力を高めて組織能力とすることが求められる。この実行は，顧客・消費者に製品サービスを提供し，そのニーズを充足して顧客価値を実現することである。

　これまで考察してきたように，タテ糸は業務遂行にかかわり，そのために諸資源，諸活動が統合され，能力を高めることにかかわっている。これに対しヨコ糸は，経営の正当性，人間性，収益性を規定する。ヨコ糸は，時間変化の中で特定の環境の下で企業の存在意義や成長にかかわっている。

　タテ糸・ヨコ糸は企業経営を構造的に表しているが，ヨコ糸を構成する社会も市場も人も，本来，時間の中に存在している。その意味で，市場との関係において展開される経営職能は，本質的に動態的である。タテ糸・ヨコ糸を構造的にとらえるだけでなく，経営職能が関係性によって影響される動態的プロセスであることに注意しなければならない。ヨコ糸は常に動く存在であるが，タテ糸は生産活動の効率化のために安定化を求める。そこにギャップが発生しやすい。タテ糸・ヨコ糸は，動態的にかつ有機的に編まれるときに一貫性のある経営が行われる。

　以上のように，本章で示したタテ糸・ヨコ糸の枠組みは，経営者の経験を個別事例のままでなく，全体的視点から企業がおかれた状況を確認することに役立つであろう。さらにそれは，何のためにこの仕事をするのかという理念・使命感に支えられた経営のあり方を示唆するものである。それは，基本の徹底，変化への対応が経営の軸となっている。大企業であれ新規企業・中小企業であれ，経営はこのタテ糸・ヨコ糸の編み方を工夫することで，他社とは違う価値を創り出す。新しい結合方法は，タテ糸・ヨコ糸の結合の仕方を変えることであり，そのとき新しい機会がとらえられる。

基本を忠実に実行する

　経営職能の遂行について，「基本の徹底」「当たり前のことを当たり前にやること」が多くの経営者によって強調されてきた。では基本とは何か，当たり前のこととは何か。経営者によって，異なる答えが出されている。ファーストリテイリングの柳井正は，「経営というのは，当たり前のことを本当に当たり前に毎日実行する」ことであり，その繰り返しであるといい，「毎日を大切にする。目の前のお客様を大切にする。それが基本ですし，すべてなのです」と考える[27]。

　本書の視点からいえば，それは，ヨコ糸との適切な関係を築きながらタテ糸の仕事を効率的に実行することである。それは，社会や市場が求める役割に応えて，製造，開発，営業，物流などの機能を円滑に遂行することである。具体的には毎日の業務を，その目的に沿ってきちんと行い，顧客・消費者に価値や満足を与えることである。その着実な実行を基本といい，基本の徹底と経営者はいってきた。

　しかし，現場の具体的行動のあり方を求めるか，その行動の基盤にある理念・価値観に基本を求めるかで，基本として示される内容は違ってくる。ホンダの運営の基本方針は，大きな世界観と高い目標によって支えられ理想とする太い筋を示してきた。これに対しセブン-イレブンでは，「品質」「鮮度管理」「クリンネス」「フレンドリーサービス」の4つの基本原則があった。スーパーホテルの山本は，基本とは価値観や信念であると考えてきた。経営

理念や存在目的に裏付けられた行動が，現場できちんとできることが基本を
徹底することである。

　ところが，「会社が大きくなればなるほど，経験を積めば積むほど，仕事
に慣れればなれるほど，基本がおろそかになりがちです」。大規模な組織の
活動は複雑になり，事業は多様になる。組織は効率的であろうとして多くの
規則や手続きを作る。規則や手続きは，次第に形式化され固定されていく。
すると，最初は効率的で組織は安定しているように見えても，次第に効率的
でなくなっていく。市場との間にズレが生じ，あるべき基本がおろそかに
なって基本から離れていく可能性がある。その意味で，基本の徹底は形式化
しないように絶えず注意し維持することが求められる。

　基本とは，従業員が守るべき日常業務遂行の行動原則を意味するのか，そ
れとも，その基礎にある一本の太い筋として基本方針や使命・目的を守るこ
となのか。事例が示すように，どのように基本を守り実行するかは，事業の
特性や経営リーダーシップに依存している。

国際的な違いはタテ糸・ヨコ糸に現れる

　タテ糸・ヨコ糸の編み方の違いは，国際比較的にも特有な経営スタイルを
生む。近代株式会社制度をとってみても19世紀にヨーロッパで発達し，続
いて米国，日本において法的に整備された。ところが会社制度は，米国では
米国特有の会社制度の特徴と経営行動を生み，ドイツでも日本でもフランス
でもそれぞれ特有の会社制度が発展した。資本主義経済の下にある会社制度
は，根本となる有限責任制や資本の証券化という制度的特質は各国で共通し
ながらも，その経営には各国間で多様性がある。これは株式会社の成立が，
それぞれの社会において独自の基盤があり，社会文化的要因に強く影響され
ていることを示している。

　制度的多様性は，経営方法の独自性を作り上げていった。さらには，取締
役会，企業統治などについても多様性が見られる。資本主義の多様性は，企
業統治，金融・資本市場，雇用制度，企業間関係などに見られる多様性であ
り，経営の制度的多様性を示している。

経営の国際化を進める企業は，その多様性の中で「基本の徹底」と「変化への対応」を図る必要がある。そのためには，自社にとってそれが何を意味するのか，市場変化の中でそれをしっかりと見定めていくことが求められる。

5. タテ糸・ヨコ糸の課題と実践的原則

事業の革新は，本書の分析枠組みで考えると，ヨコ糸とタテ糸の革新として展開される。タテ糸・ヨコ糸の構造から，新しい市場競争の方法，顧客満足を高める方法を考えることで，革新の糸口を見つけることができる。革新は，要素の新しい結合方法を見つけ，経営の枠組みを創造的に変えることである。

タテ糸・ヨコ糸の枠組みでとらえれば，経営は大きく2つの課題に対処する。第1に，外部環境に適応し社会や市場が求めるニーズに対応することである。それは，「社会の問題点を解決する」（パソナの企業理念）ことであると言い換えられる。しかし，課題もその解決方法も，常に変化していくのが現実である。使命を果たし続けるために「変化への対応」があり，これはヨコ糸に焦点をおいている。

外部市場との関係について，事業は何を目的とするのか構想し，事業の意味づけをする。どうすれば独自の事業の存在価値を手にすることができるのか，社会的にいかなる価値をもたらすか考えて事業を選択する。顧客はだれで顧客のどのようなニーズに応えるのか，顧客の喜びを追求することがその核心である。

第2に，事業目的に向けて様々な経営資源，活動を統合し効率的に運営することである。これはタテ糸に焦点をおいている。人々の働き方を工夫し生産性を上げる。仕事への取り組み方やシステムを変える，チーム編成の仕方，評価の仕方，コミュニケーションの仕方を変える，挑戦する姿勢やモチベーションを高めることなどである。それは，経営職能を効率的，効果的に

遂行するための「基本の徹底」を求めている。

　「基本の徹底」も「変化への対応」も，その具体的な行動は時代とともに，業種により企業規模により変わるであろう。したがって，「基本の徹底」や「変化への対応」が適切に行われているか常にチェックする必要がある。このとき，挑戦する企業家は，見慣れた現象を新しい視点で見る。新しい視点を持った挑戦が，革新をもたらし，優れた顧客価値を生む。社会には無数の事業機会があるように，新しい機会をとらえる視点は十分存在するであろう。

　その際，経営者が何を重視してきたか，その一部を表 4-2 に整理した。この表は，経営者がタテ糸の経営職能およびヨコ糸の関係性について，いかに向き合ってきたかその姿勢を表わしている。それは，実践の要点を体験的な

表 4-2　経営の実践的原則の例

関係性／経営職能	社会との関係	従業員との関係	市場との関係
構想・戦略	**正当性・使命** **社会への貢献** 「何のためにこの事業をするか」「どんな会社にしたいか」「何が正しいか」考える 強く思う	**理念・目的の共有** 高い目標をかかげる 目的・価値を共有する	**有効性の追求** **顧客価値の創造** **競争への対応** 顧客の喜びを追求する 違いを創る 公正に競争する 現実を見る
組織	**価値創造の仕組み** 仕組みの革新 ムリ・ムダ・ムラをなくす	**協働体系・効率性** 信頼関係を築く 情報を共有する 企業文化を高める 参加を促す 見える化する	**組織と市場の適合性の確保** 顧客目線を保持する 仮説検証する 現場から離れない
実行	**行動規範・倫理** 正しく実行する	**動機づけ** **組織能力の向上** チャンスを与える 権限を移譲する 主体性を持たせる 失敗を許容する	**顧客満足の実現** 日々新たに創造 柔軟な姿勢を保持する

（出所）筆者作成。

原理原則として示したものである。様々な状況におかれている企業には，
「経営のやり方は無数にある」中でも，原理原則にのっとった筋の通った行
動がある。

注
1）藤沢武夫（2009）『松明は自分の手で』PHP研究所，18頁。
2）デービッド・パッカード（2011）『HPウェイ』増補版，依田卓巳訳，海と月社，43頁。
3）古森重隆（2013）『魂の経営』東洋経済新報社，113-5頁。
4）P.F.ドラッカー（1974）『マネジメント』下巻，ダイヤモンド社，37-38頁。
5）加護野忠男編著（2016）『松下幸之助』PHP研究所，197-198頁。
6）稲盛和夫（2004）『生き方』サンマーク出版，39頁。
7）緒方知行編著（2005）『商売の原点』日経ビジネス文庫，171頁。
8）前掲『松明は自分の手で』，135頁。
9）土光敏夫（1970）『経営の行動指針』産能大学出版部，60頁。
10）柳井正（2015）『経営者になるためのノート』PHP研究所，14頁。
11）田村賢司（2017）『日本電産永守重信が社員に言い続けた仕事の勝ち方』日経BP社，36頁。
12）『日経トップリーダー』，2010年10月号。
13）村上龍（2007）『カンブリア宮殿村上龍×経済人』（対談，日本経済新聞出版社，136頁。
14）山本梁介・金井壽宏（2014）『5つ星のおもてなしを1泊5120円で実現するスーパーホテルの「仕組み経営」』かんき出版，92頁。
15）ルイス・ガースナー（2002）『巨像も踊る』山岡洋一・高遠裕子訳，日本経済新聞出版社，303頁。
16）藤沢武夫（1998）『経営に終わりはない』文春文庫，131頁。
17）松下幸之助（1968）『道をひらく』PHP研究所，144頁。
18）『YKK80年史挑戦の軌跡』20頁。
19）『松下電器五十年の略史』71-72頁。
20）岩田龍子（1977）『日本的経営の編成原理』文眞堂，149頁。
21）稲盛和夫（2006）『アメーバ経営』日本経済新聞出版社，26頁。
22）鳥羽博道（1988）『ドトールニューマーケット創造の原点』日本実業出版社，59頁。
23）前掲『松下電器五十年の略史』339頁。
24）伊藤雅俊（1988）『商いの道』PHP研究所，83頁。
25）鈴木敏文（2008）『朝令暮改の発想』新潮社，43頁。
26）ハワード・シュルツ／ドリー・ジョーンズ・ヤング（1995）『スターバックス成功物語』小畑照雄・大川修二訳，日経BP社，241-242頁。
27）前掲『経営者になるためのノート』，72-73頁。

第5章

人と組織のマネジメント

1. 対照的なマネジメント方法

　前章でタテ糸とヨコ糸の概念を使って経営の課題を考えた。タテ糸は事業の内容を成す変換プロセスであり，ヨコ糸はステークホルダーとの関係を示している。織物と同様に，タテ糸・ヨコ糸の編み方の違いが，個々の経営の違いを生む。社会との関係の持ち方，市場への対応の仕方，従業員との関係の持ち方は企業によって異なり，それが事業に独特の内容を与える。さらにタテ糸とヨコ糸が作る統一体としての経営の姿は，要素のあり方，組み合わせ方によって，国際比較的にも特有の性質が作られる。

　本章では，タテ糸・ヨコ糸の枠組みでとらえたとき，統一体としての経営にどのような特徴が現れるのか，組織と人のマネジメントに焦点をおいて比較論的に検討しよう。その理由は，第1に，組織と人のマネジメントの方法によって，経営の特徴が強く現れること，第2に，人という経営資源が最も基本的な資源であり，その活かし方が成果や市場での競争力に強く関連するからである。従業員の働き方は，企業活動の成果に直結する。「戦略に差はない」とか，「企業の力の差は，社員の意識の差である」と考える経営者がいる。従業員の意識を高め仕事へ動機づける組織マネジメントは，経営の重要課題である。

　まず企業経営がどこに重点をおいて行われるか，概念的に純化した理念型として2つのタイプが考えられる。その典型的な経営を示すと図5-1のようになる。図5-1は，経営職能と関係性をそれぞれ縦軸，横軸としてとらえて

いる。

　タイプⅠは，市場への対応に重きをおく戦略経営を特色とする経営方法である。組織は目的を達成するための手段であると考えられてきた。そして戦略決定は経営者の仕事であり，実行は現場の作業者の仕事であるとする。その結果，経営における意思決定・統制と実行の分離が進んだ。合理的，機械的な管理を特徴とする階層型の組織観が強められた。

　これに対しタイプⅡは，オペレーションを重視し，協働する人間行動の組織マネジメントに相対的に重きをおく経営である。組織は人の集まりであり，その統合の仕方に成果は依存する。タイプⅡは経営資源・諸活動を統合し，人々の協働を強化してオペレーションの効率化を追求する。タイプⅠとタイプⅡは，経営の重点を市場への対応におくかそれとも組織内部のオペレーション機能におくか，その重点のおき方の違いを表している。

　この種の比較は，日本的経営に関連して過去にも行われてきた。本章は，日本的経営論の議論を繰り返すことが目的ではなく，タテ糸・ヨコ糸の枠組みを用いて2つのタイプの経営がどのような特質を持って機能するのか，戦略，リーダーシップ，主体性をキーワードとしてその経営を考察することである。まずその特徴を表わす描写を見てみよう。

タイプⅠの米国企業

　チャップリンの『モダンタイムズ』（1936年）は，当時のモダンな近代工

図5-1　経営タイプの比較

	社会との関係	従業員との関係	市場との関係
構想・戦略			タイプⅠ
組織・システム		タイプⅡ	
実行			

（出所）筆者作成。

場が，労働者を製造工程の1つの歯車として取り換え可能な部品のように扱うことに対して，文明的な批評を込めて作られた映画であった。チャップリンには，フォードの大量生産方式に象徴される大規模な近代工場の管理方式が見えていた。1980年代になってもなお，米国企業の経営については，次のように言われてきた。「仕事は分割され，専門家に割り当てられるときに最も能率的に遂行されること，経営者やスタッフの専門家は，労働者が仕事の遂行に集中できるように思考活動に集中すること，すべての生産工程には一定量の変化つまり欠陥率があること，組織内のコミュニケーションは厳格にコントロールされた階層的な命令連鎖をとおして処理されるべきこと，……作業は体系的に，論理的順序で厳格な監督のもとで組織され遂行される」[1]。1980年代初めまで米国大企業の大部分の経営者がこのように考えていたと，米国の著名な研究者が明らかにしている。

　上の記述が示すように，管理する人と管理される人が明確に分けられる。経営者は管理する側であり，思考活動に集中し政策立案や意思決定を行って経営をリードする。作業者には仕事（課業）が1人ひとりに明確に割り当てられる。組織は階層性の下で厳格に統制され機械的に運営される。それは，「よい組織とは，厳格な規則と階層に基づくものである」という考えに基づき，「組織は戦略にしたがう」ものであった。特に生産ラインでは機械的な管理が行われ，作業者の裁量をはさまず反復的である。これは大規模な製造業企業の伝統的な管理方法であった。

　トップ・マネジメントの戦略的役割への特化は，業務遂行は現場に任せ現場に仕事の自律性を与えることもある。しかし役割分担が過度に強まると，両者の間の相互作用や調整は弱くなって，管理する側が絶対的な権限を持つようになる。すると現場は，次第に指示されたことを実行する受け身の存在になっていく。GMの乗用車・トラック・グループの責任者で副社長であったデロリアンは，大きな矛盾を感じていた。過去においてGMでは，「集権的な統制と分権化された現業活動とが微調整されて釣合いがとれていた」が，経営を掌握した人達が次第に現業まで取り仕切り始め，権限が集権化され強化されていった。その結果，トップ・マネジメントの関心は，「多くの

場合，発せられる問いは唯一つ，「システムを守る適当な方法は何か，どうしたら1株当たり利益を増やすことができるか?」」となっていったのである[2]。

　こうして，「組織とマネジメントは本来的に階層的なものだ。つまり階層は地位と成功の尺度であり，コントロール保全のための主要な手段なのだ」という考えが経営者には強くなった[3]。その結果，第1に，ピラミッド型の階層組織で底辺（ボトム・オブ・ピラミッド）の観念が強まる。第2に，ピラミッドの底辺には，命令に忠実であることを求める。それは決められた役割を受け身的に遂行することを求める。第3に，階層によって社会的帰属意識が異なっている。合理性を追求してきた米国の大規模企業は，これらの特徴を有する階層組織を採用してきた。

新しい人材マネジメントをめざす米国企業

　とはいえ，1980年代以降には経営方法に変化が起こっている。1984年に出版されたハーバード大学の人材戦略に関するテキストは，「企業の経営幹部たちは生産性と品質を向上させる方法をさがし始めている。経営幹部たちは，マネジメントと従業員，労働組合とマネジメントの関係に思い切った変革を図っていかない限りこれらの目標は達成できないであろうことを認識し始めている」と指摘した[4]。そして，「高度な教育を受けた労働力はマネジメントに対し，従業員の企業経営へのより大きな貢献，責任，参画を実現する方法をめざすように求め始めている」。

　そのことを裏づけるように，米国には新しいタイプの経営をめざす企業が生まれていた。格安航空会社として目覚ましい成長をとげてきたサウスウエスト航空は，その運営方針において，会社は1つのファミリーであると定めて家族主義的な一体感のある経営を行ってきた。環境保護意識の高いアウトドア用品会社のパタゴニアは，階層組織よりも同じ価値観を持つ共同体的組織をめざしている。創業者のイヴォン・シュイナードは根っからの登山家・自然愛好家であり，環境保護意識が高く利益を優先しない経営をめざしてきた。さらにネット関連企業になると，デジタルインフラの上で知識創造と経

営のスピードを強く求めるようになった。ネットワーク機器の米シスコシステムズは，「上から指揮命令する経営から，コラボレーション（協業）とチームワークの経営へ移行する」と，経営スタイルの転換を図ってきた[5]。その意図は，「世界に散らばる人材の英知を瞬時に結集できるインフラを作り，社員1人ひとりの立場で最適な判断をタイムリーに下せる俊敏さをめざす」のである。

　これらの例は，伝統的な階層組織をベースにした経営スタイルが，今日の時代には適していないと米国企業が考え始めていることを示している。情報技術分野の代表的企業であるグーグルは，階層化を進めた組織は彼らの求める条件には適合してないと明言する[6]。このように人材マネジメントについて新しい考えが生まれ，それにともなって企業の取り組みが進化している。

　グーグル日本法人の最高経営責任者である村上憲郎は，外資系企業が従業員をどのように見ているか述べている。それによると，「仕事を通じて，一生就職できる能力，一生雇用される能力というのをつける手伝いはします，ということです。それはお約束します。それを社員の立場からいうと，この会社でお給料だけもらうのではなくて，会社を踏み台にして次のステップへ進む，自分自身を自己啓発していく。そう仕事なり会社なりを考えたほうがいいんじゃないですか」と，米国企業が社員のキャリア開発を支援する雇用方針を持っていることを明らかにしている[7]。こうした人材マネジメントの考えは，特に情報技術エンジニアや知識労働者のマネジメントに見られる。この考えでは，仕事にコミットしようとする社員はより魅力のある仕事を求めて転職することを当然とし，達成指向でより高い地位ないし待遇を求める傾向を示唆している。

タイプⅡの日本企業

　これに対し日本企業には，伝統的に江戸時代から一部商人の間に広まった商業道徳や温情主義的な経営思想があった。明治時代には，日本近代産業の発展に大きな貢献をした渋沢栄一は，『論語と算盤』を著し，「正しい道理」に基づいた道徳と経済が一致する事業経営の思想を広めた。戦後は年功序列

制や終身雇用制が経済成長を支え，企業経営に普及した。日本企業には共同体的な文化・思想があることがしばしば指摘されてきた。ソニーの共同創業者である盛田昭夫は，「企業は家族だ」と考え，社員の共同体的な一体感を重視した[8]。

　現在は，個人の役割についてさらに新しい見方が加えられている。実践的にも理論的にも，組織の人間観，経営観は変わろうとしている。理論的には，人は条件によっては能動的に仕事をすると考えるY理論や自己実現欲求の概念が認められ，主体的に行動する人間観が企業にも受け入れられるようになった。吉野家（現吉野家ホールディングス）の経営者である安部修仁は，求める人材について次のように言っている。「学歴よりも学ぶ力。あと僕らが期待するのは，やはり素直で建設的な向上意欲の強い人」である[9]。つまり，学ぶ力や向上意欲がカギであるとしている。求めているのは，自主性があり自ら行動を起こす意欲のある社員である。企業は，社員に主体性，課題発見力，創造力などを求めるようになった。

　こうして米国企業にも日本企業にも新しい人材観とともに，採用基準や経営方法が変わりつつある。人材観やコミュニケーション技術の変化にともなって，働き方，動機づけ，情報共有に変化が生まれ，新しい経営方法が生まれるのは当然である。そこからいかなる経営が行われるのか，理念型の経営タイプから検討していこう。

2つのタイプの特徴

　既に述べてきたように，タイプⅠとタイプⅡのそれぞれは，経営の特徴として，外部市場への戦略的対応と組織のオペレーション・マネジメントのいずれかに重点をおいている。

　米国企業と日本企業の経営スタイルの違いは，理論的にも実践的にも繰り返し指摘されてきた。企業家による体験的経営論でも，日米企業の経営の類型はしばしば取り上げられた。論者によって細部は異なるが，これらの議論は，典型的には，米国企業の経営はタイプⅠ，日本企業の経営はタイプⅡであることを支持している。経済的，社会文化的な成立基盤が違うがゆえに，

経営のあり方に質的な違いが生まれるのである。

　タイプ I として類型化される米国企業は，製品市場への対応を重視した戦略経営を指向している。タイプ I は，経営者が成果に対する責任を持つことを資本市場が強く求める。変革を主導するリーダーシップが強く求められている。他方で，組織は労働者と雇用契約を結び，その成果のコントロールに重点をおいて，役割と成果を合理的に管理して動機づけをする。経営の優先基準はあくまでも株主価値である。そのとき，独立した権利の持ち主である個人は，経済的な誘因と貢献のバランスを取って組織が求める役割を機能的に果たそうとする傾向がある。

　対照的に，非戦略経営のタイプ II として理念化される日本企業は，「事業は人なり」と考える伝統があり，人の集合体である組織への人格的帰属を相対的に強く求めている。組織に重きをおいた経営であり，個人の組織への一体化や協働に期待する経営が特徴的である。経営者は共有型のリーダーシップが相対的に強い。

　しかし，経営者自身の役割について，戦後の日本企業は米国企業のような明確な考えを示してこなかった。経済の復興過程では，自己資本が不足し金融機関による融資に依存してきたために株主支配が弱かったことに加えて，財閥解体や民主化の動きがあった。また GHQ により，統計的品質管理手法や人間関係諸施策が導入された。米国というモデルがあったため，経営近代化のための品質管理や生産効率，産業合理化への取り組みが広く展開された。企業は従業員一丸となって取り組むために和を重視し，機械的な管理を避けてきた。従業員のエネルギーと能力を引き出しながら効率性や品質の向上に力を注いだ。

　その特質は，理論家によっても実践家によっても認められてきた。例えば，理論家は，「戦後における日本型の会社は，幸いにも，株主主権論というイデオロギーから無縁でした。そして，それゆえに，株主の利益には必ずしも縛られずに，組織のなかで複数個人がおたがいの知識や能力を組み合わせていくことを促す，さまざまな仕組みを考案してきました。おカネよりもヒト，いや，おカネよりも組織を重視するという伝統を築き上げてきたの

です」と論じている[10]。

　他方で経営者は,「企業組織は,権限や地位だけでは,有効に動くものではない。もっと心情的な何かが働いているようである。……私は,いわゆる西欧的な合理主義発想だけでは,物事はうまくはかどるものではないこと,その点で日本人は西欧人とは異なる伝統的,風土的心情といったものの上に生きているという現実を見落としてはならないと感じた」と,1970年代の日本電気の発展を導いてきた小林宏治は述べている[11]。

日本企業には戦略がない？

　要約的には,タイプⅠとタイプⅡの経営の特徴は,表5-1に示される。2つのタイプの経営的特質は,それぞれの経営手法によく現れている。タイプⅠの米国企業では,プロダクト・ポートフォリオ・マネジメント(PPM),M&A(合併買収),戦略経営,アウトソーシング(外部委託),成果主義などが重視され,これらの手法は,製品市場戦略や競争戦略などの戦略的姿勢と成果指向の管理スタイルを表わしている。中でもM&Aは,製品市場との関係を重視し市場地位の強化をめざす戦略であるとともに,投入市場との関係を大胆に変革する戦略である。米国企業は,製品市場指向の戦略を合理的に決定し,変革型リーダーシップの下で機動的な市場戦略を展開するとこ

表5-1　タイプⅠとタイプⅡの経営比較

	タイプⅠ	タイプⅡ
戦略特性	機動的	漸進的
経営の時間軸	短期指向	長期指向
経営重点	市場対応	オペレーション
戦略的優位性	競争優位の重視	組織能力の重視
リーダーシップ	変革型	共有型
雇用関係	契約的関係	一体的関係
労働流動性	高い	低い
重視する革新	製品革新	工程革新

(出所)筆者作成。

ろに経営の特徴があった。

　これに対しタイプⅡの日本企業は，効率化や生産性向上などの現場レベル
の組織能力の向上，オペレーション重視が認められる。経営者は従業員に抽
象性の高い理念や目的を示し，人的資源重視型の内部からの能力蓄積・事業
展開を重視する傾向が見られた。それは戦後の品質管理活動から始まり，提
案制度，TQC（全社的品質管理），トヨタ生産方式などを展開し，終身雇用
制，年功序列制をベースに，高品質・高効率を生み出す組織能力を強化して
きた。日本企業は組織への一体化や従業員の参加を重視して，製品品質も生
産性も改善努力の積み上げによって世界市場での地位を築いてきた。個人を
集団の仕事に一体化させ，効率化や品質向上に取り組むマネジメントに力点
をおいていきた。こうしたタイプⅡの経営は，長期雇用を前提とし相対的に
共同体的思考が強いために，雇用の調整には時間がかかる。結果として，事
業構造変化は漸進的で長期的となる。

　かつてマイケル・ポーターは，オペレーションの効率化は戦略ではなく，
オペレーションの効率化に傾斜する日本企業には戦略がないという厳しい指
摘をした。戦略がないというのは，図5-1では，タイプⅠの経営ではないと
いうことを意味している。本書は，日本企業の経営を市場戦略主導でないと
いう意味で非戦略経営であるととらえている。

　日本企業に戦略がないといわれるのは，全社レベルや事業部レベルの市場
戦略がないという意味であり，ポーターの指摘はこの意味である。競争戦略
論が華やかであった1980年代，戦略とは戦略策定のことであるとみなされ
戦略経営とは戦略主導の経営をさしてきた。これに対しタイプⅡの日本企業
は，市場戦略的には米国モデルのキャッチアップが典型で，組織のオペレー
ションを重視する戦略を選択してきたのである。

　以上のように，タイプⅠとタイプⅡは，戦略やリーダーシップ，人材マネ
ジメントにおいて対照的な側面を見せている。日本企業にとって，戦略性の
確保が大きな課題となるのは明らかであろう。

2. 経営における個人と組織の関係

米国企業の社会文化的基盤

　タイプⅠとタイプⅡの経営の違いには，その基にある社会文化的基盤の人間の心理特性・行動特性がある。その基盤の違いが，企業にとってヨコ糸である社会との関係，従業員との関係，市場との関係に特有の性質を与えている。

　周知のように，米国企業の基盤には，第1に強い個人主義思想がある。1776年に独立した米国は，社会・経済制度の根本において近代西欧思想の影響を強く受けている。近代西欧諸国の基礎にある民主主義は，個人は独立した人格を持つとする思想が根底にある。しかもキリスト教の世界では，人はそれぞれが神と向き合っている。それゆえ，近代的な人間とは，神以外の誰からも支配されない存在であるとする考えが生まれる。

　米国は，ヨーロッパからの移民によってもたらされた文化・思想を基盤にしつつも，ヨーロッパの封建的な階級社会を脱して自由と平等の理念の下で，個人の基本的人権を基本とする国家・社会を作り上げた。移民社会の米国には，文化，宗教，伝統，価値観において著しい多様性がある。企業は，この多様性を前提とした制度・システムを設計し，経営する方法を必要とした。その結果，個人の権限と責任が明確な，階層組織として機能的な企業経営が追求された。また，民族的，価値的，宗教的に多様であるため，構成員の組織との一体化は，人格的というよりは機能的に求められるものとなった。

　第2に，経済合理性の追求が，経営方法に影響したもう1つの大きな思想的特質である。特に米国経済の発展において，経済的な合理主義はマックス・ウェーバーの言葉を借りれば「倫理」となった[12]。宗教改革が始動した初期資本主義の頃には隣人愛の精神が強く生きていたが，次第にそれも失われた経済合理主義になっていった。資本主義を発展させてきた20世紀の

米国企業は，タイプⅠに典型的な市場指向の合理主義的な経営を展開してきた。

　このとき，労働力としての従業員は，契約に基づいて雇用される交換可能な生産投入要素である。宗教も価値観も文化も違う人たちが構成する移民社会で，1つの組織目的に価値的，人格的に一体化させ従属させようとしても限界がある。そこでは，職務の責任や権限について個人主義的な結果指向の評価が行われる。雇用は契約関係によって結ばれ，合理主義的な管理の対象である。「問題なく機能している組織は人格の全人格は必要としていない。彼らが契約している活動をこなしてくれれば十分だ」と考える[13]。このように労働は取引として契約するものという認識が成立している。労働が契約であれば，より良い条件を求めて転職することに倫理的制約はない。

　米国社会が「伝統なき空間的モザイク」であるとする見方に立てば，「モザイク型に多様化した文化が併存するなら，文化的統合とか伝統的・慣習的規則とかは許されず，……「明記された法」という枠組み以外のことでは，各人かってたるべしと言う以外にない」[14]。そこには，「雇用関係は特定の成果を要求する契約にすぎない。他のことは何も要求しない。それ以外のいかなる試みも，人権の侵害である」とドラッカーは言う[15]。雇用関係は契約であるという強い観念は，それを支える社会規範および個人主義を共通の基盤として，組織も社会も合意して成立していることを示している。米国社会は，契約社会に対する信認を広く共有している。

　第3に，主体と客体は明確に分離され，客体である対象に対峙して向き合うことが科学的な姿勢となった。そのとき対象を限りなく細分化して分析することによって法則や真理を明らかにする方法が科学的思考の特徴となった。主体と客体を分離する思考は，個人が組織に参加することは，会社側から見ても労働者側から見ても，契約関係として認識されるのである。

　その結果，企業は，分業によって専門化された活動を統合するために，階層組織を基本とした機械的な管理方法を発展させた。アマゾン創業者ジェフ・ベゾスの次の言葉には，組織を機械的なシステムとして運営する考えがよく出ている。「コミュニケーションは機能不全の印なんだ。緊密で有機的

につながる仕事ができていないから，関係者のコミュニケーションが必要になる」[16]。

日本企業の社会文化的基盤

　現在の日本企業は，経済のグローバル化の中で米国式の経営方法への追随を強めている。それでもタイプⅡとしての日本企業の経営や統治方法，雇用制度は，タイプⅠの米国企業とは対照的側面がある。

　よく指摘されるように，西欧思想において自然と人間との関係は，主体としての人間を中心に自然を考える。その結果，自然は征服されるべきものと考えられた。自然を人間のために利用しようとするキリスト教の人間中心主義の自然観が強く見られたのである[17]。

　これに対し日本の思想的伝統は，「自然とともに生きる」という考えが強い。個人は自然に対してその一部であると考え，まったく独立した存在であると考えてこなかった。自然は信仰の対象そのものであった。自然も人間もともに対象化された関係としてとらえられてきた。和辻哲郎は，「自然を征服しようともせずまた自然に敵対しようともしなかった」と表現した[18]。

　一流の職人や芸術家は，「対象が話しかけてくる」と言い，対象に一体化したとき深遠な思想に到達し本質的なアイデアを得る。宮大工の西岡常一は，「木と話ができなければまともな大工にはなれん」と教えられてきた[19]。そこで「木のいのち木のこころ」を感じ取る努力を重ねその技能を高めた。自然との関係は，「対象と対話する」「対象に棲み込む」という契機を経て，より高度の本質的な意味を認識する能力を手に入れるのである。

　「対象と対話する」のは，現場においてである。現場主義の真髄は，「対象に棲み込み」，対象が語りかけてくる言葉を聞くことによって，本質に迫るヒントを与えてくれることである。企業においても，前川製作所は，「自己とは場所のなかにいる自己である」という主客不分離の思想をベースに，場所を重視した開発こそ飛躍的な革新を生むと考える経営をしている[20]。こうした自然と融合する，対象と対話する姿勢は，わが国の自然観，世界観には広く見られる特徴であった。

　このようにわが国では，伝統的自然観や宗教観を基礎にして，社会においても組織においても個人を一体化してとらえる傾向があった。本書は，文化的特殊性がすべてを決定しているという考えには立たないが，この心理特性が企業経営と従業員の行動に反映していると考えている。加えて，「日本人の経済行動の前提となる世界観は，……基本的に易行化（救済の容易化―筆者注）の下の仏教の影響によって身近な他者の概念を基礎に形成されたといえよう」[21]。つまり，他者に対する思いやりが自らの救済の道であると説くようになった。このことは，キリスト教世界の世界観と極めて対照的である。こうして自然も人間社会も，1つの全体の中で「共存共栄が本来の姿」であるとする考えを強めた。もっとも，戦前の企業では社員と工員の区別が明確に存在し，日給制の工員が経営にたいして強い一体化意識を持つことは，少なかった。

　こうした背景の中で，経営の近代化や人間関係的諸施策が強く求められた戦後の日本企業では，米国流の株主価値優先の経営は結局発達しなかった。日本企業の経営は，組織の生産効率化やそれに向けた従業員のマネジメントに力点をおき，経営は内部指向を強めてきた。その中で京セラは，その経営理念を，「全従業員の物心両面の幸福を追求すると同時に，人類，社会の進歩発展に貢献すること」と定めることによって，従業員が京セラを「自分の会社」と思うようになり，「あたかも自分が経営者であるかのように懸命に働いてくれるようになった」。このように，従業員重視をかかげる企業では，契約ではなく目的の共有をベースに，従業員の組織との一体化を強調する経営姿勢が強くなるのであった。

経済的背景

　多くの日本企業が戦後に組織・人を重視した経営を強めたマクロ的な経済的背景として，1つは戦後の財閥解体と激しい労使対立の克服の必要性，もう1つは1960年代から始まる貿易・投資の自由化があった。

　1950年前後の厳しい労使対立を経験した日本企業は，労働組合に対して対立的な関係を避け，労使協調的な関係の構築に努めた。戦後復興を果たし

たわが国の企業は，伝統に基礎をおいた集団的，共同体的価値観に回帰する傾向を強め，個人が組織への一体化を強めることを求めていった。終身雇用制や年功序列制がそうした組織のあり方を制度的に支えた。労働組合も，終身雇用制や年功序列賃金を受け入れながら労使協議制を通した経営参加を求めていった。

　1960年代後半になると，国際競争に対処するため，組織の足腰の強化を図る目的で，日本企業はQC（品質管理）サークル活動の取り組みをベースに全社的品質管理，改善活動などを通して，漸進的にコストや品質を改善する組織能力を高める経営方法を強化してきた。経済の自由化は，日本企業の経営にとって大きな脅威であった。経営者が何より恐れたのは，日米企業の歴然たる規模格差であった。資本自由化が決定された1967年の売上高を比較すると，GE（ゼネラル・エレクトリック）は日立製作所の4.4倍，デュポンは三菱化学の6.9倍，GMはトヨタ自動車の15.9倍もあった。当時の大量生産主流の経済では，大規模の優位性は圧倒的であったから，戦略の違いよりもなによりも規模の格差への恐怖心が強く，そのための対策として組織強化が図られた。全員が一丸となって一層のコスト引き下げと品質強化に取り組んだ。

　そうして取り組んだ改善・提案制度やTQC（全社的品質管理）は，一定規模以上の製造業で広く普及し，コスト低減，品質改善に大きな効果を発揮した。小集団活動が従業員の主体性を強め，生産性向上への取り組みを強めた。トヨタ自動車では，自動車部品を製造する大型プレス機の金型交換が，昭和20年代の2〜3時間，昭和30年代に15分，昭和40年代後半になると3分にまで改善された。同様の生産効率向上は他の企業でも広く行われた。日本企業は，共同体指向の強い文化的，歴史的基盤の上で，人びとの集団への一体化を強め，QCサークルや小集団活動を定着させることでオペレーション効率化を追求する経営を強化してきた。株主の影響力が弱かったため，経営的にはステークホルダーを重視する成長目標が優先された。

対照的な企業統治

　米国企業の経営思想は，企業統治についても明確で，企業は出資者つまり株主のものと理解されてきた。フォードの経営方針をめぐる訴訟に対して出されたミシガン州最高裁判所の判決（1919年）において，「企業は株主利益を最優先して組織され，経営される」とする判断が下された。こうして，企業統治について明確な米国式スタイルが生まれ，所有権に基づく株主主権論が法的に確立される。企業規模拡大とともに資本所有者による直接支配は困難となり，専門経営者に経営を委託するようになった。専門経営者は株主のエージェント（代理人）となり，株主価値を最大にすることがその任務であるとみなされた。

　所有者としての株主の力が強くなるにつれ，経営の基準は株主資本利益率（ROE: return on equity）が中心となる。経営者は，株主資本利益率を基準に達成した成果で評価される。そして資本市場は，短期的に業績をあげるよう経営者に対して強い圧力をかける。会社が株主のものであるという前提から出発すれば，企業の目的は株主利益の追求であり，経営が市場への対応を重視するのは当然である。

　会社は株主のものであるという見方は，会社法の専門家の間では支配的意見である。米国では，株主主権論は依然として支配的見解であり，それゆえ経営者は株主の代理人として仕事をするということについて社会的合意が成立している。米国で使われる経済学や経営学のテキストでは，これは企業活動の基本的前提として説明されている。経済学でエージェンシー理論が発達したのは，株主の代理人である経営者をいかに統制すればよいか研究する意図があった。

　会社は株主のものであることを前提に考える米国では，雇用関係において従業員は「うちの会社」とは言わず，株主が支配する「あなたの会社（your company）」と考える[22]。しかも社会的帰属意識として，「自分たち」と「彼ら」は対立的で別個の存在であると考える傾向がある。

　対照的に日本企業では，「うちの会社」という言葉を比較的よく使う。「うち」は「そと」に対する区別を表すが，内部の違いは一時的に消えている。

このとき内なる者は，一体的にとらえられている暗黙の意識がある。もっとも，非正規雇用に大きく依存する小売業やサービス業では，帰属意識や一体感を持てなくなっているのが実情で，一体感をどのように確保するかが今日的な課題となっている。

　米国企業では，労働者にとって会社は株主のものであり，あなたの会社である。契約によって支配する者と支配される者，雇用する者と雇用される者の力関係が明白に存在する。とはいえ一部の企業は，例えば，IBM 創設者のトーマス・ワトソンは社員をファミリーとして扱い，スターバックスのオーナー兼最高経営責任者のハワード・シュルツも，サウスウエスト航空創業者のハーブ・ケレハーも同様の考えの持ち主である。サウスウエスト航空は従業員を家族とみなし従業員の幸せを優先するとまで表明している。

　そのような場合でも厳然として存在する資本市場の現実は，米国企業では，第1に，所有権を前提に会社は株主のものとして企業統治が行われること。第2に，所有は経営に反映し，経営者は株主の代理人とみなされることである。IBM やサウスウエスト航空，スターバックスがその家族主義的経営を行うことができるのは，経営者がオーナーであり，オーナーがそのような経営思想を有したからである。

　一般的には，米国企業もそこで働く個人も，強い市場原理の下で行動する。それゆえ企業は，相対的に機会やリスクを論理的に分析した上で，財務的な利益重視型の行動をとる。こうして生まれた戦略経営やポートフォリオ経営，M&A の手法が広められていった。現在の米国企業を代表するのは，これら手法を駆使する達成指向型の組織である。

　これに対し戦後のわが国では，財閥解体や資本市場の未発達によって企業が銀行への依存を強めたことや，一時の激しい労使対立の中で危機意識を持った会社側が労使協調的な政策をとることによって，株主主権の思想が発達しなかった。日本企業では，「会社はだれのためにあるか」については，「会社は皆のためにある」という意識が戦後の大企業経営者の中に相対的に強く認められる。会社を所有の視点から考えるのではなく，存在目的から考える傾向があった。

　会社が「皆のためにある」とすれば，その経営は利益追求のための市場戦略優先ではなく，人の集まりとしての組織の維持に相対的に力点がおかれる。そして，「社会の公器」としてステークホルダーとの共存共栄が重視される。こうした考えは，所有と経営の分離が進んだ大企業の雇用経営者には当然受け入れやすい思想となって広まる。

松下幸之助の人間観

　以上のように，タイプⅠとタイプⅡは，米国企業，日本企業の経営の重要な特徴を示している。タイプⅠは，資本主義の精神ともいうべき経済合理性を強く追求する。タイプⅡは，共同体思想や自然との融合を重視した世界観を基礎において，人々の協働や事業そのものの発展に価値を見出す傾向があった。これは戦後の企業経営で，利益よりも成長目標が重視されるという事実となってきた。

　もちろん現実には，すべての米国企業がタイプⅠと同じでないように，すべての日本企業がタイプⅡと同じであったわけではない。タイプⅠとタイプⅡは，あくまでも理念型モデルである。米国では，前述した企業や，HP 社の共同創業者のデービッド・パッカードは HP 社の経営がオープンな参加型であることを求めていた。スコッチテープやポストイットで知られる 3M は，開発における自主テーマを尊重し，社員の企業家精神と自律的な行動を支援する経営を重視した。

　またわが国では，松下幸之助は，「要するに対立とは，すべてのものが一対一の関係において存在することなんです。……自然のままに独立して存在しているということで，それ自体は善でも悪でもない自然の姿なのです。……人間と人間とが一対一の関係において対立しているのは，自然の姿であるということが分かりますと，お互いに相手を尊重しあうようになると思います」といって，独立した存在であるがゆえに対立した関係にあることを否定しなかった[23]。「対立しながら調和しているから，それで一体と言える」のであって，「一体となるためには，対立しながら調和しなければならないのです」。つまり，対立した存在が理念や目的を共有し調和することを求

めた。

　この点で，松下幸之助は，個人が組織に従属すると考えていたわけではなく，一般的な家族主義的な共同体思考とも違っている（創業初期に家族主義的な考えはあったが）。ましてや欧米の思想に見られる個人の独立と，組織との対立あるいは階級対立の思想でもなかった。

　労働組合の結成についても，「対立と調和ということは，いわば1つの自然の理法であり，社会のあるべき姿である」として，健全な労使関係を望んだ。これは，会社と労働組合，人と人，企業と企業，国家と国家など，すべてに当てはまると考えた。衆知の考えも根本は同じで，独立した個が対立し調和することで一体化すると考えた。

　ここで考えられている個は，自然の中の1つの存在である個であり，全体としての自然体系に調和して存在する個である。それは，生成発展の自然の理法にしたがうことを強調したように，エコロジー（生態系）の考えと言うべきものである。エコロジーは，自立的な個が互いにつながり，相互依存的に進化しながら変化する共生のシステムである。

　このように幸之助は，個が対立して存在するのは自然の理法であるとみなしたが，個人主義的な思想ではなかった。それは個人が軽視される見方とも違う，個人と個人，個人と組織の調和を重視するものであった。生成発展の自然の理法は，エコロジー的な発想であった。それゆえ企業は，「1人だけの繁栄はありえず」，自他の共存共栄を求めるべきものと考えた。その点で，松下幸之助の経営スタイルはわが国の企業経営の中では異色であり，時代を先取りする先見性があった。

　いずれにせよ，企業と従業員の関係について戦後多くの日本企業で労使協調的関係が重視され，組織のオペレーションを中心に人・組織のマネジメントを強めた。小集団活動や全社的品質管理が強まったのは，全社的に生産性向上やコストダウンに取り組んだことを意味している。提案制度を取り入れ，品質管理やコスト低減を小集団活動によって展開した日本の企業経営は，1980年代にはさらに競争力強化を実現し注目された。

　その結果1980年代には，小集団活動による改善活動や品質改善を進める

TQC（全社的品質管理）が日本企業の経営の強みであるとの評価が欧米の研究者の間で強まった。米国経営学者の中には TQC を革新であると位置づける評価もあった。なお付言すれば，TQC を日本から導入した米国では，TQC よりも TQM を使う。製品の品質管理よりも組織全体の経営品質に力点があるからである。その思想から，優れた経営を表彰するマルコム・ボルドリッジ賞が生まれた。

3. 参加と主体性を求める経営

移り変わる「企業は人なり」

　第1章で述べたように，松下幸之助は，会社の使命遂行と経営の創造を経営理念の柱にしている。そして衆知による経営を最高の経営だとしてきた。全従業員が一体となって取り組む体制の中で，仕事を任せ，1人ひとりがその能力や知恵を発揮する経営を追求してきた。それを彼は衆知の経営と呼んだ。

　これに関連する言葉として，企業経営では「人が基本」「企業は人なり」という表現がしばしば聞かれる。しかし，「どこの企業でも，「企業は人だ」などといいながら，その実，それが一体どういう意味なのかあまり分析されていない」とホンダの藤沢武夫は指摘する。人々のやる気を引き出す方法・扱い方には，企業によって異なる取り組みがある。

　「人が基本」といっても，そこには大別して次のような意味があった。

　第1に，古典的な見方で，組織の構成要素としての人に注目するものの，組織を底辺で支える土台として見る考えである。わが国では，「人は城，人は石垣，人は堀」（武田信玄）とする考えがあった。戦国武将の武田信玄は，信頼できる人の力が強固な城に匹敵すると考えた。信玄は信頼が力になることを言いたかったが，「人は城」は往々にして支配者を守るための「人は盾」としても使われた。米国企業の経営に見られる伝統的な組織観では，人は機械的システムの交換可能な部品として階層組織の底辺にある労働力として考

えられてきた。

　第2に，組織メンバーが，全員一体となって改善や効率化，生産性向上に
取り組む参加的組織を意味することがある。良好な人間関係を基に，動機づ
けを強め生産性を高める取り組みである。これは，メンバーがチームとして
一体的な行動をとる仕組みを考えてきた。

　第3に，構成員1人ひとりが専門的な知識を有し，権限と責任を持って自
己規制的に行動し仕事をしていく組織である。コンサルタント会社や会計事
務所，法律事務所のプロフェッショナル組織では，こうした側面がよく見ら
れる。近年では，製造業や情報・サービス業分野の大企業で，コア人材を対
象にこの人材マネジメント方法が広がっている。

　こうして，「企業は人なり」とはいうが，個々の事業のあり方も組織の仕
組みも異なり，広く定着した唯一の考えはまだない。個々の企業によって異
なる取り組みが行われている。

　この取り組みの違いを理解した上で，本章では，衆知の経営における人と
組織のマネジメントのこれからを考えていきたい。その際，参加が1つの
キーワードである。そこで参加について考察した上で，タイプⅡと衆知の経
営との関連を確認し，その後に衆知の経営の成立条件を検討しよう。

参加行動

　本書の関心からすると，組織・人重視のタイプⅡの内容を示す表現を求め
れば，参加的経営に近い。これまでにも終身雇用制，年功序列制，集団主
義，経営家族主義，ボトムアップ経営，協調的な労使関係，人本主義などが
日本企業の経営の特徴として指摘されてきた。それらは日本企業の経営に集
団主義的あるいは共同体的な参加的側面があることを共通して示している。
とはいえ，参加は一様ではない。また，「経営参加を重視する傾向はけっし
て日本独自ではない，むしろ先進国一般に共通する傾向とみるほかない」と
いう意見がある。豊富なデータをもとに小池和男は，終身雇用についても参
加についても，日本の特殊性を否定している。本書は，タイプⅡの参加的側
面を吟味した上で，タイプⅡの発展型として衆知の経営および全員経営をと

らえたい。

　まず参加の意味は広く，国によって企業規模によって業種によって，企業における参加の実態は違っている。同じ参加の言葉を用いても，同じ内容であるとは限らない。そこで参加の意味から考えよう。元来，組織は，資本であれ労働力であれ，1人ではできないことを複数の人が集まって協力して実現するために作られる。参加は人々が協力し，組織目的の達成に向けて能力や知恵を活かすことである。参加に身体的行動による参加と知的な貢献による参加があるとすれば，衆知の経営は，知恵を活かすことをさしている。

　松下幸之助は，「万物すべてこれわが師である」と考えて，あらゆるところにアイデアがあり活かされるべきであると考えてきた。また，「この世の中に住む限り，人びとはみなつながっているから，自分がつまずけば，他人も迷惑する。他人に迷惑をかけるくらいなら，1人の知恵で歩まぬほうがいい」。だから衆知を集めるのだといっている。そこには，経営者の過剰な自信や思い上がりを防ぐ謙虚な心構えが示されている。衆知はむしろ経営者に向けられた言葉である。

　松下幸之助は，若い頃に自らの病弱な体質のゆえに無理ができなかった。病床から指示を出すこともあった。そのため仕事とその権限を部下に委譲することを自然に行い，分権的組織である事業部制組織を1933年に自らの考えで編み出し日本で最初に導入した。仕事はできるだけ部下に任せていった。また，自分が高学歴の専門知識を身につけた人間ではないことを自覚し，人の意見をよく聞き情報の収集と学習にたけていた。そして自然に「衆知を集める」ことを実行してきた。衆知の心は，社内だけでなく，仕入れ先や販売店などの社外の声，第3者の意見にも耳を傾けることであった。

　松下幸之助は，素直な心の大切さをよく語るが，自らが偏見なく衆知を求めて意思決定をするために，素直な心を常に保持しようとした。しかし衆知を求め権限を委譲してきたが，経営者の指導性や責任を部下に丸投げしてしまうことではなかった。経営者としての責任を常に自覚し，大局を判断し組織の方向づけを行う中で，現場にいる構成員の声を十分に聴いて経営を行うことに努めたのである。

ボトムアップとの違い

　参加に類似する概念としてボトムアップがある。ボトムアップは，下位からの発議で物事が決定されていく管理方式である。日本企業の組織は，しばしば集団主義的でボトムアップ経営だと評価されてきた。

　これに対し衆知の経営は，経営者が理念・方針を示し，結果について責任を持つ中で行われる参加であり集団の知恵の活用である。経営者が責任を持ちながら，権限を部下に委譲する。その際，委譲して任せても，結果に対する責任は最終的には任せる側である経営者・リーダーが負うものであることを強調している。それゆえ，「率先すること」と「任せること」を巧みにミックスし使ってきた。任せっぱなしや現場への丸投げを戒めて，松下幸之助が実行したのは，「任せて任せず」の経営であった。「任せて任せず」を実行し，実質的な分権化を推進して従業員のモチベーションを高めることに成功してきた。

　日本企業の経営を参加的なボトムアップ経営とみなした根拠の1つは，稟議制度である。稟議制度は，組織下部からの上申に基づいてトップが決済する積み上げ型の意思決定方式である。それゆえ稟議制度は情報の共有にはなっても，形式化が進めば参加の実質が失われる。

　ボトムアップ経営は，むしろ問題の原因を作ることがあると経営者は懸念する。なぜなら，経営を現場任せにして，経営者がその役割を果たしていない形式化した行動が増えるからである。あるいは従業員の参加が形式化してしまうからである。そのとき，ボトムアップの実態は官僚制的側面が強くなる。

　具体的に，ボトムアップには次のような側面が指摘される。「ボトムアップ方式で年次計画を組んでいくと，容易に達成できそうな保守的な目標しか出てこないこともある。また，いわゆる「予算制度」を採用している製造業であれば，製造原価予算は原価企画部門や経営企画部門が，その他の経費予算は実際に経費を使う各部門がつくることが多い。しかし，これでは，管理部門が設定した数字を与えられるだけとなってしまい，大多数の社員が所属する製造部門は納得感や責任感は持ちにくいだろう。また，収入と経費を対

応させて利益目標を立てられるのが，経理部などの特定の部門に限定されてしまい，営業部門や製造部門などの社員には自分たちの部門の利益（採算）について考える機会がほとんど与えられなくなる」[24]。こうした弊害を避けるため，全員参加をかかげる稲盛は，集団の自律性とリーダーの役割を強調する。

経営参加論との違い

参加には，所有権，経営決定，情報共有，利益分配，責任への参加など多様な次元と形態があるが，理論的には参加とは経営参加のことであるとする根強い考えがある。経営参加は理論的に主に2つの参加形態を意味してきた。第1は，ドイツの共同決定法に見られる経営参加である。ドイツ（当時西ドイツ）の共同決定法では，監査役会（わが国の取締役会に相当する）へ役員を送り込むことが法的に制度化され，経営レベルへの参加が実現している。従業員2000人以上の企業では，従業員代表が監査役会の議席の半分を占め，その決定を左右する存在である。

第2は，労使協議制による参加である。労使協議制は，経営問題に対する労使双方による協議機関（経営協議会）を通して協議することを定めたものである。わが国でよくみられる労使協議制は，経営合理化や長期計画から職場レベルの作業条件・待遇改善まで，労使協議による労働側の参加・協議制度である。協議対象は企業に任せられ，参加の内容も協議や意見陳述，同意などがある。これら2つの形態は，いずれも経営レベルの意思決定への参加である。

しかし，参加をこの2つの形態に限定するのは，産業民主主義の視点のゆえであったが，視野を限定している。組織の設立自体が，多数の人びとが協力し1人ではできないことを実現することが目的であった。それゆえ本書は，小集団活動に代表される職場レベルの様々な取り組みと意思決定への参加をも広く参加の概念でとらえたい。

日本企業で広く行われている小集団活動は，職場での品質改善・コスト低減などの参加的な改善活動である。小集団活動は業務改善と一体となった効

率化への取り組みで，従業員には主体性を発揮する参加的な場を提供している。その大事な点は，第1に，従業員の自発的な活動とその能力を高める機会となっている。第2に，それは継続的な改善活動によって生産性を上げる，コストを下げるなどの成果につながる活動である。その意味で従業員参加の意義は大きい。こうした活動を通して得られる個人の達成感や満足感は，動機づけとしても意味があるだろう。

　つまりタイプⅡに見られる参加は，従来の参加理論が取り上げる2つの経営参加形態に限定されず，日常業務の実行レベルで従業員が組織目的の達成に加わる活動まで対象としている。日常的な改善活動を通しての参加が成果向上に重要な役割を果たし，これまでの日本企業の競争力はそこに重要な源泉があった。この点を無視してはTQCや小集団活動の適切な評価はできないし，働く人の自主性や全員参加経営の意味をとらえることができないだろう。

衆知の経営における参加の意味

　従来の経営参加論と衆知の経営論・全員参加経営論との重要な相違点は，前者の経営参加論が，労働者と使用者が資本所有をめぐり，あるいは階層的意識に基づく対立を前提に参加の権利をとらえていることである。そこでは所有の対立を明示的に残したままである。労働者は使用者・経営者に対立し，産業民主主義として権利の行使を求めてきたのである。労働者が経営側と対等であろうとして経営決定への参加を求めている。

　これに対し衆知の経営・全員参加経営は，第1に，所有における労使対立として存在するのではなく，すべての個人の存在が大いなる全体の一部であるという意味である。特に衆知の経営はエコロジー的な見方であり，個々の構成要素は対立すると同時に調和するものであると考える。第2に，その認識が強ければ，従業員を信頼し，仕事は部下に任せる。それは，権限をゆだねられた個人・集団の知恵を活かした経営を意味する。従属的な一体化が強調される伝統的な集団主義的経営とは，その点で異なる。

　こうして，衆知の経営や全員参加経営は，所有権をめぐる対立関係を一時

的に止揚したところに存在する。近代株式会社制度の下では法律的な所有構造に変化がないのは明らかであるが，その経営の変化は「社会の公器」となることによって成立する。それは，「事業は社会の預かりもの」であり，「企業は社会の公器である」として，その経営責任を強く自覚した松下幸之助の姿勢に端的に現れている。それゆえ，経営する側の意識が所有を前提とする支配ではないという点で，全員経営において対立関係は後退している。われわれは衆知の経営は参加的経営の発展型であると考えているが，この点で伝統的な経営参加論との違いを評価している。

　従来の経営参加論で取り上げる経営決定への参加は，労働者による日常の職務遂行や動機づけには直接に何も起こっていない。そこには組織目的達成に向けた自己管理は存在しない。それゆえそれは，経営的な共同決定が行われたとしても，現場で労働者が「わがこと」のように主体的に行動する保証はなく，全員参加経営がめざす参加とも異なる参加である。従来の経営参加論と衆知の経営・全員参加経営論は，経営の事実前提としての所有についての考え方に大きな違いがある。

　しかしながら，広く知られている概念であるにもかかわらず，衆知の経営は総論としての性質が強く各論はあいまいである。理論的にも実践的にも，衆知の経営の内容は抽象的なままである。では衆知を集める経営とはどのような経営であるのか。

4. 衆知の経営の成立条件とは

　そこで，衆知の経営とは何か，その成立にはどんな条件が求められるのか各論的に検討していきたい。衆知の経営というと難しく聞こえるが，松下幸之助にとって，それは何よりも人を活かし知恵を集める経営のことである。それはどのように経営することを求めるのか。

　松下幸之助は社員に仕事を指示するときでも，できるだけ相談的に進めた。「「ぼくはこう思うのだが，あんたはどう思うか」といった調子である。

そうすると，その人は一応自分の考えをいう。その考えが「なるほど」と思えるものであれば「なるほど，わかった。そういうことであれば，それはもっともだ。その点はこう考えてやろうやないか」というように，相手の考え方なり提案をとり入れつつ仕事を進めていくようにするわけである。そうするとそこには自分の提案が加わっているから，その人はわが事としてその仕事に取り組むようになる」[25]。このように，衆知の経営の核心は人を活かす経営であり，信頼して任せることによってその能力や知恵を引き出す経営を意味している。

　そこで以下では，衆知の経営の成立条件を，まず経営する側から考えよう。

　第1に，衆知であるためには，人の意見を進んで求め，経営の意思決定に活かすことである。その姿勢は，「あらゆるものが師である」と言ってきた松下幸之助の言葉に象徴される。第2に，それには，組織の風通しがよくなければならないから，上から下へ，下から上へ，あるいは集団内のコミュニケーションが自由にできるようにして多くの人の意見が聞けるようにすることである。第3に，その上で，企業環境の客観的条件と企業の主体的条件を考え，意思決定をする。第4に，事業の方向性が決まったならば，できるだけ権限を委譲し任せる経営をする。そのため松下電器は典型的には事業部制を採用し分権化を進めた。第5に，分権化し仕事を部下に任せて，各人に主体性をもたせることである。それが衆知を集める方法であった。事業部制は分権的組織であり，参加の一方法である。事業部制を通して様々な課題を解決する経験と学習を重ね能力を高めるようにした。それが松下流の人材育成方法でもあった。そのためにはさらに，第6に，分権制による責任，予算，評価，意思決定などの具体的な環境条件，仕組みづくりが行われた。

　衆知の経営と全員参加経営は，全員が目的・価値を共有し，衆知を集め，成果をあげることをめざしている点で共通する。ただ，その参加方法には違いがある。松下幸之助も，「全員参加による全員経営」といい，「衆知の経営は全員経営である」というが，それは形式としてフラットな組織の「全員参加」の意味ではなく，分権制を通した自発的な取り組みの中で，全員が一体

となり知恵を出し会社の発展に貢献することを考えている。それゆえ，松下幸之助は「衆知の経営」に重きをおいている。

　これに対し全員参加経営を提唱する稲盛和夫は，活動単位としてのアメーバ集団を考え出し，アメーバ組織を通した全員参加を追求している。そしてアメーバ経営は，最終成果と，それに対する全員の直接的な貢献と責任をリンクさせ見える化している。稲盛は，アメーバ経営の「目標を達成するためのリーダーの5つの役割」を指摘している。それは，

　①　明確な目標を立て，達成できると心から信じる。

　②　具体的・論理的な方法を検討し続ける。

　③　達成する方法を部下に示し，自信を持たせる。

　④　部下の意見を聞き，正しければ採用する。

　⑤　ど真剣に気を込めて日々採算を作る。

　これからわかるように，稲盛にとって，全員参加を求めながら全員参加経営は現場に任せっきりにすることではない。衆知の経営をリーダーの心得えとした松下幸之助と同様に，稲盛はリーダーの役割を重視している。全員参加経営においても衆知の経営においても，経営者や管理者がそれぞれにリーダーシップを発揮し，全体的な判断を行って意思決定をする責任を明確に背負っている。

　そして衆知の経営の従業員には，次のことが期待されている。第1に，従業員が主体性を持つこと。第2に，強い仕事意欲を持つこと。第3に，失敗を恐れず日々新たであることである。衆知の経営を実現するためには，社員が主体性を持って日々新たな姿勢で仕事に取り組むことが求められている。それは，従業員1人ひとりがわがこととしてそれぞれの仕事に向き合うことである。

　以上の考察から，衆知を集めた全員経営の成立には，次の5つの要件を導くことができるだろう。それは，①基本理念・目的の共有，②リーダーによる経営イニシアチブの発揮，③上から下へ，下から上へのコミュニケーションと情報の共有，④メンバーによる行動の主体性の発揮とそのための権限移譲，⑤組織の仕組みおよび仕事環境の整備，の5点である。とはい

え，これらの条件は，具体的な行動を導くにはまだ一般性の高い概念である。しかし全員経営の成立条件として欠かせないであろう。以下，これらの点についてどのように実践されるのか，事例を見ながら検討しよう。

基本理念・目的を共有する

　第1に，基本理念・目的の共有である。その共有とは，組織の目的や理念を受け入れ，社員が自発的に当事者意識を持ってそれぞれが自ら考え行動することである。それは，何のためにこの仕事をするのかを理解し行動することである。例えば，「スポーツによる青少年の育成を通じて社会の発展に貢献する」（アシックス）とか，「社会の問題点を解決する」（パソナ），「社員の幸せを通して社会に貢献する」（伊那食品工業）などの理念・目的はわかりやすく，共感を促進するであろう。

　会社がどうなるかは，「1人ひとりが，どういう意欲を自分の仕事に対して示すかどうかなのです。それ以外はありません。1人ひとりが，自分の問題として，仕事を受けとめなければならないのです。仕事に対しての関心の度合いが薄かったら，変化に取り残されます」と鈴木敏文は指摘する[26]。このように経営者は，従業員一人ひとりが目的を理解し，当事者意識を持って仕事に取り組むことが不可欠であると考える。「そしてチームを組むには，達成すべき目標が「努力するに値すること」だという認識と情熱をチーム全員に共有してもらわなくてはいけない」と考える。

　目的を共有するとは，かかげられた企業理念や目標を単に受け入れることではなく，目的を同じくして責任ある当事者として行動することである。このとき大切なことは，具体的な目標を提示し，遂行するべき仕事と責任を常に明確にしていくことである。

　イトーヨーカドーの伊藤雅俊は，「会社が繁栄する第1の要因は，社員1人1人が，真の意味で"うちの会社"意識を持つことではないかと思います。"うち"意識のある社員は，どんな問題が起きても，自分を当事者として考えますが，会社に使われているという意識の社員は，難しい状況の時，誰かがこの問題を解決すべきだ，仕入れが悪い，販売が悪い，トップが悪い

と，責任を他人に転嫁しがちです」と言う[27]。

「自分の仕事だと思った時，人は頑張る」。それゆえ，1つの仕事をチームでやるとしても，チームでの仕事は共同責任であることを強調し過ぎると，個人の責任をあいまいにする。それを避けるために，「1つの責任は1人だ」と考え，個人の責任と評価をしっかりすることの必要性をファーストリテイリングの柳井正は強調する。これは，全員参加の経営が，集団主義によって責任をあいまいにしないために工夫を要する点である。

自分の仕事だと思うことができれば，1人ひとりが責任を持って仕事に取り組むようになる。そのために経営者は，たえずメンバーに向かって使命や理念を共有するように働きかける。では，どのように共有するのか，どのように当事者意識を持って行動するのか。事例を見てみよう。

例えば，リクルートが「全員皆経営者主義」を経営理念のモットーにかかげたのは，1人ひとりが主体性を発揮することが経営的にも人間的にも重要であると考えたからである[28]。リクルートでは，1人でも社内ベンチャーを立ち上げることが推奨された。その主体性は，会社の経営理念である企業家精神の発揮であればよいとされた。それが企業の目的や成果に貢献するのであれば評価されるのである。同様の視点を，ヤマト運輸は，セールスドライバーに「ヤマトは我なり」を自覚させ全員経営をめざした。さらに進んでメガネ小売業の21（トゥーワン）は，社員はオーナーであり経営者であり従業員であるとして，社員に出資を求めた上で，個々の店舗運営の決定を現場に任せる仕組みを構築している。

イトーヨーカドーやセブン-イレブンでは，既述のように，単品管理システムに基づいた仮説・検証の経営方法を取り入れ，京セラはアメーバ経営を導入することによって，個々の店舗や職場集団で社員が経営的判断をし，意思決定をする仕組みを作り上げてきた。いずれも，現場の意思決定がいかなる結果をもたらしたか，現場のメンバーが直接確認することができる。特にアメーバ経営には，組織・集団と中のメンバーが目的を共有し一体化する工夫が行われている。アメーバ経営は，社員1人ひとりが自ら採算を作る側に立ち，市場の動向に注意を払いながら行動する主体として，責任ある当事者

の意識を持つことを示している。そのため，行動の成果について情報の見える化が徹底して行われている。

　当事者意識を持つための仕組みとして，類似の取り組みが多くの職場で行われている。米国企業にあっても，HP社は，存在目的や使命の共有を促進するために，「目標を決めて達成する責任の共有，従業員持ち株制度による企業所有権の共有，利益の共有，個人と職務能力の開発機会の共有」などを人事制度に取り入れ，参加的マネジメントの実現に取り組んできたという[29]。

経営イニシアチブの発揮

　第2に，事業の存在目的や経営目標を共有するためには，経営者のイニシアチブによってそれを明確に示す必要がある。これは組織の全体的方向性を示すリーダーシップである。不確実性と多様性の中で事業の進むべき方向性を決定するには，組織をリードする経営者の意志と判断力が要る。それがなければ組織のかじ取りがあいまいとなり方向を見失う。

　しかし現実問題として，経営者の役割はしばしばあいまいになる。不確実性の高い事業環境の下で，痛みをともなう構造転換が必要なときの意思的決定には，多くの議論が出て異なる見方・解釈が鋭く対立する。その結果，決定が遅れ，計画内容が無難なものに修正されてしまうのは組織ではよく見られる。全員の意見の合意を求めるあまり痛みのない案を選択すれば，無難な計画になって革新性が消えていく。このような状況では，変化を続ける市場で機動的で戦略性のある行動をとれなくなる。いわゆる戦略不全に陥ってしまう。

　タイプⅡは，定義的に，市場対応的な戦略的イニシアチブが明確でなく，市場競争への対応を優先していない。効率化のための組織マネジメントに対する努力と比べると，戦略的イニシアチブには力点がおかれてこなかった。したがって事業の構造転換を迫られるとき，タイプⅡの企業では経営者がイニシアチブをとる自覚と決断を意識的にしなければ，戦略的行動，革新的行動を発揮することは難しくなる。

　それゆえ、「社長の役目は、会社の現状を正しく分析し、何を重点にして取り上げなければならないかを選択し、それを論理的に説明すること、つまり戦略的思考をすること」だと小倉昌男は強調する。宅配事業を構築するために、戦略にしても理念にしても、めざす組織文化にしても、それを推進するイニシアチブは、組織と市場との相互作用の中で発揮される。そのとき、経営者でなければ打ち出せない意思決定や革新がある。戦略転換による新しい事業システムの構築を図るとき、「「サービスが先、利益は後」というのは、社長だから言える言葉である」[30]。

　興味深いことに、先に引用した松下幸之助やルイス・ガースナーの言葉は、図5-1の類型が示す典型的な日米企業のパターンとは対照的な行動を示している。松下幸之助は経営理念の重要性を強調し、使命を果たすために「経営の創造」を経営者の責任であると明確にしてきた。松下幸之助の経営は、生成発展に身をゆだね日々新たに創造することに全力を傾けて取り組むことであった。

　他方、ガースナーは、IBMの再建にあたって「実行」こそが大切だと説いてきた。戦略経営が行われる企業で実行の大切さを強調することは、計画された戦略が現場に徹底されず適切に実行されていないことを反映している。ガースナーが実行の重要性を指摘するのは、戦略経営がともすれば戦略先行で、現場・現実を反映しない傾向があることを示唆している。戦略スタッフは、専門知識・スキルの豊富なプロフェッショナルであるが、現場経験が少なく本社部門でデスクワークをする専門家が中心である。こうした戦略スタッフがトップの意思決定を支えている。ガースナーは、トップと現場との間に存在するこのギャップに危機感をいだいたのである。

　松下幸之助とガースナーの言葉は、異なる社会基盤の上で、タイプⅠとタイプⅡの経営方法のそれぞれが、何が不足し何を補うべきかその要点を示唆している。松下幸之助の実際の経営は、単純にタイプⅠでもタイプⅡでもなく、どちらも常に視野に入れていた。経営理念を強調した幸之助は、根っからの商人として顧客目線を常に強く持っていたし、分権的組織をいち早く導入するなど任せる経営を推し進め、構成員の能力を引き出して経営を実行し

てきた。その意味で，衆知の経営はタイプⅠとタイプⅡの結合された経営の
方向性を示唆している。

　なお米国企業の中にも，タイプⅠの経営方法には問題があると考える経営
者がいる。前述の3MやHP社の経営者もそのように考えてきた。また，
「戦略転換をくぐり抜けてうまく舵をとる企業は，ボトムアップとトップダ
ウンの両方がうまく作用していると言えそうだ。……ボトムアップとトップ
ダウンが同程度に強い場合に，最高の結果が得られるようだ」とインテルの
グローブは指摘する[31]。このとき，米国におけるボトムアップのボトムと
は，通常，ミドルの中間マネジャーをさしている。それは，階層組織での戦
略決定と遂行の分離，管理する側と管理される側の役割分担からすれば当然
のことである。「良い組織とは，厳格な規則と階層に基づくものである」と
いう考えが強いピラミッド型の階層組織で，戦略的イニシアチブは，組織の
底辺（ボトム・オブ・ピラミッド）が関与することではないからである。

コミュニケーションを促進する

　第3の要件は，組織内のコミュニケーションである。情報や理念・目的の
共有は，コミュニケーションを前提にしている。コミュニケーションがなけ
れば情報は共有されず衆知を集めることはできない。それゆえ，衆知の経営
には意思疎通ができるコミュニケーションが必要である。コミュニケーショ
ンは組織の成立に欠かせない条件の1つである。

　コミュニケーションが行われることで，理念や目的が共有され協働意志が
働く。理念や目的が共有されることで，さらにコミュニケーションが促進さ
れる。それゆえ共有するためには，1つは部下が上司に意見を言える雰囲気
があることが重要になる。それによって衆知が集まり衆知が活きるからであ
る。そのとき，都合の悪い話に経営者が嫌な顔をしたり，機嫌を悪くしたり
するのでは下意上達は起こらない。悪い話が上がってきても，それを歓迎す
る姿勢がなければ情報は次第に隠されていき，コミュニケーションは形式化
する。衆知の経営は，形式としての参加よりも「部下の提案を喜ぶ」リー
ダーの心構えであり，職場の雰囲気，組織風土を重視している。

　もう1つの要点は，情報の開示と見える化である。組織内で情報を開示し価値前提や事実前提を共有すれば，コミュニケーションは大幅に容易になる。

　花王の中興の祖とされる丸田芳郎は，「我々の考えでは，皆が同じ力を持っている。1人ひとりがクリエイティビティを持っているのです。それをうまく発揮できないのは，組織や上の人たちに問題があるからです」といって，従業員の主体性を引き出すために，組織をフラットにする考えを持ち会社内の情報共有を進めた。コンピュータ・データベースへのアクセスを全社員にオープンにし，情報を入手できるようにした。情報をオープンにし，経営に対する信頼を高めるとともに，多くの気づきや意見が出ることを求めた。「トップ・マネジメントに対しては従業員が意見を具申できるようなかたちにし，大部屋方式と車座のコミュニケーションによって，多くの部門で自由な意見交換が促されるようにした。現場レベルでも，小集団活動によって，各個人の中にあったアイデアを共有できるようにした」[32]。丸田は，文鎮型のフラットな組織によって衆知を集めやすくする組織の構築をめざした。

　こうした情報共有は，情報技術が発達した今日では，時間的にもコスト的にも格段に容易である。したがって，少なくない企業で，情報共有はより進んだ形で実施されている。しかし現実には，種々のコミュニケーション手段が技術的にコスト的に可能であっても，それがトップへのコミュニケーションとして有効に利用されないことが起こる。組織の複雑な手続きや階層の壁，部門の壁がコミュニケーションの働きを弱めるからである。それゆえシリコンバレーのIT企業では，情報共有や開かれた直接的コミュニケーションがとりわけ大切にされてきた。オフィスを大部屋制にしたり，ノーネクタイやジーンズでの勤務が自然に行われたりするのは，開放的なコミュニケーションが価値あるアイデアを生むと考えているからである。

自発性を発揮する

　第4に，働く人の自発性あるいは主体性が確保されることである。構成員

が自発的に取り組む環境が整備され，主体性が発揮できるようにする。それは，権限を委譲され任せられることである。人は任せられるとき，仕事の意義を感じ責任ある行動をとるようになる。

なお主体という言葉には，主体と客体（対象）があり主体と客体を分離して対立的に考える西欧思想の伝統がある。主体は独立した存在であり，その行動に自己責任を持つことを意識している。主体性は主体が責任を持って自律的に行動することで，自発性は自ら進んで行うことである。本書では，自発性は主体性よりもゆるやかな意味で使われる。

既述のようにわが国では，自然を信仰の対象とし自然との融合一体化の思想が伝統的に形成されてきた。この思想は，主体と客体を分離・対立した関係としてはとらえてこなかった。それゆえ，わが国では，主体性よりも自発性あるいは自主性の概念が適切であると考えられるが，一般には思想的な背景とは切り離されて使われている。以下では支障のない限り，これらの言葉を近似的に使うことにする。

では一体化と主体性はどのような関係にあるのか。まず一体化の意味は，個人の目的と組織の目的が重なり合い，個人の行動が組織目的に統合されることである。一体化は協働意志を表し，共有した価値・目的と調和した行動をとることである。

わが国の雇用関係には，主体と対象を明確に区別せず融合し一体化する思想的な基盤があったことから，協調的関係があることは従来から指摘されてきた。反面，組織において全人格的な一体化を強制的に求める傾向があることを先に指摘した。それはしばしば過労死を招くことがあった。過労死は，チームワークや一体化の名のもとで組織への一体化が過度に優先され，個人が組織に従属することを示している。しかしすでに述べたように，松下幸之助が個と個が対立し調和することが自然の摂理であると考えたのは，エコロジー（生態系）としての調和である。そこでの一体化とは，個々は対立して存在しながらも全体が調和したシステムのように機能することである。

今日，経営者は，従業員1人ひとりが仕事そのものをわがこととしながら組織と一体化することを求めている。一体化は，従業員が会社の理念・目的

を受け入れ，それに向かって進んで行動を起こすことによって，個人の行動が組織に融合することである。このとき一体化は，理念・目的の共有と，わがこととして仕事に取り組むことができるという条件を満たすことによって強められる。

これに対し主体と客体を明確に分離する思想の下では，一体化は個々人の契約的な関係として成立する。企業は，仕事に意義を見出し主体的に行動する人材を求め，個性ある人材が創造的な能力を発揮することを期待している。これは，個人として，契約した仕事内容にコミットすることで組織への一体化を強めている。組織との一体化は，個人目的と組織目的が両立する明示的で公式的（オフィシャル）な領域で成立する。

基盤としての組織風土を重視する

対照的に日本企業は，自発性を持った働き方に関連して，個人への個別の経済的インセンティブによる動機づけ施策ではなく，小集団活動や集団意思を強める企業風土あるいは組織風土を相対的に重視してきた。「一般的に企業の盛衰を決めるのは目に見える財務力や技術力，また経営者による企業戦略であると言われている。それもだいじなことだが，それ以上に大切なものは，目に見えない社員の意識であり，その重合体である組織風土や企業文化である」と経営者は考える[33]。その意味で，「企業の差は社員の意識の差である」。その意識は，企業風土として形成されるとき，持続性が高まる。こうして一体化を高める企業の企業風土が構築されれば，それは組織のインフラ（基盤）となる。

イエローハット（旧ローヤル）を創業した鍵山秀三郎は，「会社で何が大事かというと，利益より社風をよくすることだと思います。社風が悪い会社で未来永劫よくなった会社はありません。社員というのは，命令や規則，あるいは職務規定によって仕事をするということは絶対にありません。どんな会社にでも厚い規定集がありますが，その規定によって仕事をしている人は1人もいません」という[34]。鍵山は，トイレ掃除を率先して行い，やがてそれが従業員にも広がり，行動や意識の変革を起こすところまで社風を変革し

た。それは，いい社風が1人ひとりの自発性を高め，顧客対応力を高めることを実証してきた。

企業風土に着目すると，わが国企業の経営理念や社是・社訓の歴史には，主体性を促す精神があった。キヤノンには創業以来の企業哲学として「三自の精神」がある。それは，社員各自が，「自覚，自発，自治のスピリットで行動する」ことをうたい，積極的に自律的に行動する組織文化を表している。三自を認めるということは，細かすぎる規則で行動を縛らず，失敗も許容することを意味している。

製造業では，トヨタ生産方式において組み立て工程の従業員が異常に気づいたときには生産ラインを止めるボタンを押すことが認められている「自働化」は，生産効率のためだけではない。仕事に対する責任感が意識として保持されている。こうした取り組みは米国企業の常識からすれば驚きであり，米国研究者はそれを従業員が主体性を持って取り組むことの現れだと高く評価してきた。

上のトヨタの例にも示されるように，主体性について，衆知の経営と戦略経営は明白な違いの上に成り立っている。その違いとは，1つは，組織への一体化が個人主義的な契約関係なのか，組織目的・理念を共有した一体化指向の関係なのかの違いがあることである。もう1つは，組織との関係の前提として，所有に基づく株主価値を優先基準とする組織への一体化か，組織への共感をベースとした一体化の違いである。

松下幸之助は，対立する個が調和して存在することで一体化していると考えてきた。その意味では，契約的であれ人格的であれ，調和して行動が統一されるならば一体化が行われていると考えられる。このように，契約的な意味での調和なのか，さらに進んで理念や目的の共有に基づいて行われる一体化としての調和であるのか，一体化とはいっても内容に大きな違いがある。

個人に直接働きかける施策であれ集団に働きかける施策であれ，組織が構築する組織文化は，一体化のあり方に深くかかわっている。組織文化は動機づけの基盤となる。組織文化に共鳴すれば仕事を頑張ろうという気持ちを高める。反対に，違和感や不信感を持てば仕事意欲を失うであろう。

　しかし，組織文化としてうわべだけの和や主体性尊重は，積極的な貢献意欲にはつながらない。主体性に任せるだけでは，自由すぎてのんびりしてしまうとか，いわゆるぬるま湯に浸かって集団の自己満足に陥ることがある。また，利害の対立，意見の対立によって進む方向が定まらず迷いこんでしまうことは少なくない。大多数の人が主体的で生産的であるためには，目的を共有して行動のベクトルが合って，取り組むべき課題が明示的にあることが必要である。社員ファーストは，組織の存在目的を共有しないときや労使対立の中で主張すれば，使命を見失った組織になっていく。松下幸之助が考えていた衆知の経営は，その点で任せっぱなしではないし，単純なボトムアップでもないことは明白であった。

　タイプⅡにおける参加が，例えば家父長的な家族主義関係を重視するならば，そこでは個人の強い主体性は発揮されないだろう。この点について，衆知の経営は，エコロジー的に自立した個人の主体性を強く求めている。他方，タイプⅠでは，機能的な契約的参加が顕著である。そこでは，合理的な組織運営とそれを支える思想が組織文化となっている。

組織条件を整備する

　第5の要件として，社員の一体化を強め主体性を引き出すためには，理念・目的の共有に訴えるだけでなく，仕事環境である組織条件を整備することが必要である。その組織条件には，上述のコミュニケーションや組織風土に加えて，仕事を任せる仕組みと結果に対するインセンティブの与え方，報酬のあり方などの動機づけに直接寄与する仕事環境が求められる。

　そのために，仕事の環境や雇用制度，報酬制度について工夫設計し，仕事を支援する仕組みを構築することが経営の課題となる。戦略経営では，成果主義あるいは実力主義の下で，経済的インセンティブに工夫をしていく。これに対し全員経営は，協働的な労働や将来への仕事への期待に相対的に力点をおいてきた。

　いずれの経営タイプにおいても，人は主体的であるときに職務満足が高くなると考えられる。したがって高い職務満足を実現できる組織では，経営者

は部下に単に指示をするのではなく，部下が主体性を発揮できるように仕事環境を整え，部下を心理的にも組織的にも支援する役割を担っている。これが支援型リーダーシップの強まる理由である。セブン-イレブンの仮説・検証システムも，トヨタが自働化を進めなぜを5回繰り返して課題解決に取り組む姿勢も，それは多くの従業員が受け入れる有形・無形の仕組みとして存在する。主体的な行動は，具体的な組織の仕組みが作られることによって促進される。

　以上，全員経営の成立に必要な5つの条件を各論として検討した。そして，これらの条件は相補的関係にあることが明らかであった。目的を共有すれば，コミュニケーションは容易になり，働くための重要な組織条件が整備される。また，組織目的の共有はリーダーシップが発揮されていることであり，従業員の一体的行動を強め自主的な行動を促進するであろう。衆知が活かされていく全員経営には，その基礎として信頼関係があり，上意下達・下意上達のコミュニケーションがある。

5.　人材マネジメントがめざす方向

リーダーシップの2つのモード

　松下幸之助は衆知の経営を最高の経営として，タイプⅡの参加的経営を重視しながらも，経営者のリーダーシップや経営理念を重視した。ガースナーはタイプⅠでありながら実行の重要性に気づき，その徹底を求めた。2人の考えは，統一された経営をするためには2つの経営タイプは相互に補完的であるという見方を支持している。タイプⅠが市場に向かい，タイプⅡが組織に向いているのであるから，図4-1の変換プロセスを考えればそれは当然である。図4-1は，企業経営にはタテ糸，ヨコ糸のどちらも不可欠であることを示している。

　そのとき，リーダーシップにはいかなる特徴があるのか。図5-2はタイプⅠとタイプⅡのリーダーシップ・モードの特徴を表している。

図 5-2　リーダーシップの 2 つのモード

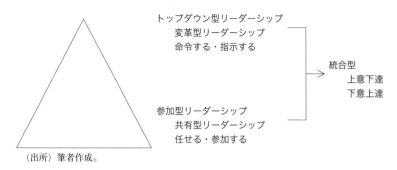

(出所) 筆者作成。

　タイプ I では，リーダーは戦略的リーダーシップによって組織をリードする意思決定と成果に責任を持つという考えが顕著であった。その意味で，リーダーはトップダウンによって構成員および組織全体をリードし，目的を達成するようにイニシアチブをとる人でなければならない。タイプ I が求めるリーダーは，ピラミッド型の階層組織に典型的な戦略的イニシアチブを持つトップダウン型である。

　しかし近年の米国では，人材マネジメントのリーダーシップについて新たな手法が展開されてきた。リーダーシップのあり方は，命令・指示が中心の伝統的リーダーシップから，参加型リーダーシップ，支援型リーダーシップ，サーバント・リーダーシップなどへと発展している。米国企業のリーダーシップの考えは変わりつつあり，スポーツの世界でその傾向は顕著に現れている。トップアスリートを動かすのは，命令指示型ではないのである。サーバント・リーダーシップや支援型リーダーシップは，「人びとに権限を与え，その能力を引き出すこと」（エンパワーメント）を支えるリーダーシップである。この変化は，リーダーが人びとの力を引き出すのは命令指示ではなく，部下の行動を支援することでメンバーの有効な行動を導くことができるという考えを示している。株主主権が強く経営者ですら代理人であることが明白に意識されるのであれば，経営者に対しても従業員に対しても，一層のインセンティブを与えて任せる必要が強まる。

　これに対しタイプ II では，リーダーに求められる役割は，組織を有効に動

かすために協働的で参加的な場を作り，マネジメントすることであった。参加することは目的の共有を前提に，組織への一体化を促進する。この場合のリーダーシップは参加的な共有型リーダーシップが中心である。しかし現実には，参加の形態，理念・目的の共有の程度，コミュニケーションのあり方によって動機づけは制約を受けている。参加的であるというだけでは自発性や動機づけが十分働かない場合がある。

参加を強める企業

　日本企業は，将来的にどのような原理に基づいて経営をしていくのか。従来の経営方法を続けていくのか，それともタイプⅡを革新するのか，あるいは戦略経営を展開しようとするのか，岐路に立っている。理念型としてのタイプⅠとタイプⅡの統合は矛盾しているかもしれない。しかし，実践では，両者は補完的である。実践はプロセスであり，そのプロセスの中で両者を併用することは可能である。

　これまで検討してきたように実践は，全員参加経営や衆知の経営を示唆している。リクルートは，「会社を共有する」という理念から，「社員皆経営者主義」を打ち出して，社員1人ひとりが経営者として起業家精神を発揮することができる組織をめざしてきた。そのために，全員に経理情報を開示し，情報および目標の共有と成果の共有を図ってきた。全員経営をかかげるのはリクルートやヤマト運輸，京セラだけではない。ファーストリテイリングの柳井正は，「全員が個人商店主」になるべきだと言う。さらに，従業員を個人事業主として制度的に切り替えている企業も出現している。第7章で紹介する21は，「フラットでサークルの組織ならたいていのことはうまくいく」として全員経営を実践している。同社では，目的の共有も情報の共有も徹底して行われている。このようにすでに少なくない企業で，全員参加に向けた取り組みが行われている。参加が衆知を引き出す優れた方法であることを，日本企業はTQCや小集団活動によって実証してきた。

　衆知の経営と全員参加経営は最終的に同じ目的をめざしているが，方法論的には1つのはっきりした違いがある。衆知の経営における参加は，知恵・

意見の参加を表している。これに対し特にアメーバ経営が示す全員参加経営は，行為としての参加をベースに文字通りの全員参加である。このように，全員参加の概念は，広くとらえられる。

　松下幸之助は，創業当初，「全員参加による全員経営の体制」を重視してきた。彼にとって全員経営とは「全員の精神，身体，資本を結集して一体とした総合力をもっておこなう」経営のことであった[35]。それは，全従業員28人で仕事をしていた1920年当時，「全員が歩みを一つにし，一歩一歩着実に進む」体制を整えるために，全従業員で「歩一会」を結成し，「全員一体の体制の中で，任せる行き方」をしてきた町工場の時代に始まっている。

　幸之助は，創業間もないころは，企業を家族のように考えて家族主義的な全員参加を考えていたが，まだ衆知という概念を手にしてはいない。企業規模が大きくなり経営者1人ですべてを指示する経営はできないことに気づいたとき，権限を委譲して分権化を進めた。事業部制による分権化は，従業員1人ひとりが経営者意識を持って仕事をする，全員経営の理念を具体化した。

　やがてそれは，衆知に基づいた全員経営の考えとなっていく。「衆知を生かす経営」「衆知を集める経営」という言葉は，『松下幸之助発言集』では1951年に登場している。この衆知の経営は経営者が全員に相談してすることではなく，それぞれの組織レベルで，「刻々に各人が意見を出し，課長とか社長はそれを常に聞いて，適正な方策を立てていく」経営の進め方のことである。したがって，「衆知による経営をいいかえますと，全員経営ということであり，これは松下電器が呱々の声を上げてから終始一貫してやってきた」ことであると考えていた[36]。

　経営は刻々と変化する状況の中で，瞬時に判断していくことが求められる。そこでは「全員に相談することは不可能」であり，大規模に企業になるほどかつての全員経営は難しくなる。それゆえ全員参加は，組織の各レベルで常日頃から意見を聞くということ，全員が責任を持って仕事に取り組むということを意味するようになった。さらに，「組織がおおきくなればなるほど，人々は，ただその華やかさに眩惑されつい浮ついた気持ちになりやすく，隅々まで統制が働かず，経費はかさむばかりでついには崩壊へと導く」。

それを防ぐには，従業員1人ひとりが経営者意識をもって仕事にあたることを求めている。「どんな仕事でも，ひとつの経営」と観念するところに適切な工夫ができるし新発見も生まれ，効果を生むことができると考えるようなった。

　こうして衆知の経営が意味する全員経営は，従業員は，「どのように小さな仕事もそれがひとつの経営なり」と，「全員が経営者としての意識を持つことである」と幸之助は考える。衆知の経営は，全員の知恵を生かした組織全体の調和をめざしている。衆知は，家族主義的な全員参加からエコロジー的な全員参加へと変わっていったのである。

　企業組織の中の個人行動に限っても，参加には多様な意味と形態がある。第1に，目的共有のあり方が契約的なのか，仕事の背後にある理念の共有なのか。第2に，一体化との関連では，契約的に調和する行動の一体化なのか，心理的レベルの一体化なのか。第3に，参加して一体化する対象は，組織なのか，仕事なのか。人は何にコミットしているのか違いがある。第4に，参加のモチベーションは，経済的報酬なのか，それ以外の報酬が重要なのか。第5に，集団として目的達成に責任を持つ参加なのか，個人として責任が明確な自律性のある仕事への参加なのか，などがある。

　それゆえ，参加や自律性が優れた動機づけになる，と簡単に結論することは性急すぎるであろう。参加も自律性も多様な条件の下で機能している。米国のように労働市場が発達し移動が比較的自由な社会と，わが国のように組織間移動が不利な状況にある社会もある。また自律性とはいっても，科学者，技術者，生産従事者，ホワイトカラー職員の求めるものは，個人の立場によって性質も強さも違うことが明らかにされている。例えば，映画製作の専門家，デザイナー，コピーライター，コンピューター・エンジニア，看護師など，専門職として仕事を基準に組織と契約し組織間を比較的自由に移動する人たちがいる。一般に，仕事にコミットする傾向の強い専門家は，組織目的と個人目的の不一致が大きく，自律性をより強く求める傾向がある。参加をどのように実行するか，答えは1つではなく，個々の企業がそれぞれの組織の状況に応じて目的と条件に合った方法を創り出す必要がある。

　こうした細かな違いはあるものの，参加は目的・価値を共有することであり，わがこととして仕事に取り組むことを求めている。それは，1人ひとりが責任を持って仕事に取り組み，主体性を発揮することである。それによって個人・組織は能力を高め，協働を効果あるものにしていく。参加は責任をともない，動機づけとして作用するであろう。全員経営の核心は，小倉昌男が言うように，社員全員が「仕事の自律性を重んじ」，それぞれの仕事に対して「責任を持って」参加することであるとみなされる。

　これまでの分析から，現代の企業経営は次の2点で変化していることをわれわれは読むことができる。第1は，変化の激しい市場に柔軟に対応するために，官僚主義化する階層組織の克服である。よりオープンなコミュニケーションを行い，価値・情報の共有によって組織としての能力を結集することである。第2は，革新を行い，組織能力を高めるために，個々人の主体的取り組みを強めることである。主体性を高めることが1人ひとりの成長を促し，組織の発展に貢献すると考える。これは経営者の意識としては当然のこと自明のことと思われるであろうが，それを着実に実行してきたわけではなかった。全員経営が示唆するのは，この課題への明確な取り組みである。

注

1）R. H. Hayes and G. P. Pisano (1990), "Beyond World Class: The New Manufacturing Strategy", *Harvard Business Review*, Jan-Feb.
2）J・パトリック・ライト (1980)『晴れた日にはGMが見える』風間偵三郎訳，ダイヤモンド社，84頁。
3）E. H. シャイン (1989)『組織文化とリーダーシップ』清水紀彦・浜田幸雄訳，ダイヤモンド社，76頁。
4）M. ビアー他 (1990)『ハーバードで教える人材戦略』梅津祐良・水谷榮二訳，日本生産性本部，序文。
5）日経産業新聞，2011年2月15日付。
6）エリック・シュミット他 (2017)『How Google Works』日経ビジネス文庫，41頁。
7）村上龍 (2008)『カンブリア宮殿村上龍×経済人2』(対談)，日本経済新聞出版社，150-151頁。
8）盛田昭夫 (1990)『Made in Japan』下村満子／E・ラインゴールド訳，227頁。
9）前掲『カンブリア宮殿』(対談)，51頁。
10）岩井克人 (2005)『会社はだれのものか』平凡社，82-83頁。
11）小林宏治 (1989)『構想と決断』ダイヤモンド社，115-116頁。
12）マックス・ウェーバー (2010)『プロテスタンティズムの倫理と資本主義の精神』中山元訳，日経BP社，70頁。

13) 前掲『組織文化とリーダーシップ』，76 頁。

14) 山本七平（1993）『日本人とアメリカ人』PHP 研究所，147 頁。

15) P. F. ドラッカー（2001）『エッセンシャル版マネジメント』ダイヤモンド社，136 頁。

16) ブラッド・ストーン（2014）『ジェフ・ベゾス果てなき野望』日経 BP 社，234 頁。

17) 寺西重郎（2018）『日本型資本主義』中央公論新社，序文。

18) 和辻哲郎（1935）『風土』岩波書店，137 頁。

19) 日経ビジネス編（1988）『有訓無訓』日本経済新聞社，223 頁。

20) 前川正雄（2011）『マエカワはなぜ「跳ぶのか」』ダイヤモンド社，39 頁。

21) 前掲『日本資本主義論』，89 頁。

22) 常盤文克（2014）『人が育つ仕組みを作れ！』東洋経済新報社，17-18 頁。

23) 加護野忠男（2016）『松下幸之助』PHP 研究所，312-313 頁。

24) 稲盛和夫（2017）『稲盛和夫の実践アメーバ経営』日本経済新聞出版社，182 頁。

25) 松下幸之助『人を活かす経営』PHP 文庫，49 頁。

26) 緒方知行編（2005）『鈴木敏文考える原則』日経ビジネス文庫，31 頁。

27) 伊藤雅俊（1998）『商いの道』PHP 研究所，79 頁。

28) 江副浩正（2007）『リクルートの DNA』角川書店，24 頁。

29) デービッド・パッカード（2011）『HP ウェイ』増補版，依田卓巳訳，海と月社，185 頁。

30) 小倉昌男（1999）『小倉昌男経営学』日経 BP 社，142 頁。

31) アンドリュー・S・グローブ（2017）『パラノイアだけが生き残る』日経 BP 社，202 頁。

32) 佐々木聡（2017）『丸田芳郎』PHP 研究所，260 頁。

33) 前掲『稲盛和夫の実践アメーバ経営』，52 頁。

34) 鍵山秀三郎（1994）『凡事徹底』到知出版社，53 頁。

35) 『松下電器五十年の略史』，128 頁。

36) PHP 総合研究所編（1992）『松下幸之助発言集』24 巻，PHP 研究所，116 頁。

第6章

全員経営は戦略経営を超えられるか

1. 戦略経営 vs 全員経営

経営メカニズムの比較

　本章では，前章のタイプⅠとタイプⅡのモデルをもとに，戦略経営と全員経営を衆知の経営の要件に関連させ比較して考えていきたい。その上で現代の企業経営に求められる特質を検討していく。なお全員経営には，衆知の経営と全員参加経営の両者を含めて考える。松下幸之助は，衆知の経営は全員参加による全員経営であると言ってきた。その意味で，両者の経営思想は基本的に同じである。

　繰り返しになるが，戦略経営は戦略主導で行われる経営である。経営者には，市場変化に機動的に応ずる戦略的な指導力が求められる。そのため，リーダーにはトップダウンで仕事を進める意識が強い。強いリーダーシップへの期待は，卓越したリーダーを求める風土と，投資家から四半期ごとの成果（株主資本収益率）を求められることがその大きな理由である。企業は，経営者や経営の一翼を担うコア人材をしばしばストックオプションを含めた大きな金銭的インセンティブを用意して外部から獲得する。企業の業績をリーダー個人の報酬とリンクさせることで，高いモチベーションと成果責任を持って仕事に取り組むことを期待する。達成指向の強い米国企業で，そのマネジメントの特徴が顕著に現れる。

　これに対し全員経営は，個々の能力や集団の知恵を引き出すために，全員が協働する組織マネジメントを重視する。その経営は，理念・目的の共有を

基礎に，参加的な一体化を指向する。この全員経営は，戦略経営とは背景にある雇用制度，評価・報酬制度が異なっている。一般に，個人主義的な実績評価ではなく，従業員のやる気を継続的に引き出す協働指向の組織運営に重点をおいている。

　もちろん，現実には理念型通りではない。理念型と個々の企業の現実との間にはギャップがある。戦略経営では強いリーダーシップが発揮されるとはいえ，戦略に間違いもあれば，ガースナーが引き受けた当時の IBM の例のように，適切な実行を必ずともなうというわけでもない。大規模企業になるほど組織階層が増え，戦略決定と実行の役割分担が強まる。「組織は戦略にしたがう」ことが理論的にも正当化され，戦略決定の担い手と実行組織の役割が明確に分けられていった。そのため，本社と現場との間，管理する者と実行する者の間にはっきりとした境界ができる。業績が悪化すると，一般従業員はコスト削減の真っ先の対象となり雇用調整が行われる。その点で，ピラミット型組織の底辺が理念　目的を共有する一体感は低く，契約以上に働くモチベーションは低下する。図6-1 はこのような戦略経営のメカニズムを表している。

　これに対し，全員経営のメカニズムは図6-2 に示される。理念的には，全員経営は，理念・目的あるいは経営に対する信頼を共有し，メンバー全員による目的達成への貢献を求める。一体化することでモチベーションを高め，主体性のある行動を引き出そうとする。

　ところが現実には，全員経営は次の点で問題が起こりやすい。第1に，全員経営は，組織の和や年功序列を重視して経営者が選任されたりすると，リーダーシップが強く発揮されないことも起こりやすく，戦略・目標があいまいになる。戦略・目標があいまいで統一性がなければ，迅速な意思決定を欠き市場への対応に問題が生ずる。その結果，戦略不全を起こしやすい。第2に，個人と組織の一体化が浅く表面的で，強い動機づけとして働かない場合がある。多様な欲求を持ち異なる条件の下にある個人にとって，画一的な参加と評価方法は有効な動機づけにはならない場合がある。第3に，全員一致の体制や衆知・能力を集める仕組みが十分機能せず，コミュニケーション

図 6-1　戦略経営の組織・人マネジメント

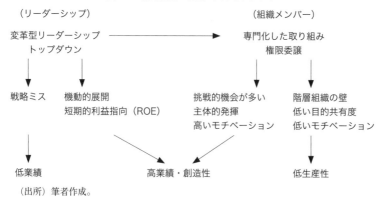

（出所）筆者作成。

図 6-2　全員経営の組織・人マネジメント

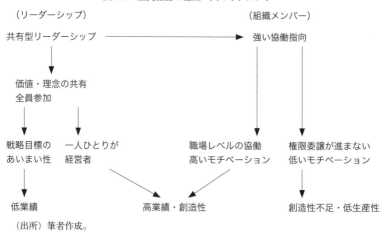

（出所）筆者作成。

や参加が思うように進まないことである。そうなれば，全員経営は参加型といっても名ばかりとなる。現実には，参加を促しても，多くの制約にしばられて組織は形式化を強める傾向がある。

2. 戦略経営と全員経営はどう違うのか

　いずれのタイプの経営であれ，市場に柔軟に対応しかつ効率的に組織が運営されなければ事業の持続的な発展を望むことはできない。それに対し，1990年代以降の米国の，特に情報技術産業で人材マネジメントにはっきりとした変化が見られるようになった。研究や実践が重視するのは，階層組織に典型的なマネジメントではなく，従業員に主体性を持たせてモチベーションを高め，仕事の成果をあげることである。そこには，強い達成指向型のマネジメントが見られる。とりわけ，革新による競争優位を獲得するために，創造性の発揮が人材マネジメントの重要な課題となってきた。

　これに対し，衆知の経営（および全員経営）は，日本企業に特徴的であった参加的経営を基礎にしつつ，タイプⅠとタイプⅡの特質を統合する経営意図が認められる。本節では，前章で検討した衆知の経営の要件に沿って，全員経営と戦略経営のあり方を比較して検討し，企業経営がどの方向に進んでいくのか考えていきたい。

理念・目的を組織に浸透させる方法

　第1に，組織の目的達成には，組織メンバーが組織目的や理念・価値を受け入れ共有することが必要である。目的の受け入れがなければ協働意志は働かず，調和のとれた行動は生まれない。理念・目的の共有とは，組織は何のためにその仕事をするのか理解して行動することである。しかし，異なる認識前提と目的を持つ個人が，組織の理念・目的を共有するとはどういうことか，具体的に何をどこまで共有するのだろうか。

　通常，戦略主導の経営では，「組織は戦略にしたがう」という形で戦略および目標は上から下へ伝えられる。例えば，GMの発展を導いたアルフレッド・スローンは，「建設的で進歩的な方針を掲げることは，事業の安定と発展にとってこのうえなく重要である」，そして「戦略と実行は峻別しておか

なくてはならない。この境界が曖昧では……分権化された組織が混乱から抜け出せなくなる」と考えた[1]。このように，組織を手段と考える傾向が強い経営では，戦略決定はトップの仕事であり，企業の理念・目的は大部分のメンバーには所与となり，契約関係に基づいて指示される職務の遂行を求める。

　前章で言及したように，米国社会には個人主義思想と契約社会への強い信認がある。この価値観の強い共有があるがゆえに，取引として契約した労働にはそれにともなう責任と義務が生まれ，それにしたがって行動するという考えが共有されている。その考えからすれば，共有するのは必ずしも組織目的でなくともよい。会社が株主のものであるという意識が強ければ，目的や価値自体の共有は起こりにくく，契約的で職務として具体化される役割の認識についての共有にとどまる。ドラッカー風に言えば，共有は契約以外のなにものでもない。人は契約にコミットするのである。このとき，組織目的の共有は限られたものであるから，階層組織の底辺にいる組織メンバーの積極性を引き出す上では大きな制約となる。

　それゆえに，コア人材の動機づけと能力を引き出すことに一層の力を入れ，大きな経済的インセンティブを用意することになる。企業家が夢や目的によってやる気が起こるように，従業員も組織に共感し納得できる夢や目的がなければ，やる気も行動力も生まれにくい。したがって，やる気を引き出すためには大きなインセンティブを与えなければならない。こうして，契約としての目的共有をベースとする経営では，組織への一体化を促すために，経済的インセンティブが主要な動機づけ要因となる。もちろん，誰でも好きな仕事であれば仕事そのものに喜びや充実感を持つという側面はある。経済的報酬がすべてではないということもある。しかし，好きな仕事であっても，その貢献に対しては相応の報酬を要求するだろう。

　これに対し全員経営は，理念的には会社の理念や事業の意義をメンバーに伝え理念・目的の共有を相対的に強く求める。それにより全員が協働し一体となる行動をめざす。しかし，初めから共有があるわけではない。会社理念や仕事への共感があり，会社及び経営者に対する信頼が理念・目的の共有を

促す。様々なコミュニケーション手法が多用され，イベントが企画されるのは共有の地盤づくりである。こうして強められる共感を前提にして，さらなるコミットメント（関与）あるいは参加を求める。

　その結果，職場の参加的な一体化が促進される。それは，契約的な一体化を超えた，理念的・心理的な意識の一体化を働きかけている。例えば，京セラの稲盛は，参加による「経営理念と情報の共有化が従業員の経営者意識を高める」と考える[2]。戦略経営は契約による参加を，全員経営は理念的な参加を指向していると対比できるであろう。

　全員参加が追求する共有意識は，ときには組織優先の議論とすり替えられることがある。すなわち，ノルマの強制や同調圧力となって極端な場合には過労死を招くことがある。参加が際限のない「義務の無限定性」となって，精神的にも肉体的にもぎりぎりのところまで貢献することを求めるためである。

　共生のエコロジー的観点で行われる全員経営は，そのような組織優先ではなく，個人を尊重し，組織と個人の両方が調和して存在し目的となる組織運営である。しかし，理念・目的の共有化や組織運営の仕組みに唯一の方法はない。実践例を見ても，全員経営の仕組みは，意図のみならず形態も多様である。

　京セラ，ヤマト運輸，リクルート，未来工業，良品計画，21，家族的な一体感の強い多くの中小企業など，全員参加の仕組みを持つ企業はそれぞれ独自の方法で展開している。これら企業では，従業員の主体性を確保する工夫が効果をあげているとはいえ，直接参加は企業規模拡大とともに困難になるのが普通である。組織規模を大きくしないために，分社化や，雇用関係を変更して1人ひとりが制度的に独立する企業内企業を作る事例も見られる。このようにすでに多くの試みが存在する。

経営リーダーシップの発揮

　第2に，理念・目的をかかげその実現をリードするリーダーシップである。理念・目的をどのように共有するかは，経営者のイニシアチブと方向づ

けに大きく依存している。その意味で，企業経営にとって戦略をリードする
経営者のリーダーシップの役割は大である。アマゾンのジェフ・ペゾス，
アップルのスティーブ・ジョブズ，GE のジャック・ウェルチなどの強い個
性を持った米国企業の経営者は，強力なリーダーシップを発揮して成功して
きた。

　ところが，選択された事業戦略が必ず正しいとは限らない。米国企業同士
でも，競争による地位の交代は他の国以上に激しい。また，トップダウンの
計画を押し通そうとして一方向的なコミュニケーションとなると，本社によ
る計画と現場との間に食い違いが生まれる。計画を現場に押し付けるように
なり，戦略と現実との食い違いが起こり，現場の市場対応に問題が生ずる。

　他方，全員経営がめざすのは，組織目的を共有した従業員が主体的に仕事
に取り組み，個人の知恵が集団・組織に活かされる経営である。その際，全
員経営で問題となる大きな課題は，リーダーシップは何をめざしてどのよう
に発揮されるのか，そのあるべき姿の確立である。全員経営は単に任せる経
営だと考えてしまうと，目的やリーダーシップがあいまいになり，全員経営
は低調になるであろう。従業員1人ひとりが経営者意識を持つことや，ア
メーバ経営においてリーダーの役割が強調されるのも，そこに理由があっ
た。

　リーダーシップについては多くの名言・エピソードがある。実践的にも理
論的にも多様な側面が注目されてきた。一般的には，経営を戦略的にリード
することこそリーダーの役割とみなされてきた。トップダウンや率先垂範が
強調されてきた。

　一方，未来工業の山田昭男は次のように言う。「自分に自信がある（各職
能の……筆者注）名人が社長になると，知らない分野にあれこれと指示を出
す。ときに正確な判断も下せますが，間違うことも多い。ならば現場に任せ
てしまうことです。社長は陣頭指揮，率先垂範してはいけないんです。頭ご
なしの指示ほど社員のやる気を失わせるものはない」[3]。信頼し任せること
で社員のやる気を引き出すことが，経営者の責任であると山田は考える。

　率先垂範の行動をとらずに経営ができるのは，信頼関係が成立し組織の統

一性が企業文化として構築されているときである。自律的な企業文化が確立されていれば，従業員による責任ある自発的行動に任せられるので仕事の細部を指示する必要は少なくなる。これは，経営者が，自律的な企業文化を構築することに努力している結果である。このように，自発的に行動する企業文化を構築することや個人の自律的行動を支援しリードすることは，経営の大切な課題になる。

　つまり，全員参加経営や衆知の経営が有効に機能するためには，組織の存在目的，仕事の意義を共感・共有することが前提である。自律性の高い組織ほど理念・目的を共有し，当事者意識を高めている。それによって，小さな仕事もそれが1つの経営と考え，組織全体に広がって全員経営が実現する。具体的な事業戦略をリードする前に，存在目的や意義の共有を図ることが，全員経営には必要となる。その意味で，理念・目的は，社会における組織の存在意義や個人の目的を確保することに訴える内容が求められる。

　そうした戦略や価値・目的をかかげ組織を導くのは，経営者の主要な任務である。個人の目的共有・共感が自動的に成立し，組織との一体化を強めることはあり得ない。それゆえ松下幸之助は，衆知を求めながらも，使命・存在意義を強く訴えてきた。その使命を自覚した年を「命知元年」と名づけ真の創業年と定めた。そして，衆知の経営を推進することや経営理念を訴えることは，経営者の責任であると強く自覚した。

　そのような全員経営のリーダーシップを，幸之助は「任せて任せず」と表現してきた。「任せて任せず」は，部下を信頼してその上でなおリーダーの責任を強く自覚した言葉であった。こうして，現場で働く人々の主体性とトップのリーダーシップは，全員経営の両輪である。そのことはコミュニケーションにも現れる。

上意下達・下意上達のコミュニケーション

　第3に，リーダーシップは，目的・目標の達成に向けて他の人を動機づけることであり，そのためのコミュニケーションである。リーダーシップを効果的に発揮するためには，円滑なコミュニケーションが必要である。組織内

のコミュニケーションは，情報の流れを良くし適切な意思決定を促進する。また良好なコミュニケーションがあれば，動機づけが促進される。

　一般に，参加的経営の仕組みには，権限委譲や分権化，情報共有などの他に，小集団活動，稟議制度，会議などがある。多様なコミュニケーション方法が用いられ，情報の共有化，行動のハーモナイゼーション（調和融合化）が進められる。しかしよくあるように，手続きや仕組みは，時間が経過するにつれマンネリ化するあるいは形式化が進む傾向がある。そうなれば，形式的な下意上達はあっても全員経営の実質からは遠くなる。第1に，下意上達はポジティブな意味ではなく，過去の成功体験・先例を踏襲する行動が慣例化して行われる場合がある。第2に，上司の適切な指示を欠くために，部下が上司に提案しあるいは報告書を提出するにすぎなくなることがあるからである。こうして下からのコミュニケーションは円滑に機能しなくなる。

　経営不振に陥ったある大企業の例では，特に若手社員は，稟議を回すことにエネルギーを消費し「ヘトヘトになってしまう」ほど，意欲を喪失させることが見られた。上役の管理職は，組織の慣行・システムに慣れ過ぎて変化への柔軟性を失い，新しい事業機会や革新に挑戦する意欲が低下する。若手社員はその中でフラストレーションをかかえ，仕事意欲が低下してしまう。土光敏夫は，「リーダーシップは上に向かって発揮せよ」といって若手や中間管理者の奮起を促したが，それを支える仕組みは構築されなかった。トップの考えが保守的になり，中間管理層に官僚主義的行動が強まれば，リーダーシップを上に向かって発揮する前に若手は挑戦する気持ちや仕事のやる気を次第に失っていくだろう。

　対照的に戦略経営は，明確に構造化された権限と責任の下にコミュニケーションがあり，上から下へのコミュニケーションが中心である。組織は，合理的に運営されることをめざしている。米国企業のリーダーシップに大きな変化が見られるのは，伝統的な階層組織を持つ製造業ではなく，情報技術（IT）産業やサービス業などである。特に情報技術産業では，新しい事業モデルの開発や事業展開のスピードが重要であるとともに，有能な人材の流動性が著しく高い。人材を確保するために企業は，ストックオプションなどの

経済的インセンティブを提供し，能力を発揮できるように自由裁量と責任を
与えようとする。しかし，ストックオプションを手に入れるのは一部の限ら
れた人材である。明白であるのは，リーダーシップや人材マネジメントの手
法こそ変化しているものの，戦略経営にとって所有権を統治の前提とする支
配構造に根本的変化はないことである。

行動の主体性を高める

　第4に，従業員の行動の主体性あるいは自律性を高めることである。主体
性は，自らの行動に責任を持って自律的にコントロールすることである。

　わが国の製造業企業では，多くの従業員が品質向上，コスト低減，生産性
向上，不良品低減などの改善活動に日常的に加わっている。そこでは，積極
的に討議し，協力して目標を達成しようとする。こうした主体性は，通常，
集団レベル・工場レベルで発揮されている。それぞれのレベルでコスト低減
や生産性向上の目標に向かって，全員が参加的に積極的に貢献することが期
待されている。

　対照的に，個人主義的な業績評価を行う米国企業では，従業員個人に与え
られる権限と責任は相対的に明確である。仕事には責任の観念がともなって
いる。責任には，何をするべきか行動のコントロールと成果の実現を求め
る。個人は，明確な役割分担する契約関係に基づいて義務と責任を負い，組
織はあくまでも経済的合理性を追求している。

　1990年代以降の情報技術産業の発展において，米国の革新能力は他国を
圧倒してきた。そこでは有能な個人の創造力を生かす仕組みが効果的に機能
していた。それは米国企業の強みであった。反面，製造業組織の現場にいる
大部分の一般従業員は，所与の仕事を決められたとおりに実行する責任があ
り，主体性を発揮する余地が少ない。自律的に行動する主体性は，一部の人
材にのみ与えられるのである。トヨタ生産管理方式に見られるライン停止の
権限を現場に付与することは，米国企業では考えられないことであった。

組織条件の整備

　第5に，組織条件の整備である。組織条件の整備は，メンバーが主体性を持ち新しい仕事に積極的に取り組むことができる組織の環境づくりである。もちろん，事業戦略や経営目標を決めたら，それを実施する体制がなければならない。タテ糸としての仕組みは，戦略を行動に結びつける役割を果たしている。持続的な成長に必要な挑戦的行動を促進するには，人材マネジメント制度が深くかかわっている。

　この点について戦略経営では，2つの対策が重要になる。第1は，個人の実績・能力を評価し，それに対応した経済的インセンティブの提供である。例えば，市場メカニズムを通して比較的自由に組織間を移動する専門経営者，デザイナー，エンジニア，スポーツ選手などは巨額の報酬を手に入れている。第2は，自律性を与え仕事がやりやすい仕組みを作るなど，仕事環境および評価制度の整備である。近年は，組織の目的に一体化する行動への動機づけは，仕事にコミットしやすいように個人に大幅な権限を与えることをあわせて実施する施策が強まっている。

　歴史的に米国企業は，才能ある個人による創造性発揮に重きをおく仕組みが社会制度的にも教育制度的にもインフラ（基盤）として整備される中で，破壊的な革新において優れた結果を残してきた。個人がスピンオフして，自らの事業を立ち上げることが容易であり，独創性を重視する教育制度があった。そのため企業は，必要な人材を確保するために，個人の創造力を生かし大きな革新を可能にする人材マネジメントを工夫してインセンティブと責任をともなう達成指向の組織運営を行ってきた。しかしながら，その恩恵を大きく受けるのは一部の人材である。それゆえ，企業の目的を株主利益の最大化であると考える組織であれば，大多数の労働者が個人の目的と組織の目的を一体化できるのは，雇用関係としての契約の範囲内とならざるを得ない。夕方定時に退社する社員を引き留めることは，通常できないのである。

　これに対し戦後の日本企業は，共同体思想や一体化指向の強い文化的基盤の上に，企業はさらに品質向上や生産性向上などの改善活動に個人を取り込み集団・組織全体が一体となって取り組んだ結果，優れた成果をあげてき

た。こうした集団への参加によって動機づけを強め，個々人の強いコミット
メントを引き出す工夫が多くの企業で行われた。

　要約して言えば，個人の成果・報酬を明確にして短期指向の成果を求める
戦略経営は動機づけのための報酬制度などの経済的側面に力点をおき，他
方，全員経営は集団機能を活用した心理的側面に力点をおいて経営が行われ
てきた。戦略経営の人材マネジメントは，経済的報酬を主たるインセンティ
ブとする契約的で公式的な目的の共有に基づく動機づけに依存し，全員経営
は組織活動の基盤となる理念的価値を共有する動機づけに依存する傾向があ
る。

3.　企業経営はどこへ向かうのか

時代は何を求めているのか

　今日の米国企業は，意思決定にも人材マネジメントにも合理的な管理手法
の開発に余念がない。そのため，「伝統的な指揮統制を旨とする構造では，
……企業が経営のスピードをひたすら高めていかなければならないこの時代
に，構造がそれを阻んでいる」として[4]，新しい企業は，従来型の戦略経営
の組織を乗り越えなければならないと考えている。それは，階層型の組織構
造を基盤とする従来の大企業経営とは違う経営をめざしている。階層組織
は，効率を追求する中で形成されてきたが，組織の大規模化とともに形式
化，官僚主義が進み，意図せざる結果をもたらす逆機能的側面が強まって次
第に組織の柔軟性を失くしているからである。

　「ヒエラルキー型の組織では，変化に対応しきれません」，そして「問題解
決に一番適しているのは問題に直面している人々だ」とアマゾン創業者のベ
ゾスは言う[5]。さらに進んで，サウスウエスト航空では，従業員に多くの決
定権，権限を与えている。「私たち従業員は，1人ひとりが企業の中の事業
主なのだと思っています」という意識を共有している[6]。したがって，同社
では，「各人が"公式の"責任範囲を超えて自主的な判断で仕事を進め，飛

行機を定刻通りに飛ばすことに全力を尽くす。従って従業員は必要とあれば，職務に関係なく互いに助け合うことができる。その結果，業務全体が柔軟になる。従業員は，必要なことはなんにでも意欲的に取り組む」ようになる。このように同社では，階層による統制を否定し，従業員が自主的に判断し仕事に取り組める環境づくりをめざしてきた。

　すでに一部企業では，組織マネジメントのあり方を変えつつある。こうした経営が向かっていく先は，全員経営がめざすものと近い。企業経営にとって，組織目的を実現するためには，組織メンバー全員が調整されたそれぞれの仕事において持てる能力を最大限に発揮することが望ましい姿である。そうした経営が求められる背景として，次の歴史的事実が存在する。

　第1に，民主主義的な個人主義思想の強まりから，個人の尊重は一層強く求められるようになっている。生活が豊かになり高学歴になればなるほど，人は個性や能力が尊重され，主体的な仕事ができる労働環境を求めるようになる。個人の自発的な取り組みを支援する支持型リーダーシップや奉仕者としてのサーバントリーダーシップの提唱はそれを反映している。

　第2に，企業の社会的役割に対する要請がますます強まっている。ESG投資のように，持続可能な社会のために，環境保全や社会的公平に対する要請，企業統治の透明性が求められ，その貢献によって企業を評価する動きが強まった。

　第3に，わが国では，伝統的に宗教的な救済の意味で他者への思いやりが重視される歴史があった。その結果，自然や社会との一体的な共存共栄の考えが社会的存在の正当性として追求されてきた。その歴史的基盤の上で，個人の成長や従業員の幸せの追求が，一部企業で経営理念や基本方針として明示的に展開されている。

　第4に，デジタル技術の発達が情報の共有，オープンなコミュニケーションを促進している。情報はより双方向的になり，経営のスピードと創造的革新を可能にしている。

　これら諸要因は複合的に作用し，これからの経営のあり方を根底から規定している。その結果，企業経営は，経済的合理主義の追求に加えて，持続可

能な社会として，参加的で主体性が発揮される組織を，新たな経営の方向と
して強くめざすようになった。合理性の追求と人間性の追求は，経営理論の
原点であった。

　企業家はこの点に気づいてきた。「人間性を尊重した"自律の原理"に基
づいて経営を行うのが本当の合理性だ」と立石電機（現オムロン）創業者の
立石一真は指摘する [7]。従業員が納得し自律的に行動するようにすることこ
そ合理的な経営だと考えてきたのである。

　こうして，企業組織は社会的存在としてますます役割の公共性や正当性を
必要とし，個人は人間性が尊重され自律的な行動を求めるようになった。企
業経営はこれらの要請に対応していくことが，個人が組織目的との共有範囲
を広げ働く人の動機づけとなると考えるようなった。言い換えれば，企業組
織は社会に貢献すると同時に，従業員は利益追求の手段ではなく目的の一部
であることを，次第に強く迫られるようになった。

主体性が発揮される組織を作る

　主体性は，一方的な命令・指示ではなく，参加的で自律的な行動を受け入
れる組織を求めている。参加や主体性の発揮は，人はそれぞれが潜在能力を
持ち，その能力を発揮する機会を求めているという認識によって強められて
いる。しかし，経済活動を行うという制約のある組織の中で働く人にとっ
て，主体性とはどのように働くことなのか。

　その点についてヤマト運輸の小倉昌男は，「仕事の自律性を重んじ，かつ
成果に対して責任を持つことが全員経営である」と言ってきた [8]。同社の社
訓である「ヤマトは我なり」は，人を会社の一番大切な財産と位置づけ，社
員一人ひとりの創意や工夫，努力の結果が企業の価値を生み出しているとみ
なしている。そして，「「ヤマトは我なり」という一文は，「全員経営」の精
神を意味します。社員一人ひとりが「自分はヤマトを代表している」という
意識をもってお客様やパートナーと接し，自ら考えて行動してほしい」とい
う思いを表し，全員経営を会社の基本としていることを示している。このよ
うに主体性は，自律性と責任であると経営者は考える。

　個人の主体性への要求は，デジタル技術の発達によって環境要因からも強められている。デジタル技術では，知識創造の量と質，スピードが価値になる。「より多くのチエを生むために外に開き，外部からヒト，モノ，カネ，データというリソースを引き付ける環境そのものが価値創造に直結する」[9]。

　デジタル技術は，情報共有と参加を一段としやすくしている。デジタル技術の進歩は，組織運営の方法を変えつつある。その影響は，特に情報技術関連産業を中心に米国企業に直実に広がりつつある。

　情報共有の効果は，第1に，経営のスピードアップである。個々の組織単位は，目的に合った情報をいち早く取り入れて，上からの指示を待たずに決定することができる。情報の伝達・反応が早く，「以前は部署間の公式なやり取りには確認作業が必要で，回答までに2週間～1カ月を要した」ものが即時に決定できるようになる[10]。第2に，SNS（ソーシャル・ネットワーキング・サービス）でつながる人員を総動員することができる。それは，組織内部にとどまらず外部にも開かれた組織となる。第3に，SNSによって寄せられる意見・アイデアを基に，一部の企業では斬新な，需要者のニーズにあった革新をいち早く実現することができるようになった。すでに社員全員の間だけでなく，外部にもオープンにしたに情報ネットワークが構築され，SNSを利用して製品・技術アイデアを募る企業もある。デジタル技術の発達は，情報共有と参加を容易にしている。それが示唆するのは，個人が参加的で，各人が自らの判断で自律的な行動をとる組織である。

　全員経営は理念としてかかげられてきたが，現実の組織はその途上にある。松下幸之助は，経営の奥深い知恵を示してきたが，衆知を集める全員経営の仕組みについて十分な説明がなされたわけではなかった。情報技術の発達にともない，情報の共有や行動の主体性を発揮する参加の方法について，新たな工夫をする時期にわれわれはきている。

目的・存在意義を意識して働く

　主体的な行動の原動力は，企業家であれ従業員であれ，何のためにこの事業や仕事をするのかという目的や意義である。その意味でも，全員経営の企

業にとって存在意義は，何のためにこの仕事をするのかであって，誰のものかにあるのではない。所有は，企業の私的な存在理由であって社会的な存在意義ではない。全員経営がめざすのは，存在目的がメンバーによって共有されている組織である。従業員が組織の存在目的を共有できれば，そのとき，組織の求心力は強められる。主体的な参加や自律的な組織運営は，企業の存在目的が共有されることで強化される。

　存在目的にかかわって，社会的貢献やミッション・ステートメントが1990年代以降の米国企業で顕著に見られるようになった。米国のグローバルなリーダー企業はその点でむしろ先進的であった。今日，社会的責任を受け入れることは企業経営にとっては共通認識であるが，その場合にも戦略経営には，会社は株主のものであるという前提が根本にある。「会社は誰のものか」が優先的な経営支配の基準である。株主パワーは，米国企業では依然として支配的である。

　これに対し松下幸之助は，理念的には会社は所有者が支配するのではなく，社会からの預かりものであるという考えを明確にしていた。衆知の経営は「会社は社会の公器」と考えるから，存在目的を強く訴え，意思決定の重要な判断基準として何が正しいかを追求した。

　さらに既述のように，一部の日本企業および米国業では，企業の目的をストレートに「従業員の幸福を追求する」ことであると表明してきた。その理念に従業員が共鳴し，仕事への動機づけとなってきた。従業員を大切にすることによって仕事への貢献を引き出すことができる，そうした貢献がよりよい顧客対応となって顧客満足を実現することを，これら企業の経営者は考えている。

日米企業の経営に共通する点・相違する点

　企業経営には，経済合理性の追求とともに，人間性を尊重し協働体系として働く人の積極的な仕事意欲を引き出すことが同時に求められている。企業経営にとってこの2点は，社会への貢献を持続するゴーイング・コンサーン（継続企業）として必須の条件である。したがって，経済活動を行う企業と

して，主体性の発揮と協働して成果を追求するという意味において，全員経営と戦略経営はめざすものが共通している。人材および組織のマネジメントは変わりつつある。

　しかし同時に，その方法論には違いがある。すでに言及したように，その最大の違いは行動の基盤にある所有と参加の2点にかかわっている。第1は所有権に基づいた株主価値を優先した経営が行われるか否かということ，第2は主体性のある参加をどのような形で組織階層のどのレベルまで広げるかという点である。

　前述のように，情報技術の発達は，技術的には権限が分散される傾向を強める。そして組織における権限の分散は，個人の参加を引き出すだろう。ただマクロ的に見ると，権限の分散と自律がかたより，成果の配分とも結びついて，社会的格差を解消する方向には進んでいないところに米国社会の堅固な基盤がある。戦略経営は，人材の主体性の確保に先進的な取り組みを示すがその対象は限定され，株主価値を優先した戦略主導であるという前提も崩さない。その結果，成果は経営者層に集中的に配分される。米国企業の一部が，自律的で参加的な組織へ向かっているものの，製造業の一般従業員は明確な役割分離の中で依然として手段的に位置づけられている。

　現在，企業の役割に対する社会の要請は，持続可能な社会やESG（環境・社会・統治）への貢献に見るように次第に強くなっている。それは，人材マネジメントの次元にとどまらず経営のあり方そのものの変革を要請している。しかし，株主価値を基準にした経営は，その特質ゆえに，こうした要請に応えるには限界がある。米国企業の株主価値優先の経営が，その制度的基盤から変革されると予測する根拠は少ない。したがって，組織全体を貫く経営基準に当分の間変更はないと考えるのが妥当であろう。

経営多様性を受け入れる

　本書は，全員経営が戦略経営にとって代わると主張しているわけではない。衆知の経営を唱えた松下幸之助は，「経営には無数の方法がある」と言ってきた。経営には多様な取り組みがあるであろう。そしてその多様性

は，社会文化的基盤と深くかかわっている。米国企業の戦略経営の成立基盤
として，経済的合理主義とそれを支える社会制度・価値観は堅固である。

　EU が成立しても，ドイツの共同決定制度がイギリスやフランスに普及す
ることがなかった例を見ても，経営制度の成立基盤そのものを変革すること
は大きな歴史的作業である。経営制度は，資本市場，雇用制度，企業統治，
企業間関係との相互依存の上に成り立ち，戦略経営は米国社会の社会文化的
制度に深く根をおろして成立している。また合理的な戦略主導の経営は，市
場競争において総じて優れた成果をあげてきた。したがって，達成指向の強
い人たちにとって，現在の経済および経営システムは依然としてその前提で
あり続けるであろう。

　しかし米国企業の中にも，参加的な経営や従業員重視の経営を指向する企
業が存在する。特に自律性に関しては，一部のコア人材について大幅な権限
委譲を行いその創造的能力を引き出している。本書が指摘するのは，現代企
業にとって，時代の要請に応えながらより合理性のある経営をめざして，主
体性の重視と参加的な組織へと一定の収束方向が示唆されることであり，し
かし経営の多様性は残るであろうということである。それは1つの国の中で
も，経営の多様性が存在することを社会がすでに許容している事実を見ても
明らかである。

参加と自律性に向かって

　そして，具体的展開に多様性があるとはいえ，将来的に共通して求められ
る企業経営の核心的特質は，全員経営の5つの要件の考察から，参加と自律
性であると本書はとらえている。

　第1の参加は，組織あるいは集団の一員に加わることである。参加は，雇
用関係に見られるように，個人と組織の間の合意によって組織目的を受け入
れ，組織に加わることである。そして，目的の受け入れにより協働意志を
持って仕事へコミットすることである。この合意は契約的で"公式的"な目
的共有レベルであるが，さらに進めば理念的・価値的な目的共有レベルへと
進んでいく。

　米国企業の契約的な目的共有は，契約が義務と責任をともなうことによって，働く人の仕事へのコミットメントを引き出している。特にコア人材を対象とした人材マネジメントは，自分の目的に合った仕事にコミットする人々のモチベーションを高めている。全員経営においても，仕事そのものの価値・意義への共感を強めることによって，仕事へのコミットメントを引き出すことが行われている。参加は組織目的を受け入れ，仕事にコミットする動機づけとなる。参加は責任をともなっている。

　現在すでに小集団活動や提案制度があり，会議等による情報の共有も進めている日本企業では，参加は十分取り入れていると考えるかもしれない。しかし，そうした企業でも若手がフラストレーションをかかえ，組織の官僚主義化を強く感じていることがある。そこから前に踏み出すためには，意義や目的の実質的共有を高めること，タテ・ヨコの開放的コミュニケーションの促進により協働意志を高める必要がある。

　第2の自律性は，参加をして仕事を任せられたときに，主体的に行動し自らをコントロールすることである。それは，主体的であろうとする個人が求める仕事における裁量性である。裁量性を持つためには，組織としての目的および規範を受け入れ，それにしたがうことが前提である。それゆえ，自律性を求めるならば，組織に基本目的や行動の指針がしっかりとあることが，仕事を任せる前に必要になる。

　個人の視点からは，自律性には次の側面がある。① 個人あるいは集団が問題に気づき解決を考えることである。② そして自ら判断し決定する権限を持つことである。③ 結果に責任を持つことである。自律性は個人の自由勝手な行動を認めるものではないから，自律性には制限がおかれている。そうして成立する自律性が，責任ある行動を動機づける。自律性を与えることは，個を活かすためのマネジメントであると言い換えられるだろう。

　個人の動機づけの視点からは，任せられ自ら行動をコントロールする自律性は，自分の存在が組織や上司・同僚によって承認され貢献が評価されることであり，さらには仕事の達成感を得ることに関係している。その意味で，自律性は個々人の持つ承認・評価されることへの欲求や達成欲求に強くかか

わっており，自ら進んで学習することや責任ある行動を促すなど，働くことに大きなパワーを与えるものである。

　この参加と自律性は，外部市場への変化対応力の向上，学習することによる能力向上という意味で，組織目的の達成にかかわっている。市場変化への対応には裁量性を持って自律的に行動することが重要な動機づけになり，参加による責任の共有や学習が能力向上の動機づけとして働くからである。

　第1章で，企業家は経験し，主体性を持って新たな価値の創造に取り組むことで事業を発展させてきたことを説明した。それと同様に，たとえ組織の中で様々な手続き・ルール，制度的制約があっても，従業員1人ひとりがわがこととして仕事に取り組むためには，企業家と同じ姿勢が確保される必要がある。こうした仕事環境が整備されるとき，1人ひとりが企業家精神の担い手となることが期待できるであろう。それを可能にするには，何のためにこの仕事をするのか，仕事の意義や目的を共有した上で，参加および自律性があることである。それが，全員参加がめざす経営である。

　すでに言及したヤマト運輸の例では，「社員が自律性を重んじ，かつ成果に対して責任を持つ」ことを全員経営であると考えてきた。この言葉は，全員経営の特質を示唆している。責任は参加することによって担われ，任せられることで参加は主体的な行動を強める。そして責任を自覚し任せられるほど，顧客の声やニーズに柔軟に即応するようになることで，市場・顧客に対応する行動を促していくのである。

参加と自律性には多様性がある

　以上のように，全員経営は，第1に，目的達成への参加があり，個人の責任ある行動を期待する参加的組織である。第2に，目的を共有する個人・集団の主体的な自律的行動が発揮される。それが学習能力の向上と行動の柔軟性を与える。全員経営の5つの成立条件の中で，この2つの条件がよく達成されれば，相補的関係にある経営リーダーシップ，開放的なコミュニケーション，意義・目的の共有という残る3つの条件も，その前提あるいは結果として相当の程度に実現されるであろう。参加と自律性が確保され，理念・

目的の共有度を高める一体化を，これからの企業経営は必要としていると考えられる。

　要約的に言えば，本書は，企業経営の課題をタテ糸ヨコ糸の概念を用いて検討してきた。そして，タテ糸ヨコ糸によって規定される経営の基本方針は，基本の徹底と変化への対応のためには，従業員の参加と自律性が核心的な要件と考えるのである。

　とはいえ，参加も主体性も多様な条件の下で実行される。参加による動機づけは，自己実現欲求や自立志向の強い人とそうでない人では，異なる働きをするであろう。同様に，豊かな生活を手に入れ仕事にコミットしようとする人とそうでない人には，金銭的報酬が動機づけとして持つ意味も異なると考えられる。しかも参加は，集団による同調圧力が強ければ強いほど，参加した個人の自由裁量や主体性を制限する。その意味で，個人の参加と，主体性・自律性を引き出すことは対立的となることがある。それゆえ，参加や主体性を一律的な考えで管理することは避けるべきであろう。参加に，画一的な絶対的な形態があるとは言えないのである。

　このように考えると，個人に対する同調圧力を強め過ぎない参加と，「社員の幸せを通して社会に貢献する」や「人間の成長の場とする」ような個人の尊重を示す目的を追求することが，参加にも自律性の確保にも効果があるであろう。

4.　今後の課題について

リーダーシップの確保

　全員経営・衆知の経営は，松下幸之助のケースのように古くから経営者の意図として存在するが，理論モデルとしても実践モデルとしてもまだ確立されているわけではない。それでもわれわれは，その理念に沿って新しい企業経営のあり方を構築する時代に生きている。次章で詳しく検討するように，全員経営を実践する企業が存在する。その上でなお，全員経営の構築には次

の点に取り組みの強化が欠かせないだろう。

　第1の課題として，衆知の経営や全員参加をうたう経営では，リーダーシップがあいまいになる傾向がある。全員経営では，定義的にもリーダーシップが弱くなりがちである。市場戦略指向でないタイプⅡを土台にして発展している全員経営には，その弱点が現れやすい。

　全員経営は，誤解されやすい概念である。第1に，全員経営であるがゆえに，1人の強いリーダーは必要でないとみなされることがある。しかし，人々が共通目的を達成するための組織である企業には，会社は何のためにこの仕事をするのか，社会においてどんな使命を果たすのかについての方向性や使命，人々の協働体系として明確な組織文化の方向性を持つことが不可欠である。それは，経営者でなければ果たせない役割である。

　第2に，全員経営とは，合意形成（コンセンサス）の経営のことで，コンセンサスがなければならないと考え，企業が大規模化すれば合意経営や全員経営は実現困難であるという見方である。しかし，全員経営は，全員による戦略あるいは目標の意思決定の合意形成を要件とするものではない。組織目的や存在意義を共感する中で，個人や集団がそれぞれの組織レベルで，1人ひとりが経営者意識を持って自律的に行動するように組織され運営されることである。

　参加は責任を持って仕事に取り組むことであるとはいえ，現実には多くの課題があるのも確かである。日本企業では，集団意識が強くなればなるほど，個人の個性は抑制される傾向がある。わが国企業の経営施策の歴史を振り返ると，参加には大きな力を入れて取り組んできたが，集団指向の強さのゆえに権限委譲や自律性の付与は相対的に軽視されてきた。これからの企業には，参加しつつ創造的な革新につながる主体性をどのように引き出すか，自社に適した工夫が強く求められている。

長期的な課題を見すえる

　第2の課題として，全員経営が重視する従業員の自発性は，戦略的リーダーシップが弱ければ，将来の事業戦略にかかわるというよりも目先の現場

の問題解決に焦点をおくことになりがちである。参加が社会的な役割のような組織目的への貢献ではなく，帰属する小集団への参加意識を強めてしまうことがあり得る。

　通常，従業員全員が参加して，わがこととして取り組めるのは日常業務である。そのため，どうしても既存の事業を前提とした効率化に重点がおかれやすい。日常業務への関心が強すぎると，逆に，挑戦的仕事への取り組みの遅れや戦略転換の遅れとなりやすい。大局的な視点が失われやすい。

　全員経営の長所は，現場の人たちが課題に気づき解決する姿勢を強く持って，現場の小さな気づきを取り上げることである。ところが，急速な市場変化の中では，創造力のある革新が経営発展の鍵となる。日常業務への過度のコミットメントは，革新を生むには制約となるだろう。市場経済の中で，革新や競争優位性を確保するという課題が全員経営にはテーマとして残るのである。

　それゆえ，動機づけの対象を日常業務の狭い範囲のアイデアに限定せず，何のためにこの事業をするのか，会社は将来どうありたいのか，といった経営の存在価値や目的に関連付けて参加的で共有的な姿勢が求められる。それには強い使命感や理念を持った経営リーダーシップが求められる。共有する理念が明確であれば，毎日の業務活動が発展的な創意工夫につながっていく。参加の強調は，逆説的に，トップの役割の重要性を浮き彫りにしている。ホンダの藤沢武夫が指摘したように，トップが集中して長期的な全社的課題に取り組み，創造的革新につながるようにリーダーシップを発揮することが経営者に課せられている。

共生する世界へ

　第3の課題は，全員経営を支える理念として，株主資本利益率（ROE）ではなく，従業員や株主，消費者，地域社会と環境を含めたステークホルダーのため，「会社は皆のためにある」という組織の存在意義を，資本所有や企業統治の考えが大きく異なる世界で，経営の国際化の下で追究していく必要がある。企業の社会的責任（CSR）の高まりや持続可能な社会のための

ESG（環境，社会，統治）への取り組みは，そうした理念と整合する。会社の存在目的や意義は，「会社は皆のためにある」という理念の下で訴えやすくなる。

　戦略経営は市場戦略を優先した経済合理性を追求し，システム的な組織観が著しい。これに対し全員経営は，個人と組織を共に重視する参加的な経営を追求し，エコロジー的な組織観を示唆している。個人としても意義のある組織目的を共有することによって，主体的な行動を強めることを意図している。1 人とひりがその能力を発揮する機会を与えられ，全員が協働して社会への貢献や成員の幸福を追求することは，時代を超えた正当性がある。そうした普遍性の高い経営理念を強く持つほど，全員経営は国際化の中でも基本的な共感を得るベースになりうるでろう。

注
1 ）A. P. スローン（1967）『GM とともに』狩野貞子・石川博友訳，ダイヤモンド社，203 頁。
2 ）稲盛和夫（2006）『アメーバ経営』日本経済新聞出版社，54 頁。
3 ）『週刊東洋経済』2005 年 3 月 1 日号。
4 ）エリック・シュミット他（2017）『How Google Works』日経ビジネス文庫，41 頁。
5 ）ブラッド・ストーン（2014）『ジェフ・ベゾス果てなき野望』井口耕二訳，日経 BP 社，235 頁。
6 ）ケビン・フライバーグ／ジャッキー・フライバーグ（2010）『破天荒』小畑輝雄訳，日経 BP 社，101 頁。
7 ）立石一真（1985）『永遠なれベンチャー精神』ダイヤモンド社，155 頁。
8 ）小倉昌男（1999）『小倉昌男経営学』日経 BP 社，174 頁。
9 ）佐宗邦威（2018）『ダイヤモンド・ハーバード・ビジネス・レビュー』2018 年 3 月号。
10）日経産業新聞，2011 年 2 月 15 日付。

第7章

参加的な自律的組織をめざす企業

　前章では，全員経営と戦略経営を比較し，今後の経営のあり方について考えた。そこから，個人の主体性のある参加と，組織の自律的な運営が重要であることを確認した。

　では実際に企業は，全員経営が示唆する特質をどのように実現できるのか，部分的にせよ実践している企業を事例的に取り上げ，経営方法，リーダーシップ，主体性の発揮，参加形態を見てみよう。第1に，従業員の自らの判断と行動に任せる企業文化を作り上げた未来工業。第2に，全員参加と自律的組織運営を進める京セラのアメーバ経営。第3に，全員参加による業務マニュアルの作成と更新を仕組み化した良品計画。第4に，社員全員を経営者とみなして，徹底した情報の共有化や権限分散を行っている(株)21の4社である。

1. 未来工業の人材マネジメント

　創業者である山田昭男の経歴が変わっている。「父親が経営する小さな電線メーカーで働いていたが，勘当されてやむなく独立した」という。また彼は，劇団を作って演劇活動をするなどの経歴を持つ。演劇にかかわってきたことが，形式にとらわれない発想やオリジナリティを重視する経営姿勢となって現れたようだ。

　未来工業は岐阜県に本社をおく電気設備資材メーカーで，会社規模は，連

結売上高336億円（2018年3月期），従業員数は単体で825人，連結でも1191人の中堅企業である。経営のクリーンネスや望ましさが評価され，2011（平成23）年5月には，第1回「日本で一番大切にしたい会社」大賞を受賞し，2015（平成27）年1月には，第1回ホワイト企業大賞を受賞した。

まねするな，工夫せよ

　同社の経営の特徴は，第1に，「まねするな，工夫せよ」で，独特の人材マネジメント方法によって従業員の主体性と創意工夫を引き出してきた。売上高の約95％を占める電気設備資材事業は，電管，配線ボックス類，給水給湯用樹脂管類の電材・管材事業とスイッチ，コンセントなどの配線器具事業で，地味な成熟産業である。成熟した既存産業で，業界のリーダー企業であるわけでもなく画期的な技術革新を成し遂げてきたわけでもない。それにもかかわらす同社は，長く増収増益を続け，中堅優良企業として評価されている。スイッチとコンセントが収まるスイッチボックスが主力商品で市場シェア80％を占めている。従業員数は単体で825人であり，業界のトップ企業ではないが，特許や実用新案権などの工業所有権を4000件以上取得してしっかりとした強みを持っている。

　「常に新しいことをやれ，工夫せよ，まねするな」，「工夫ができなければ，他社がどんなに売っている商品でも，手を出さないと決めている」という経営方針が，従業員の創意工夫を引き出してきた。演劇を志した精神が，規則や手続きで従業員の行動を縛らず，考えながら仕事に取り組む環境を作ってきた。工夫し創造するには，規則や手続きに縛られない，自由な雰囲気の組織であることが重要であった。社員の仕事環境として，同社では驚くほどの自由度を与えてきた。

　例えば同社の勤務体制は，「1日の就業時間は7時間15分」である。始業時間は8時半，終業時間は16時45分である。もちろん昼休みは1時間ある。また「残業ゼロ」が基本である。よほどのことがない限り残業は認めていない。その方針を徹底するために，残業には罰金を科すようにまでなっ

た。営業にはノルマがない。定年は70歳に引き上げられ，育児休暇も3年
ある。年間の勤務日数が少なく，年間の休日数は大体140日ある。日本で一
番休みの多い会社といわれている。こうした仕組みは，いずれも社員のやる
気を引き出すための工夫である。長時間勤務が成果を出すのではなく，創意
工夫が成果を生むことを理解し，仕事の生産性を上げることを追求してき
た。

　同社は事務処理の効率化も徹底している。タイムレコーダーがない，ユニ
フォームがない，社用車がない。コピー機を減らす，昼のオフィスの明かり
を消すなど，ムダと思われることを減らすことには徹底的に取り組んでい
る。また同社には出張申請書がない。出張の必要があれば本人が自分で決め
て実行すればよいとしている。その理由は，書類を処理する手間や人件費を
考えると，自分で計画し決済すればそれだけ事務処理を効率化することがで
きるとして始まった。これらは本社機能を小さくし間接経費を減らしてい
る。基本的に同社は従業員を信頼しているのである。信頼されれば，結果と
してたいていの人は良心的になるから，任せても問題はなくなった。手間も
人件費も節約ができ，コスト的にも効果をあげている。

　同社は大きな技術革新を成し遂げて市場地位を築いてきたわけではない。
それにもかかわらず競争力を確保し，優れた業績を上げてきた。それができ
たのは，既存製品のたえざる改良を続け小さな差別化を積み上げてきたこと
による。社員を信頼し大切にして，その主体性に任せて仕事をする仕組みを
作る。それによって社員が自ら創意工夫して仕事をする組織風土を作ること
によって，生産性をあげる仕組みを構築したのである。その仕組みは，企業
文化として定着している。こうした斬新な組織のマネジメント方法を構築し
たことによって，従業員のやる気と能力を引き出し，生産性をあげている。
同社の経営は，組織革新と言うにふさわしいマネジメントを実践している。

アイデアは現場から

　第2に，「アイデアは現場から得る」を実践している。現場重視の姿勢を
徹底することで顧客の現場ニーズを丹念に拾い上げ，改良を加えて顧客獲得

につなげてきた。既存の成熟産業で常に改善改良を加え製品を工夫するには，何よりも顧客に密着し顧客の小さなニーズに気づきそれに積極的に応えることである。現場がこうした行動をとっているのは，「常に考える」「まねするな，工夫せよ」が具体的な行動原理として現場に浸透している証拠である。

そのためには，開発部員は顧客の現場にひんぱんに通い，はじめは仕事をもらえず取引にはならなくとも，コミュニケーションを取り続ける。そうするうちに顧客が，「こういうものがあったらいいな」という製品のヒント（ニーズ）をいってくれるようになり情報を提供してくれるようになった。ニーズに応える製品を試作して顧客に持っていくと，その姿勢が次第に評価されるようになる。やがて同社に頼めば必要な製品を作ってくれるという顧客の信頼を獲得していった。こうして同社は顧客との信頼関係を築いていった。現場からの情報を重視しニーズに応えるように，絶えず小さな改善改良を行い工夫していった。顧客によって評価されることが，従教員のやる気につながっている。また顧客の信頼や喜びがあれば，売る喜びが生まれ，創る喜びとなることを実践している。このように現場重視の，顧客目線に立った開発が同社の大事な経営方針である。

同社の事業は，戦略論的に見れば，電気設備資材という絞り込まれた領域の市場深耕的な差別化集中戦略である。特定のセグメントで，「まねするな」の方針の下で製品差別化を追求してきた。顧客の細かなニーズに応えることによって，成熟市場にもかかわらず安定した業績をあげてきた。

同社の顧客対応は，第1に顧客との間に緊密な関係を築き，第2に小さなニーズを丹念に拾い工夫を加えて，第3に多様なニーズに応えるために，製品の品ぞろえをしてきた。とはいえ，開発製品の多様化と品揃えは顧客ニーズにこたえることはできるが，開発コストや在庫コストが増加する恐れがある。それは商品管理を複雑にするから経営効率を低下させる可能性がある。品揃えと経営効率の間には，どこがいちばんよいのか自明の正解はない。この点について，山田昭男は次のように考えてきた。

顧客ニーズを反映した細かな工夫を凝らしたうえで，品揃えを豊富にする

ことによって顧客が製品を買い求めやすくなり，来店頻度が高まることによって主力製品の購買率も高まる効果がある。量的に売れない製品も揃えることによって，顧客が品揃えの信頼感を持ち，顧客が買いやすくなるようにしている。同社は，今でも従業員800人ほどの規模であり，限られた市場セグメントに集中し製品品目数が管理可能な数に絞られている。簡素化した営業網からは顧客ニーズを直接入手できるため，情報収集機能が高められ新製品開発に役立っている。製品開発と品揃え，コストと利益を総合したところで，答えを出している。

　経営の第3の特徴として，経営者自身が殻を破る発想と細かな工夫が，社員のやる気を引き出している。「工夫しろ」というだけでは長続きしない。「やる気を出せ」と言われても簡単にできるものではない。それには経営する側に工夫が必要である。

　社員の動機づけには唯一の方法はない。同社の場合，すでに述べた方法で社員を信頼し任せることで生産性をあげ，管理の効率化に結びつけた。そうした経営への信頼，会社理念の共有が動機づけの原動力となっている。社員がやる気を持って仕事をするためには，基本になる会社の理念が浸透し，理念に沿って行動してもらうことが欠かせない。「まねするな，工夫せよ」はその点で分かりやすく，意欲を引き出す力となった。

　そのとき原則的に大事なことは，仕事自体が楽しくなるようにすることで，自分から進んで仕事に取り組めるようにできるかどうかであると山田は考えた。それには，仕事の目的や意義を納得できるように伝えていくことが必要になる。自発的に自ら課題を見つけ目標を設定して取り組む，それによって仕事の達成感や意義を感じ取るようにすることだと考えた。各人には自ら課題を設定し取り組む自由度を与え，わがこととして仕事に取り組む適度のプレッシャーがかかる組織文化ができた。

トップの役割とは

　同社の場合，社員が主体的に行動することができるようになった背景には，経営者が社員を信頼し，規則で行動を縛らないよう仕事を任せる仕組み

を作ってきたことがある。一般の企業常識からみれば，相当に自由な勤務体制があり従業員は自発的に仕事ができる。その仕組みによって社員は仕事の意義を感じ，仕事の達成感も手に入れて，目的を持って仕事ができる。

　社員の自発的な行動を促すために，その努力に積極的に報いるように，他にも環境を整えてきた。例えば，給与水準を同業他社より高くして，仕事に満足できるような制度を整えた。また取り組みの姿勢そのものも評価してきた。改善提案制度では，アイデアには採用の有無にかかわらず1件につき500円の報酬を出してきた。年間200件を超える提案者には，別途報奨金が支給される。小さな喜びが小さな達成感を生み，それが継続して大きな達成感と満足を生み出す仕組みとなって定着した。提案制度は多くの企業で採用されているが，同社は約800人の社員で，年間1万から1万5千件の新商品の提案が出されている。

　トップの役割について，山田昭男は，「経営戦略を考えることである」と明確であった。この場合，「経営戦略の一番の柱は何かというと，社員にいかにやる気を出させるか，ということだと思うんです。それには，一日で一番長い時間を過ごす会社を楽しくし，面白くすることにしよう」と組織のマネジメントを工夫するのである。一般的にいえば，同社の市場戦略は差別化集中戦略である。しかし市場戦略よりも山田が重視するのは，やる気を出させる人材マネジメントであった。同社は人が資産であり，人材マネジメントこそ戦略であると考えている。

2.　京セラのアメーバ経営

　アメーバ経営は，生物のアメーバになぞらえて，会社内部の自律的な小集団を単位として企業活動を行う経営のことである。稲盛は，「アメーバ経営は，小集団独立採算により全員参加経営をおこない，全従業員の力を結集していく経営管理システムである」としている[1]。

　稲盛がこの経営管理方法を思いつくにいたったのは次のような背景があっ

た。稲盛はそれまで勤めていた会社を辞めて，7 人の仲間と京都セラミック
株式会社（現京セラ）を 1959 年に設立した。ベンチャー企業として生まれ
た京セラも次第に人を増やしていった。創業間もないころ，10 人ほど採用
した新入社員が形相を変えて，給料を上げてほしい，昇給の見通しを聞かせ
てほしいと稲盛に迫った。

　当時の稲盛は技術開発に打ち込み，事業を軌道に乗せることに必死だっ
た。従業員も一緒に取り組んでいてくれるものと思っていた。経営の安定性
や財務的余裕などなかった。このとき稲盛は，会社の発展のために必要な目
的の共有や従業員の会社との一体感はこのままではコントロールが難しいと
感じた。組織をどのように運営すれば全員が一体となって仕事意欲の強い組
織ができるのか。稲盛は次のことを考えた。

　その1つは，「人の心」を結集する経営をすることであった。それが「社
員の幸福のため」という経営フィロソフィーとして具体化した。つまり，
「全従業員の物心両面の幸福を追求すると同時に，人類社会の進歩に貢献す
る」という理念となり，働く人の生活と幸福を実現するとともに，社会の公
器として社会に貢献することを目的としたのである。もう1つは，会社を小
集団の組織に分けて，それぞれの小集団を各リーダーに任せて管理すること
ができるのではないかと思った。そこで，各組織を小さな町工場のようにそ
れぞれが責任を持って仕事をしてもらおうと考えた。こうして同社の経営理
念と仕組みの方向が決まった。

アメーバ経営の工夫

　ただ，各組織単位を独立採算で管理するには，その方法を考えねばならな
かった。一般に行われている独立採算制は，事業部単位で行われている事業
部制組織がお手本であった。しかしながら，事業部単位で独立採算制にする
ことが，1 人ひとりの仕事への取り組み，やる気にどうかかわるかはっきり
していなかった。通常の事業部制組織では直接かかわりがないように思え
た。個別の業務や行動が採算にどのように関係しているか，見えないから
だ。個々の仕事に結びつけられた情報の公開も成果を評価する数値化もな

かった。収支把握は，伝統的な管理手法で部門あるいは事業部の組織単位で現場から離れた財務担当者が行っていた。従来の独立採算制では，従業員の行動が採算にどのようにかかわるか，見える化は行われていなかったのである。

　そのため，既存の理論にお手本を探し導入するのは無理だと，稲盛は思った。そこで稲盛は，1人ひとりの仕事が収支に直接かかわりその成果が見える化するにはどうすればよいか，思考を重ねた。そして各組織単位が，1つの中小企業のように独立した採算単位となって，「売り上げが最大に，経費を最小にする」という経営の基本原則に立って，それが誰の目にもはっきりと見える形で全員で取り組む必要があると考えた。そのための工夫がアメーバ経営となった。アメーバ経営の工夫は次の点にあった。

　第1に，組織を独立採算で管理することができるまとまりのある小さな組織単位にまとめる。アメーバの規模は，独立採算を管理できるまとまりのある仕事を1つと考える。京セラでは，現在約3000のアメーバ組織が作られている。アメーバでは，取り組む目的や課題が集団メンバー全員によく見えるようにする。集団の活動は，① 売り上げを増やす，② 経費を減らす，③ 所要時間を減らす，つまり生産効率を上げる，という明確な目的意識を持って行われるようにする。

　第2に，アメーバ経営は全員参加で行われる。アメーバ経営による参加では，成果をあげるために，職場が常に課題を発見し，改善しながら仕事をすることを求めている。工程別に，アメーバの個々の作業について仕事量，費用，売上，利益の数値が成果として見える化される。個々人が担当している仕事が，どの工程のどの成果にかかわっているのか見えるのでなければ，自らの仕事として，売上を増やし，あるいは経費をへらし，生産効率を高めることに強い意欲を持つことはできないからである。これによって，1人ひとりの仕事がどれだけ費用や成果に貢献しているか実感する仕組みが作られた。売上高・経費がすべて見えるようにした。

時間当たり採算表を作る

　第3に，そこで考え出されたのは，採算単位のアメーバごとに成果を把握する「時間当り採算表」であった。製造業では作業が様々な工程を経て完成品になる。各工程間で仕掛品が流れ，また事業部門間での部品・材料の売買がある。それらを含めて各アメーバの採算を算出しなければならない。個々の職務活動がそれにどう結びつくか見える化する方法が，アメーバ経営の管理方法として展開されたのが時間当たり採算表である。

　「時間当たり」とは，単位時間当りの付加価値のことで，「総付加価値を総労働時間で割った1時間当りの付加価値」で示される。京セラでは，付加価値とは，「売上金額から製品を生み出すためにかかる材料費や設備機械費，償却費など，労務費を除くすべての控除額（経費）を引いたものである」。アメーバ経営による時間当たり採算表は，製造部門では，総出荷額が社外出荷と社内出荷に分けられ，社内売りはすべてについて売りと買いが記録される。総生産にかかわるすべての経費が把握され，差し引き売上を要した総時間で除して時間当たり生産高が導かれる。1人ひとりが目標を自覚し，仕事の改善に経営者のつもりで取り組むことができるようになった。

　アメーバ経営の成功は，この時間当たり採算表が作られたことが大きく，行動と成果の関係が誰にでも常に見えるようにしたことで，動機づけにもなったことであった。なお，アメーバ集団の規模，仕事範囲，売上高，販売原価，人件費などは，市場の状況に応じて絶えず微調整が行われるようにしている。

　こうして考え出されたアメーバ経営の主たる目的は，稲盛によれば3点あった。

　第1の目的は，市場に直結した部門別採算制度の確立である。独立採算組織として成り立つために，「明確な収入が存在し，かつ，その収入を得るために要した費用を算出できること」である。エンジニアであり，経営にも会計にも素人であったという稲盛であるが，それゆえに真剣に取り組み本当に必要な仕組みを考えてアメーバ経営に行き着いた。1人ひとりの行動が収支と結びつくように見える化を図り，独自の管理方式へとつながっていった。

そのカギとなるのが，時間当たり採算表であった。

　「時間当たり採算では，各アメーバの収入と経費だけでなく，その差額である付加価値を計算する。その付加価値を総労働時間で割り，1時間あたりの付加価値を計算する。このように，自分の属するアメーバが，1時間当たりどれだけの付加価値を生み出したのかということが簡単にわかる仕組みになっている。また，時間当たり採算表の予定と実績を対比させることで，事前に立てた予定，生産予定，経費予定などの進捗状況をアメーバリーダーはタイムリーに把握でき，必要な手をすぐにうつことができる」[2]。

　こうしてアメーバ経営による時間当たり採算制度は，次の特徴を有するものとなった。① 営業部門も製造部門も，時間当たり採算表でとらえられるプロフィットセンターである。② 目標や成果を金額で表している。「売り上げ最大，経費最小」をめざして，個々の項目，活動のプロセスの見える化ができる。③ タイムリーに部門採算を把握することができる。④ 時間当たりの採算表が明確になることによって，時間意識を高め，生産効率を上げる工夫が生まれる。「最小単位の組織であるアメーバが，ビジネスとして完結する単位となる」のである。⑤ 時間当り採算表は，会社全体の運用管理を統一的に行うことを可能にしている。「会社全体の目的，方針を遂行できるように分割すること」である。こうしてアメーバ経営は，優れた経営管理システムとして機能している。

　アメーバ経営の第2の目的は，経営者意識を持つ人材の育成である。アメーバの活動では，「リーダーが先頭に立ち，現場に任せっきりにしない」ことが当然のこととして求められる。それぞれの職場で，集団の収支を見通し，計画を立てて行動するリーダーを必要とした。リーダーは自然と小さな組織単位の経営責任者として，すべての状況判断を任せられ行動するようになった。こうして，アメーバ経営は，優れた人材育成システムとなっている。アメーバ経営では，経営者やアメーバリーダーは，個々の事業の実態を的確に把握して行動する「操縦席に座っているパイロット」にたとえられている。

全員参加をめざす経営

　第3の目的は，全員参加型経営の実現である。すべての従業員が協調し一体となることによって仕事に取り組むことができれば，組織としてはそれが最も力を発揮できる仕組みである。アメーバ経営は，全員参加経営の実現をめざしている。

　稲盛のいう全員参加経営は，経営参加論のいう経営参加と同じではなかった。全員参加経営と経営参加の一番の違いは，前者が経営者も従業員も同じ目的を持って一体となって経営するのに対し，後者は経営者と労働者の対立的関係を残したままの経営参加を意味するからである。稲盛にとって，全員参加経営とは，「全従業員が経営者」であるように経営者意識を持ち，一体となって仕事にはげむ経営のことである。そのためには共有する経営理念として，「全従業員の物心両面の幸福を追求すると同時に，人類，社会の進歩発展に貢献すること」をかかげ，その実現をめざした。

　経営手法としてのアメーバ経営では，経営理念をベースにした独自の管理方法が作り出された。同社は，アメーバ経営にキャッシュベースの会計を独自の方法で取り入れ，財務的にも経営者が現実をあるがままにとらえ，経営判断に役立てることができる仕組みを作った。

　とはいえ，アメーバ経営で参加的な独立採算の仕組みを作ったからといって，業績が確実に保証されるものではない。「このアメーバ組織は一度作ったら固定されるものではない」。常に見直しが行われてこそ組織が環境に適合した柔軟性を保つことができる。独立採算には両面性がある。小集団のアメーバが独立採算で行こうとすると，アメーバ間のエゴ・対立が生まれる。これに対し稲盛は，「人間として何が正しいのか」を中心にすえている。リーダーにはこの哲学をもとに公平な判断を求めている。重視するのは，「アメーバ経営においても，人の心がベースになっている」ことである。

　もちろんそれでも十分とはいえないだろう。現場の人たちが理念に沿って動くというのは簡単ではないからだ。個人の業績評価が浸透し個々に利益を追求する海外では，一般に自分の業績が優先されがちである。アメーバはリーダー個人の業績を追求する手段にもなる。「各部門のエゴが出やすく」，

部門内に，そして国内製造部門と海外販売子会社との間にも対立が起こりやすくなる。理念を共有し情報を共有するとはいっても，表面的になる可能性はある。稲盛は実際に海外子会社で起きたエゴについて述懐している。そのような事態を回避するためには，根本哲学としての「人間として何が正しいか」を判断基準とした経営哲学を重視し，公平な判断を下すことのできるリーダーが上に立たなければならないと考えている。

　京セラが開発したアメーバ経営は，全員経営を追求する1つの経営管理方法である。全員経営はアメーバ経営を必然とするわけではない。しかし，アメーバ経営は全員経営のあり方について1つの答えを出している

3. 良品計画の仕組み革新

無印の提案

　MUJIで知られる良品計画は，経営的に次の2点で大きな注目を集めてきた。1つは，その商品コンセプトの独自性である。スーパー各社がプライベートブランド（PB）商品の販売を始めた1970年代，セゾングループのスーパーマーケットであった株式会社西友ストアーもPB商品の開発を行った。1980年に「無印良品」として登場した40品目の商品は，PB商品として明確な理念があった。

　「無印」はノーブランドの意味であり，アンチブランドの思想を持つ商品であった。それは既存体制を否定するチャレンジであった。有名な詩人でもあった堤清二（辻井喬）に率いられたセゾングループは，文化的な良質の商品とライフスタイルを提供する企業としてのイメージがあった。それは，商品のデザインや品質に優れた感性を発揮し独特の製品を提供してきた。MUJIにはそうした思想的背景があった。

　「無印良品」の商品コンセプトは，「素材の選択」「工程の点検」「包装の簡素化」の3点に集約され，シンプルで実質本位の商品づくりを行うことであった [3]。「素材の選択」とは，「おいしくて健康にも役立つ食品。着心地よ

く，身体になじむ衣服。使い買ってを第一に考えた生活雑貨」をめざして，それまで見栄えのために捨てられ，あるいは業務用に使われていた素材などを見直して商品を開発した。割れた干しシイタケや割れたせんべいを売り出したのもその精神であった。また，「工程の点検」は，つやだしせずに仕上げたり，不ぞろいのままの商品であったり，商品本来の質に関係ない無駄な作業をできるだけ省いた工程を活かすようにした。そして「包装の簡素化」は，過剰な包装をさけ，地球資源を無駄にしないことも意識している。こうして「無印良品」は，百貨店にも劣らぬ品質の良い品物を「わけあって安い」商品として，低価格で提供し消費者に歓迎された。無印良品は，生活者に目線をおき，生き方への貢献を優先する理念を追求した。

「無印良品」の商品は，商品に自社名をつけただけの単なる商品の仕入れ販売ではなく，小売業として自らオリジナルな商品の開発を行っている。いわゆる製造小売業（SPA: Speciality store retailer of Private label Apparel）である。これは，小売業が商品の企画・開発から素材の選択，原料調達，製造，販売までを自らの責任とリスクで行う形態である。良品計画の SPA は，PB 商品の本格的な取り組みである。無印はそのコンセプトを大事にしたから，デザインには相当の力を入れてきた。商品開発には並みのメーカー以上の努力がはらわれた。

順調にスタートした「無印良品」は，グループ企業の西友ストアー，西武百貨店，ファミリーマートで販売が開始された。1989 年に「無印良品」の事業基盤を確立し統一的に売り出すために，西友ストアーから分離独立した株式会社良品計画が設立された。1990 年に西友から「無印良品」の営業権を譲り受け，小売り事業を開始した。2018 年 2 月期には連結で売上高 3795 億円，従業員数 8128 人（ほかに平均臨時雇用者 9524 人），資本金 67 億円である。2018 年 2 月末の店舗数は，国内 454 店舗，海外 474 店舗で，すでに海外比率が国内比率を上回るグローバルな企業に成長している。それは MUJI ブランドおよびその経営理念が海外でも広く受け入れられてきたことを示している。

組織改革の必要性

　良品計画が注目されるもう1つの大きな理由は，2001年8月中間決算で赤字に陥いり，それを打開するために行われた一連の経営改革であった。衣料品，日用品，家具等で競合が強まり，「わけあって，安い」が次第に通用しなくなっていた。組織内部的にも問題が生まれていた。大量の不良在庫が発生し，品質の低下が起こっていたのである。

　これについて「確かに外部要因はありましたけれども内部要因のほうが大きかった。大企業病に陥っていたのです。社内に『無印はこれでいいんだよ』という慢心やおごりが充満していました」と，1991年に西友ストアーから良品計画に入り2001年に社長ポストについた松井は述べている[4]。

　業績の悪化は多くの要因が複合的に重なって起こるが，松井は根本的な組織改革をしようとした。衣料品，家具，日用雑貨の市場環境が大きく変わり，専門量販店が急成長していた。その中での業績悪化であった。松井は，業績悪化の原因を競合や不良在庫であると考えず，その根本の原因から改革が必要であると考えた。それは一言で言えば，企業風土の改革で，組織の仕組みを変えてメンバーの行動や意識を超える必要があると感じていた。松井は，業績悪化の主たる原因を組織の内部要因にあると判断した。企画生産，在庫管理，意思決定，店舗運営，店舗と本社との連絡などトータルな管理運営方法の刷新を図った。

　その中で特に現場である店舗運営の革新が必要であると考え，業務の標準化を進めることにした。なぜ業務を標準化しマニュアルをつくることにしたのか。その理由は，接客販売の営業が，個人の経験と知恵を頼りに行われ，組織として共有されていないことが不効率をもたらし，最終的にブランド価値を維持することになっていないことが中間決算赤字で露呈したからであった。経営改革の中心は組織改革であった。その改革は，セゾンの重視した感性による経営からの脱却であった。

　良品計画の従業員数は，正社員が約1割で，残りは有期雇用の契約社員，有期雇用のパートナー社員，アルバイトから構成されている。パートナー社員とアルバイトが4分の3を占めている。「無印良品」のコンセプトは相当

に抽象性の高い感性に訴える商品の提供であった。そのためには，長年の経験と鋭い感性が大きな意味を持っていた。ところが，通常の店舗のスタッフは，正社員が1人で他はパートナー社員やアルバイトが中心で運営されている。したがって，店舗運営ではパートナー社員やアルバイトがいかに MUJI のコンセプトを理解し，行動していくかが大きな課題であった。スタッフの流動性は比較的高く，スタッフが交代することによって熟練者の知恵や勘が蓄積されず伝承されにくくなる。その結果，人により店舗によって店舗運営の方法も接客内容も異なることが現実に起こっていた。アルバイトやパート社員が MUJI のコンセプトに共感していたとしても，接客サービスや店舗運営の統一的な基準となる物差しが見えなかった。

ノウハウをマニュアル化する

　この現実を見て松井は，業務用の仕組みから変革をする必要があると思い，業務の標準化をめざしてマニュアル化をしようとした。マニュアルは，業務方法の見える化を図るもので，生きたマニュアルとしなければならなかった。無印商品の店舗運営にかかわる業務マニュアルとして MUJIGRAM が作成された。そのマニュアルは店舗運営のあらゆる業務を網羅するとともに，その内容は一部の熟練した社員が経験に基づく知恵をまとめるだけでなく，現場からの意見を取り入れ改良を重ねて実際に役立つマニュアルを作成してきたことが特徴的であった。

　マニュアルを本部が作り店舗に押し付けるのではなく，店舗で生きたマニュアルとなるために，現場が共感し受け入れるものであること，そして常に現場の知恵を反映していくことが重要だと考えた。それゆえ，「マニュアルをつくり上げるプロセスが重要で全社員，全スタッフで問題点を見つけて改善していく姿勢を持ってもらうのが目的です」という [5]。そのためには，社員全員がマニュアル作成に加わること，改善点を見つけ，よりよいものに常に改善し更新していくことである。

　こうして，過去の店舗運営のノウハウや知恵が集められ，現場がよく機能するようにマニュアル化された。さらにその更新にも店長や店舗スタッフの

提案が活かされるため，現場が動くために自らつくり上げた生きたマニュアルになっている。同社の MUJIGRM が有効なのは，接客サービスの文脈までわかるようなマニュアルになっていることである。

　MUJIGRAM の更新はどの店舗から誰でもが提案できる手順があり，その仕組みが誰にでもわかるように見える化している。更新の第一歩は，顧客ニーズやクレームを受けて店舗から顧客視点シートが本部に提出され，改善提案が添えられる。この提案に基づいて年間でおよそ 200 件のマニュアルの内容が更新されている。改善提案に報いるために，1 件につき 100 円，採用されると 500 円の報奨金が与えられ，提案した店舗を表彰する仕組みを作っている。

仕組みが理念を実現する

　仕組みは組織運営の根幹である，と松井忠三は考えた。仕組みは，熟練した個人に蓄積されていた情報・知恵を文書化し共有して，仕事を標準化し見える化するものであった。特に大部分の店舗スタッフがパートナー社員やアルバイトで構成されている現場では，いかに彼らを戦力化し，主体性を持った行動をとれるようにするかが重要であった。良品計画の店舗運営マニュアルの MUJIGRAM は，現場の知恵を見える化したことと，さらにその知恵をパートナー社員やアルバイトが提案することで継続的に更新されることによって，彼らを貴重な戦力に変えたことが特筆される。

　マニュアルは，常に更新されることによってルーティン化された行動の形骸化を防ぎ，知識の陳腐化を防ぐことをめざした。ある年には，年間約 2 万件の提案があり，そのうち 443 件が採用されて MUJIGRAM の一部になった。このように相当数の新しい知恵が，毎年取り込まれている。MUJIGRAM が有効なルーティンの詰まった仕組みであると同時に，その作成・更新に全員がコミットし新しい知恵を生み出していく仕組みが組織に作られたのである。創意工夫と成果を結びつけ，現場で問題に気づき，改善していく仕組みが作られたのである。

　同社にとって，MUJIGRAM は PDCA を実践する方法であり，創意工夫

の仕組みである。「PDCA を回す上で気を付けるポイントは，社風と価値観を変えられる企業体質を作ることと同じです。それができない限り，PDCA は回りません」と松井は言う[6]。

　仕組みを作るメリットとして，次の点があげられている。第1に，仕組みは経験と知恵を蓄積したものである。現場の経験から優れた知恵を集め，標準化して，その知識を共有することで成果に結びつけることができるようになっている。第2に，改善を繰り返し組織が進化していく。組織が現場から進化していくものとなった。絶えず改善する姿勢を持てれば，それは組織の大きな力となる。第3に，社員教育の効率化ができる。1人ひとりは，判断に困ったとき，仕事の仕方が分からないとき，まずマニュアルで確認する。全店舗から集まった知恵が見いだせるからである。こうして，個々の社員教育や指導にかける時間が節約できる。現場の知恵も反映するので，モチベーション向上に役立っている。第4に，理念の統一を図りやすくなり組織への浸透ができた。第5に，仕事の中で，気づきや提案を表に出し取り上げてもらうことで仕事の本質を見直すことができるようになり，従業員の間に業務に前向きに取り組む姿勢が生まれる。第6に，MUJIGRAM は，1人ひとりがその経験と気づきをマニュアル化する機会を与えられているだけでなく，そうした OJT を通して能力を高めることに役立ち，人材育成の仕組みとなっている。

　一般には，マニュアルには良い面も悪い面もある二面性を持つ。マニュアルにしたがってする仕事は機械的になり，マンネリ化しがちである。状況が変わっても「マニュアル通りにやった」といえば，うまくいかなくても責任は逃れることができる。マニュアルによる仕事は，現場の行動の自由を奪いかねない。また，前向きなアイデアや状況に応じた判断を制約しかねない。MUJIGRAM は，従教員の知恵と工夫で常に内容が更新されるようになっている。同社の MUJIGRAM は，むしろモチベーションをあげ，能力を引き出して成果をあげることに成功している。

　その理由として，第1に，マニュアルを現場の人たちが自ら作り，わがこととしてそれを実行する。第2に，「こうしたほうが，いい」という気づき

が，仕事のムダを省き，顧客サービスの改善となって，生産性向上に役立っている。自分たちが気づき提案して作っているマニュアルであるために，コミットしている感覚や達成感があり，前向きに仕事をすることに役立っている。また何よりも，現場の生の声を反映しているために，生きたマニュアルとして仕事の基準書として役立っている。第 3 に，無印良品の思想が，顧客にも従業員にも共鳴できるものであることが根底にある。

松井は，仕組みとは，「努力を成果に結びつける仕組み」，「経験と勘を蓄積する仕組み」，「ムダを徹底的に省いた仕組み」であると考えている。仕組みは理念を実現するためのものであり，仕組みは戦略を実行するためのものである。同社の仕組みは，徹底して仕事の細部にまでこだわったマニュアルとなった。同社には 2 種類のマニュアルがあり，店舗で使われるマニュアル MUJIGRAM と，本部の業務マニュアルの業務基準書である。MUJIGRAM は全 13 冊の膨大な知識を収めている。

同社の組織革新を見ると，理念や戦略は仕組みがあって実行されることがよくわかる。そして仕組みが実行の良しあしを決めている。「無印良品」の理念・思想は守りながら，それを実現する方法として仕組みの革新が行われた。理念・戦略はそれを実現する適切な仕組みがあることによって行動に結びつけられることを，同社の事例は示している。

4.　㈱ 21 の全員経営実験

解雇された人たちが立ち上げた会社

株式会社 21（以下では 21）は，広島市に本社のあるメガネ・コンタクトレンズ・補聴器の小売店をチェーン展開する企業である。1986 年 2 月に設立され，従業員数は 120 人（2019 年 3 月）である。

創業者たちの経験が独特の方法を生んだ。大手メガネチェーンで働いていた人たちが，同族会社の内紛がもとで解雇されたことから，平本清を中心に同僚であった 4 人が共同して新会社を設立した。よくあるように創業につい

ては，それまでの経験と知識を活かせる分野を選ぶ。経験と知識が事業化の重要なベースである。しかし，経営の仕方については全く違った方法を選択した。新しく会社をおこすのは，それが解雇による独立の場合はなおさらに，それまでの経験が反面教師となる。そのとき考えたことやアイデア，新しい組織運営の方法が試みられる。それが同社の事業経営の一つの明確な原動力となった。

「もともと，この会社は自分たちの雇用を守るためにつくった。社長以下全員がサラリーマン並みの収入を得られればいい。オーナー経営の悪い面はすべて見てきたから，それらをすべて払拭したかった」[7]。21 は，その経験の中から，自分たちが納得する理念を描き，経営の仕組みを作っていった。

設立当初に経営方針として，次のことを取締役会で決定した。

① 会社のすべての利益を社員に分配し，顧客に還元する（会社に利益を残さない）。

② 株主は社員で，社員による共同経営（共同経営）。

③ 人事破壊で間接部門をおかない（管理職がない会社）。

④ 会社の業績，財務状況，給与・賞与明細などの情報を開示する（情報公開）。

⑤ 社員にノルマ・目標を設定しない（成果主義の競争排除）。

これを見てわかるように，一般の企業経営に比べると相当にドラスティックな経営方針である。社員による共同経営，内部留保ゼロ，利益ゼロ，徹底した情報公開，間接部門の廃止などを示唆している。こうした方針に共同創業者の考えが一致したのは，解雇という厳しい経験を共有し，それまで常識とされてきた経営方法に対する率直な反省と反発があったからである。

こうして解雇された人たちが立ち上げた企業の経営理念として，同社の社是は，「21 は社員の幸福を大切にします。社員は皆様の信頼を大切にします」と定められた。このような経営理念をかかげたのは，創業者たちは，とにかく自分たちが生活していけるようにという目的で会社を始め，何よりも社員を大切にする方針を打ち出した。この経営理念は，解雇された企業で 2 代目社長の経営スタイルに反発したものであるとともに，その初代経営者の経営

から学んだものであることを平本は認めている。同社は，会社は利益を優先せず，社員の幸せを願い，顧客や取引先，眼科医，家族，同僚の幸せを追求することとし，自分たちが納得のいく経営理念を定めた。

共同経営をめざす

　同社の経営の特徴は，第1に，会社は，平本清が数人の仲間と一緒に立ちあげた事業で，会社を個人オーナーのいない共同経営の会社にした。とはいえ，理念が簡単に実現するものでないことは，どんな組織にもあることだった。創業3年目に経営危機があり，資金的にも安定した基盤がまだなく，創業の精神が忘れられようとしていた。会社設立時の方針では，社員みんなで共同経営するということをかかげてきたが，仕組みがなければ普通の組織になる。権力の集中や組織運営のマンネリ化，社員のモチベーション低下にもつながる可能性があった。社長が平本に交代し，社長の任期を定め2期4年で社長を交代する仕組みを取り入れた。社長の任期を定めることで，権力の集中や組織の形式化が進むことを回避しようとした。

　こうして同社では，社員みんなの意思で会社を運営するという考えを実行する仕組みを築いていく。共同経営をかかげた同社は，全員参加経営をめざしている。すべての役員・社員が，役割分担を別にして，対等であるという考えに立ち，経営に対する平等の発言権を持っている。そこには世襲経営も所有者支配も経営者支配もない。良い意味で共同体的であり参加を徹底している経営方式である。「社長が持っている権限と同等の権限をすべての社員が持っている」と考えている。社員がオーナーであり株主である21では，目的の共有も一体化も大きな課題ではない。なぜなら，社員は「オーナーであり，経営者であり，従業員でもあったら，間違いなく一生懸命働き，会社のためになることを必死で考える」仕組みを作ったからである。

　同社は，共同経営の仕組みの徹底を図った。例えば，意欲のある人ならば誰にでも社長になるチャンスがあることを明確にした。社長になろうとする人は，立候補することができる。この仕組みは，すべての社員は平等であることを制度的に保障した。この仕組みは，社員がオーナー社員として自覚を

もって取り組むモチベーション高めている。

　続いて，利益を顧客と社員に還元する経営を徹底した。しかし，理想だけでは事業は成り立たない。社員の雇用と幸せを追求するためには，事業会社として多くの消費者にメガネを買ってもらわなくてはならない。そのために，メガネの販売価格を他社に負けない価格で安く提供する。利益を内部留保せず，管理組織をほとんど持たないように組織の効率化を徹底し，原価率を7割になるまで一般管理費をそぎ落とした。その結果，価格競争力のあるビジネスモデルが作られ，社員の幸せと顧客を大切にすることが結びつけられた。それまでの経験から，大手企業が「「この価格で販売することはできない」というデッドラインを知っていた。だからこそ，「相手がマネできない価格設定をする」」ことができたと平本は言う[8]。

内部留保のない経営

　第2に，同社は，「会社に利益を残さない」経営方針をかかげた。損益計算書で利益がゼロになるようにしたのである。したがって，利益がなければ内部留保もない。その仕組みは，全利益を社員と顧客に還元する独自の経営方法であった。このことによって同社は，社会的にも注目されユニークな企業として有名になった。（なお，現在は，会社に一部利益を残す方針に微調整されている。顧客，社員，会社の3者に利益を還元するほうが良い経営ができると判断した結果である）。

　「会社に利益を残さない」，「内部留保なし」は，通常の会社であれば大きな財務的リスクを心配しなければならない。同社の場合「利益なし」は，内部留保相当分を賞与，残業手当，社内預金への利息，給与として社員に分配し，顧客には値下げで利益還元することにしている。「会社に内部留保しない」で，「社員に内部留保している」と考えるのである。そのため，事業環境が悪化して業績が悪化した場合には，配分している利益を削減する形で対処する。

　それは，次のような方針で対処する。① 業績が下がれば，賞与を減額する。さらに，社内預金の利息を10%から0%まで引き下げる。② さらに仕

事が減れば，残業を無くし，休日出勤を無くしてその手当を削減する。③
バイト社員の勤務時間を減らす。④ 店舗等への設備投資を中止し，減価償
却費を削減するなどの措置をとる。こうした措置をとっても，内部留保が使
われていると考えれば，相当の取り組みまでは問題が起こらないと考えるの
である。

　第3に，なぜそれができるかというと，資本金は，すべて役員および社員
の出資で構成されているからである。同社は株式を公開せず，金融機関から
の借り入れも実質的にゼロである。社員が共同出資者である。

　同社は外部投資家や金融機関に制約されることがなく，業績が悪くなれば
利益も配当もなしにすることができる。また社員はオーナーであり，何より
も自分たちの事業に強いモチベーションがある。会社の業績はすべて情報公
開されているために，その責任を何よりも自覚することができる。

　「儲かれば配るし，儲からなければ配らない」ので，儲かっていないとき
に，給与のアップを求める社員はいない。創業時の仕事の厳しさから，生活
できるように雇用を確保できるぎりぎりの水準まで商品価格をさげ事業の存
続を図った。利益が出れば配分していく考えになった。業績が悪くなれば自
分たちの責任であることを社員誰もが理解している。社員は「自分の会社」
と思って仕事をし，業績が上がれば配当や賞与に反映されるようになってい
る。そして行動を起こし提案することも自由にできる仕組みがある。

　会社の株式は社員に分散して保有され，社員が株主となっているため，同
社は特定の個人による所有支配が成立しない。内部留保をゼロにして，「社
員の幸福を追求する」ために社員へ配分すると同時に，顧客に利益を還元す
るために顧客への安い商品提供を実現した。「「21」では，みんなが共同経営
者という認識が広く浸透しています」[9]。しかし平本は，現在の仕組みがい
つまでもベストだと考えてはいない。「一番引き継いでほしいのは，変化の
DNA」だと語り，柔軟で創造的な組織文化が維持されることが鍵だと考え
ている。

徹底した平等と情報共有

　第4に，本部と店舗を結ぶコンピューターで，給与や人事評価，経営財務など全社員に公開し閲覧できるようにしている。社長の給与も開示されている。社員に出資をしてもらうためには，財務情報などをすべて公開する必要があった。また，業務効率を落とさないように，無駄な間接部門を極力減らした。参加型で，各人が店舗運営に責任を持つのであれば，本社には多くのスタッフの必要はない。本部には本社役員として2人の取締役，4名のパート社員がいて，この人数で全社の管理運営を担当している。

　同社の資本金は6000万円で（2019年3月末），株主は社員とOB約35名で構成されている。社員は経営職26人，一般職74人，嘱託16人，相談役4人で構成されている。経営職は出資をする株主であり，一般職は出資をしない社員であるが資金貸付をしている。全社員の7割以上が「21応援資金」として会社へ自己資金を貸し付けている。その総額は約7億円である。この出資によって社員は，投資家機能を持ち，業績によって2−15％の範囲で配当に代わる利息を受け取る。そのために，経営職社員も一般職社員も，わがこととして経営に参加する仕組みができている。経営職の仕事は一般職の協力の上に成り立ち，一般職の働きやすい環境を作り，貢献してもらうことが必要である。そうした仕事環境を作ることで全員経営が維持されている。

　1986年の会社設立時には，今日ほどの情報システムや情報開示は出来ていない。90年代以降IT革命が進んだことによって，仕組みがより徹底したものに作られてきた。今では必要な情報は，全店舗を結ぶ社内ネットで誰でも閲覧できるようにしている。会議もなく，中間管理職もなく，組織がフラットな仕組みである。21には管理職がない。管理部門の仕事はほとんどが社内ネットで済ますことができるようになっている。社員は給与・評価情報まですべて見ることができるなっている。情報を社員にオープンにして自由にアクセスして意見を言うことができる。

　情報は社内ネットで，本部の「懇談室」と呼ばれる社内掲示板にアクセスすると，あらゆる情報が公開され読むことができるようになっている。このシステムは，社内規則や事務手続き，マニュアルに代わるもので大きな威力

を発揮している。相談，提案，資金店舗の企画，意思決定がこの社内ネット
で処理されていく。そのため，間接部門も中間管理職もなく，トップの権限
を小さくし，人事，総務，経理の専属部署を廃止している。

　意思決定のプロセスに独自の工夫をしている。例えば，新店舗を出したい
とか，新会社を立ち上げたいということも，社内ウェブで提案し，提案に反
対する人が誰もいなければ決定されていく。「必要なことはすべて社内ウェ
ブで決定する」のである。賛同する人がいると，提案者と賛同者の責任で実
行できるようにしている。この仕組みらしからぬ仕組みは，「社員が共同経
営者であること」「情報をオープンにする」ことの2つが確保されて機能し
ている。

　第5に，同社では，給与・待遇について同一労働同一賃金を維持してい
る。社長の給与も一番高額ということではなく，業績の良いものが多くもら
うようにしている。社長の年間給与は，前年の社員の最高額と同じ水準に抑
えられ，晋通に生活できる範囲の金額でよいとして上限を設けている（現在
およそ1000万円）。

　一般の従業員の給与は，経験とともに熟練することから年齢給的にしてい
るが，給与では大きな差はつけていない。自律的な店舗の成果によって，賞
与を配分することにしている。しかも，利益ゼロ，内部留保ゼロをかかげ，
原資はすべて配分されているか商品価格の値下げに回している。財務の現実
が見える化しているので，特に不満をいうことがない。

　同社の財務状態は，利益の社員および顧客への還元を方針としているの
で，80億円近い売上高にもかかわらず，経常利益は毎年±2千万円前後で，
経常利益率はほぼゼロに近い。それでも財務的リスクは大きくなく，社員に
よる共同出資方式で成り立っている。さらに社員の社内預金を社内借入金と
して資金調達をしている。

　こうして，21は，「会社に利益を残さない」方針をとることや，給与・評
価の情報を徹底して社員に公開し見える化している。また，社長は任期制
で，誰にでも社長になることが可能な仕組みが作られている。また給与の上
限が定められている。同社では，誰もが経営責任者の姿勢で取り組む風土を

築いてきた。実際，誰でもが社長になることが可能である。そこには，1人
ひとりの社員がわがこととして仕事に取り組む姿勢が見られ，会社の経営理
念，情報の共有が徹底している。

　小規模な小売店舗を展開するメガネ販売という事業特性，フランチャイズ
方式を利用した経営システムなど，組織をフラットにできる条件があるとは
いえ，各店舗は自律的な組織単位として機能している。業界の慣例からすれ
ば「非常識」な経営方式であるが，そこには本質的な経営方法の革新があ
る。こうした経営方法を構築したのは，経験が与えた強い信念とリーダー
シップがその原動力である。全員参加経営もそれを実現する仕組みも，経営
者がイニシアチブをとることで実現している。

注
1）稲盛和夫（2006）『アメーバ経営』日本経済新聞出版社，27頁。
2）同上書，42頁。
3）良品計画（2018）『会社案内』。
4）島貫智行（2013）「良品計画」『一橋ビジネスレビュー』，2013年夏号。
5）松井忠三（2013）『良品計画は，仕組みが9割』角川書店，70頁。
6）『商業界』2018年4月号。
7）『日経ビジネス』1999年1月18日号。
8）平本清（2009）『会社にお金を残さない』大和書房，31頁。
9）同上書，48頁。

第8章

成長持続の課題

1. 成長を持続するという難問

ゴーイング・コンサーンへの道

　ゴーイング・コンサーン（継続企業）としての企業の経営は，終わりのないプロセスである。社会的に存在価値を持つ企業は，存続してこそ意義がある。それゆえ，「企業は永続的に発展していかなければならない」と経営者は考える。

　ソニーの森田昭夫は次のように言う。「われわれを取り巻く状況は刻一刻と変わっている。今までやってきたことも，今やっていることもすべて正しいと思わないでほしい。時代，時代に求められる発想をすることが大切で，そのためには常に10年先のことを考えて仕事をする必要がある。未来に向けて，何が大切で何が必要なものかを考えていかなければならないのである」[1]。同様に，本田宗一郎は，「常に創造していくこと，……創造を停止したとき，企業は過去のものとして置き去りにされ，発展は中止される」と言ってきた[2]。多くの経営者が同じように考えてきた。

　事業の持続発展のためには，経営者は常に現在の事業と将来の事業を考える必要がある。事業化に成功した企業は，一方で事業基盤を確立し確実なものとするために事業の維持強化を追求する。他方で，成長によって得られる経営資源を活用して事業の範囲を広げ，新たな機会の探求を始める。

　このとき，この2つの選択をいかに実行することができるのか。さらにどのような組織形態・事業システムで新しい事業を探求し遂行するのか。組織

横断的なプロジェクトチームなのか，組織内の別事業なのか，独立した会社としての組織なのか。企業は全体の資源配分を適切に行い，将来の事業の柱を支える新しい能力構築につなげなければならない。

立ちはだかる壁

　事業化に成功した新規企業は，通常，事業が拡大したある段階で新たな課題に直面する。外部的には，市場では新しい競争相手が出現する。市場が拡大し製品が普及すれば顧客層が広がる。その結果，顧客ニーズが多様化する。価格競争も強まり，技術および製品機能の高度化が進む。内部的には，企業規模が拡大し事業内容が複雑になる。新規企業が成長すると，組織内部のコントロールや調整，コミュニケーションの方法が変わり，運営が思うようにいかず組織効率が低下する。事業のあり方を見直し，強み弱みを再検討して，戦略の再定義も必要になる。事業の仕組みや管理機構の見直しが求められる。

　市場の変化は，現在の成功をたちまち過去のものにしてしまう可能性がある。企業は，現在の事業と将来の事業のジレンマの中にある。現在の合理性は将来の合理性を保障しない。逆に将来の合理性の追求は，現在の不合理となる可能性がある。2つの選択は，二者択一ではなく，同時並行して追求されなければならず互いに対立することが多い。したがって，経営はその対立を抑えバランスをとって，2つの事業戦略を統合的に実現していかなければならない。

　その一部は，事業化段階の課題と重なる。違うのは，創業時の事業化では，何もない状態から，事業のアイデアを手に入れ，戦略・計画を立て，組織・システムを作る。それに対し成長持続段階では，現行事業をかかえながら，不確実性の高い将来に備える長期的な取り組みが行われなければならないことである。

　ところが，その変革には，組織としても個人としても心理的抵抗が生まれやすく慣性の力が働く。特に大企業では，すでにある組織・事業の重さがある。過去の累積は組織にとっても個人にとっても，成長経路や経験・能力を

規定する。過去の投資は消すことはできないし，投入された資金，旧式の生産組織，これまでの設備投資，過剰労働力などは，新たな行動の重荷となる。なによりも経験に縛られた思考と行動は新たな飛躍を妨げる。また組織は，大規模化すればするほど形式化という危機に直面する。形式化こそ企業にとって最大の危機であり，成長の壁を作る。

　不確実な将来について決断するためには，「リーダーには知ることができないものを感じ取り，予見できないものを予見する能力が必要である」とされる[3]。その先見性について，生成発展の経営をめざした松下幸之助は，経営者は「"こうあってほしい，こうあるべきだ"というビジョンを描いて，それを経営努力によって実現させていく。いいかえれば，未来を不確実なものではなく，確実なものにしていくということです。経営者にとって真の先見性とはそういうものではないでしようか」と考えてきた[4]。その意味で，戦略とは，求める現実を創造していく役割がある。戦略決定が経営者の仕事であれば，それは求める現実を創造していく責任である。

　そうした状況では，第1に，新たに進むべき目標や方向を示す経営イニシアチブを発揮する必要がある。それには事業の戦略を決断するリーダーシップが必要である。第2に，それに向けて従業員の高いモチベーションを引き出し，創造的な行動に向かわせることである。従業員の意識を変え，行動を変えることを必要とする。しかし変革は，しばしば痛みや負担をともなう。人を動かすことができなければ，変革はできない。第3に，目標に合った予算措置，経営資源の配分，組織の仕組み・仕事環境の変革が必要になる。そうした変革なしには，成長の持続はない。

2. 機会探求と事業深耕の戦略二重性

　戦略類型として考えると，持続的な成長を求める企業には，時間がもたらす市場機会と変化のリスクに対して，現在の市場と将来の市場の両方に備えるという意味で経営の二重戦略が求められる。それは，市場機会への対応と

して，新しい機会探求と既存の市場深耕という戦略の二重性を表わしている。既存事業の維持強化を中心に展開するのか，それともまったく新しい事業を開拓するのかの選択である。

　いずれの戦略を重視するのか，さらにその選択された戦略に対してどのような組織体制を整え実行するか，従業員の仕事意欲をどのように高めるか。両者の戦略の違いは鮮明で，企業はジレンマに陥りやすい。

　製品市場のライフサイクルを考えると，一般に，事業の有効性は時間の経過とともに低下し，効率性は熟練による作業効率のように時間の経過とともに向上する。有効性は顧客にとっての価値充足の程度を表わし，効率性は仕事の効率を表わす。効率を良くすることは，投入・産出の比率を大きくすることである。有効性と効率性の関係は，図8-1に示すことができる。

　機会探求戦略は，未開の分野を切り開くという意味でこれまでの市場戦略が通用しない戦略である。誤解されやすいが，ここで意味する機会探求は多角化と同じではない。多くの場合，事業の範囲を広げる多角化は他の既存市場への参入である。それでは，新しい事業機会ではあっても新規性も独自性も弱い事業の拡大にすぎない。真の機会探求は，これまでにない市場・市場セグメントを切り開き，新しい顧客価値を創造することである。これに対し

図8-1　戦略の二重性

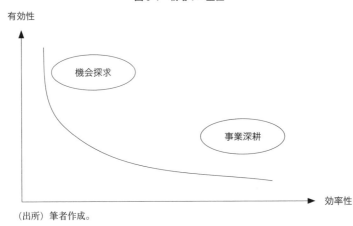

（出所）筆者作成。

事業深耕戦略は，既存事業の維持強化の戦略である。既存事業を維持することと，新規事業を育てることは多くは対立する選択である。

　上の 2 つの戦略は，重点の違い，市場へのアプローチの違い，実行する仕組みの違い，動機づけやリーダープのあり方に違いがある。2 つの戦略は組織管理の方法や組織文化が相容れないほどに違うことがある。簡略に言えば，事業深耕は規模の経済や熟練による経験効果などから得られる効率性を，機会探求は革新による有効性を主に追求している。

　市場指向の戦略主導の経営をするタイプⅠは，事業の有効性を重視する。これに対し，オペレーションに重点をおくタイプⅡは，組織内マネジメントに向かい効率性を指向する傾向がある。規模の経済が重視された同質的な競争の時代には，タイプⅡの効率化指向の戦略は有効性を発揮してきた。しかし，技術革新が進み，産業のライフサイクルの短縮化が強まる市場では，同質的な価格競争や効率化競争では持続的な優位性を発揮することができなくなった。既存の理論や原理原則の適用が問題をはらんでいるのは，この有効性追求と効率性追求のパラドクシカルな過程に企業が存在するからである。矛盾した状況におかれている企業にとって適切な行動は，しばしば矛盾し対立的となる。

　両方に対処する 1 つの方法は，米国企業によく見られる行動で，既存事業を強化しつつ有望なベンチャー企業を買収することが，将来に備える大企業の重要な経営戦略となっている。これは製薬産業に見るように，研究開発の成功確率がいたって低いため，大企業は，既存事業による効率化追求に重点をおきながら新規事業機会を逸しないように，ベンチャー企業への出資や買収によって市場の発展に乗り遅れまいとするのである。しかしそうした機会は限られるから，一般的には企業は既存事業をかかえながら戦略転換を行い，自らの力で事業転換を図らなければならない。それも，限られた資金，人材，能力，時間の厳しい制約の中で，両面作戦の展開を求められる。しかし，事業機会探求と事業深耕のバランスを取り，戦略転換を円滑に行うことは難しい。特に，事業深耕によって効率性を追求している企業が，いかに戦略転換をするかは大きな課題で，企業の存続に決定的な意味を持つ。

戦略選択のジレンマに陥る企業

　ソニーは，1960，70 年代，オーディオ・ビジュアルの電気製品について常に革新的製品の開発で市場をリードしてきた。ウォークマンはそうした革新的製品の一つであった。ところが，インターネット技術が進み新しい可能性が開かれる中で，革新企業としての地位をアップルにとって代わられた。既存事業の採算は低下し，業績が次第に悪化した。ソニーは 2009（平成 21）年 3 月期に 989 億円, 2010 年 3 月期に 408 億円, 2011 年 3 月期には 2595 億円，そして 2012 年 3 月期には 4569 億円という巨額の赤字を計上した。

　ソニーだけではなかった。1980 年代前半の家電産業や半導体産業では，日本企業が米国企業を圧倒しつつあった。1980 年代前半には強い競争力を持っていた日本のこれら産業は, 1990 年代以降はその優位性をすっかり失っていた。また海外を見ると，携帯電話のチャンピオンであったノキアは，2014 年に携帯電話事業をマイクロソフトに売却しこの分野から撤退した。ソニーもノキアもイノベーターとなった特定の市場で相当な優位性を確保していたが，事業の根本的な変化が起こる戦略転換点をとらえそれに対応する事業転換ができずアップルに地位を奪われた。同様に玩具市場の米トイザラスは，インターネット通販の攻勢に押されて業績が悪化し経営破綻を起こしている。かつて世界最大の小売業であったシアーズ・ホールディングス（旧シアーズ・ローバック）も小売業の変化の中で沈んでいった。コダックは, 1960 年代初めには富士写真フィルム（現富士フィルムホールディングス）の約 10 倍の企業規模があり，高収益を実現していた。そのためにデジタル化が進んだとき，既存事業を手放すことも戦略を転換することも容易でなかった。結果として，デジタル化への対応が遅れ経営破たんして, 2012 年 1 月に米国連邦破産法 11 条の適用を申請した。

　デジタル化の進行のように，たとえ事業環境の大きな変化がある程度予測できたとしても，経済のインフラ（基礎構造）に変化が起こってくると，その変化はしばしば抗しがたいものとなる。一定の成長を果たしてきた企業にとって，事業の成長・衰退が繰り返される中でさらに継続的に発展するためには，革新的な事業転換が必要になる。1990 年代以降のデジタル技術の急

速な進歩によって，本業が消失すると予測した富士フィルムは，基幹事業を
写真フィルムからデジタルカメラや情報技術製品に切り替えて戦略転換を決
断し，事業転換に成功した。

　しかし，現在の自動車産業は自動運転技術の開発が進み，自動車が鉄の塊
からエレクトロニクスの塊に代わりつつある。このとき，既存の自動車メー
カーは将来自動車のプラットフォーム（土台）を握ることができるのか，大
きな課題である。自動車に限らず，現在のAI（人口知能）の技術革新はあ
らゆる産業の基盤と競争要因を変える可能性がある。スマートフォンが歩く
ATMの機能を持てば，銀行業務は大幅な変革を余儀なくされる。従来の銀
行業務は不要になるのかもしれない。こうした歴史的変化に対処するには，
事業の切り替え・飛躍が不可欠である。

　ベンチャー企業にも大企業にも特有の強み弱みがある。ベンチャー企業
は，有効性を追求し新しい事業機会をチャンスとするが，規模拡大過程では
過度の投資になりやすい。それが採算を悪化させる要因となる。また，売上
データが正確にとらえられていない，販売の現実が見えなくなるなどの状況
に陥りやすい。

　これに対し既存大企業は，規模の経済が発揮される効率化に強みがあり，
価格競争や販売力では優位性を発揮する。しかし，大規模化し多様化した事
業は顧客目線を失いやすく，組織の形式化が進みやすい。効率化は既存事業
を前提に規模拡大や工程革新を追求する。2つの戦略のバランスをとりなが
ら企業家精神を発揮する企業が，長期的な成長を手に入れる。

3. おわりに

　本書では，経営の実践理論を探求することを目的に，経営の課題とそれに
取り組む経営の基本方針がいかなる要因によって規定されるのか問いかけ
た。これに対して，タテ糸・ヨコ糸を軸に経営の課題を分析し，戦略経営と
全員経営という2つの経営類型の特質を考察した。その考察から，今後の企

業経営にとって，参加と自律性がキーワードであるととらえた。経営理念や基本方針をどのように表現するかは企業によるが，参加と自律性を可能にする基本方針が持続的発展の鍵であると結論した。

　参加に関していえば，個人の尊重の意味からも情報技術要因からも今後とも強く求められるであろう。日本企業にとって，ある種の参加は大いに実施され，相当の成果をあげてきたことはTQCの普及を見れば明白である。しかし，参加をどのような形で取り入れたらよいのか，唯一の形があるわけではない。そして参加は，いかに自発性を引き出すかにかかわり，自律性と深く関係している。

　ところが自律性は，まだうまく実施されているとはいえない。集団的な一体化を指向してきた日本企業が，自律性をその管理に加えることができれば，より柔軟で革新的な経営を期待できるであろう。これがこれからの日本企業の経営にとって大きな修正点となるであろう。

　これに関連する企業の取り組みを振り返ると，将来を担う新たな製品のアイデアを見つけるために開発技術者に1年間の自由を与え革新的な新製品コンセプトの開発に成功した企業がある。ゲームソフトの開発では，自律的な開発チームが全員で同じ目的に向かって取り組み，斬新なゲームソフトの開発に成功している。そして，開発チームは集中の後には解放される時間があり，次の開発に向けて充電する。あるいはリクルートでは，「社員皆経営者主義」の理念から，創造的な社員は1人でも会社の中の会社を立ち上げることが奨励された。前章で紹介した未来工業や21においては，製品開発における社員の自主性に任せたり，店舗運営における参加的で自律的な取り組みが行われたりしている。

　このように，目的を共有するチームや個人が，自律的に集中して革新をなしとげることが個別には行われてきた。これらの事実を見れば，日本企業は，従来型の小集団活動にこだわらず，組織内でチームを形成し，活動目的を新製品アイデアや製品コンセプトに切り替えることが不可能ではない。

　起業においては，「イノベーションはボトムアップで進む」という考えがある[5]。現場の人たちに自律的な権限を与えることが，革新を生む土壌であ

ることを示している。社員の自主性に任せ自律的な集団にすることは，経営者にとって勇気がいることではあるが，価値ある挑戦である。こうした自律性を確保することができれば，参加を生かし組織の革新能力を引き上げることができるであろう。日本企業にとって，日常業務の効率化追求を超えて，革新への参加を強めることがこれからの重要なテーマである。

注
1）『ソニーファミリー』平成 5 年 5 月号。
2）室戸公明編（1998）『ホンダ 50 年史』八重洲出版，11 頁。
3）ロバート・K・グリーンリーフ（2008）『サーバントリーダーシップ』英治出版，66 頁。
4）加護野忠男編著（2016）『松下幸之助』PHP 研究所，43 頁。
5）エリック・リース（2012）『リーンスタートアップ』井口耕二訳，日経 BP 社，47 頁。

人名・組織名索引

ア行

IBM　43, 120, 156, 171
青山商事　77
アマゾン　77, 90, 196
飯田亮　3, 52, 116
伊藤雅俊　102, 132, 168
伊那食品工業　133
稲盛和夫　73, 94, 104, 129
インテル　172
ウェザーニューズ　57
エイチ・アイ・エス　48, 104
小倉昌男　129, 131, 171, 198
男前豆腐店　80

カ行

ガースナー, ルイス　43, 120, 171
花王　173
鍵山秀三郎　175
ガリバー・インターナショナル　63
キヤノン　127
京セラ　132, 214
グーグル　145
久米是志　12, 43
ケレハー, ハーブ　156
小林宏冶　3
古森重隆　98

サ行

サウスウエスト航空　133, 144, 196
桜田慧　50, 80
ザ・ボディショップ　55
澤田秀雄　41, 48, 94, 104
サントリー　42
JMS　59
シスコシステムズ　145
渋沢栄一　84, 145
樹研工業　117

シュルツ, ハワード　133, 156
シュンペーター, J　2, 83
スーパーホテル　119
鈴木敏文　3, 38, 45, 110
スターバックス　133
スローン, アルフレッド　188
セコム　52
セブン-イレブン　36, 107, 136
ゼンリン　76
ZOZO　66
ソニー　239

タ行

ダイエー　30
大創産業　80
武田信玄　159
立石一真　198
TESS　61
デロリアン, J　143
21（トゥーワン）　169, 226
土光敏夫　93, 113, 121, 193
ドトールコーヒー　83, 130
鳥羽博道　83, 130
ドラッカー, P　44, 99, 151
トヨタ自動車　154

ナ行

中内功　3, 30, 82
永守重隆　74, 91, 94, 115
西岡常一　152
日本電産　74, 91, 94

ハ行

パーク24　65
パッカード, D　98, 104
樋口廣太郎　41
ヒューレット・パッカード（HP）　73, 98
ファヨール, アンリ　103

事項索引

著者紹介

金原達夫（きんばらたつお）
現職　広島大学名誉教授，博士（経営学）
専攻　経営戦略論，環境経営論

主要著書
『成長企業の技術開発分析』文眞堂，1996年，『ベンチャーイノ
ベーション』実業之日本社，1997年，『やさしい経営学』文眞堂，
2000年，『環境経営の分析』（共著）白桃書房，2005年，『環境経
営の日米比較』（共著）中央経済社，2011年，『環境経営のグロー
バル展開』（共著）白桃書房，2015年（環境経営学会賞），"Does
corporate social responsibility enhance the international transfer
of environmental management ?" in *Economic Change in Asia*,
eds. by M. B. Zolin et al, Routledge, 2017

経営者の言葉と行動：実践の知恵

2020年9月10日　第1版第1刷発行　　　　　　　　　　　検印省略

著　者　金　原　達　夫

発行者　前　野　　　隆

発行所　㈱　文　眞　堂
東京都新宿区早稲田鶴巻町533
電　話　03（3202）8480
ＦＡＸ　03（3203）2638
http://www.bunshin-do.co.jp
郵便番号(162-)(0041)振替00120-2-96437

製作・モリモト印刷／製本・高地製本所
© 2020
定価はカバー裏に表示してあります
ISBN978-4-8309-5091-9 C3034